16	3	2	13
5	10	11	8
9	6	7	12
4	15	14	1

Pedro Fiori Arantes

ARQUITETURA NOVA

Sérgio Ferro, Flávio Império e Rodrigo Lefèvre,
de Artigas aos mutirões

Posfácio de Roberto Schwarz

editora■34

EDITORA 34

Editora 34 Ltda.
Rua Hungria, 592 Jardim Europa CEP 01455-000
São Paulo - SP Brasil Tel/Fax (11) 3816-6777 www.editora34.com.br

Copyright © Editora 34 Ltda., 2002
Arquitetura Nova © Pedro Fiori Arantes, 2002

A FOTOCÓPIA DE QUALQUER FOLHA DESTE LIVRO É ILEGAL E CONFIGURA UMA
APROPRIAÇÃO INDEVIDA DOS DIREITOS INTELECTUAIS E PATRIMONIAIS DO AUTOR.

Edição conforme o Acordo Ortográfico da Língua Portuguesa.

A Editora 34 agradece às seguintes pessoas e instituições
pela cessão de imagens reproduzidas neste livro:
*AD, Amélia Império Hamburger, Beatriz Lefèvre, Cristiano Mascaro,
Denise Ivamoto, Faculdade de Arquitetura e Urbanismo da USP,
Fernando Cabral, Fundação Vilanova Artigas, Jorge Hirata,
José Moscardi Jr., Júlio Artigas, Marlene Milan Acayaba, MST Leste 1,
Nabil Bonduki, Nelson Kon, Reginaldo Ronconi, Ros Kaupatez,
Rosa Artigas, Sérgio Ferro, Sociedade Cultural Flávio Império, Usina*

Capa, projeto gráfico e editoração eletrônica:
Bracher & Malta Produção Gráfica

Revisão:
Alexandre Barbosa de Souza

1ª Edição - 2002, 2ª Edição - 2004, 3ª Edição - 2011

Catalogação na Fonte do Departamento Nacional do Livro
(Fundação Biblioteca Nacional, RJ, Brasil)

Arantes, Pedro Fiori
A662a   Arquitetura Nova: Sérgio Ferro, Flávio Império
e Rodrigo Lefèvre, de Artigas aos mutirões / Pedro Fiori
Arantes; posfácio de Roberto Schwarz. — São Paulo:
Ed. 34, 2002.
288 p.

ISBN 978-85-7326-251-3

1. Arquitetura brasileira - Séc. XX - Brasil.
2. Mutirões autogeridos. I. Ferro, Sérgio. II. Império,
Flávio. III. Lefèvre, Rodrigo. IV. Artigas, Vilanova.
V. Schwarz, Roberto. VI. Título.

CDD - 720.981

ARQUITETURA NOVA
Sérgio Ferro, Flávio Império e Rodrigo Lefèvre,
de Artigas aos mutirões

1. Artigas e o desenho	9
O desenho da casa paulistana	12
O desenho industrial	30
2. 1964: tijolos fora do lugar	39
3. Sérgio, Flávio, Rodrigo e a tal da Arquitetura Nova	49
Arquitetos-pintores-cenógrafos, fazedores	52
A Pintura Nova	54
Flávio Império encena	60
A poética da economia e as abóbadas	70
4. 1968: o lápis e o fuzil	91
Das abóbadas à luta armada: o racha no Fórum de 68	91
A resposta de Artigas: o Conjunto Zezinho Magalhães	98
5. Crítica, utopia e assalariamento	107
O canteiro e o desenho	107
Um canteiro-escola	130
Sérgio pintor e Rodrigo arquiteto-assalariado	142
Flávio nos anos 70	156
6. O fio da meada	163
Novos personagens entram em cena	164
Arquitetos na contramão	173
O canteiro e o desenho no mutirão autogerido	189
Lá	219
Posfácio, *Roberto Schwarz*	225
Comentários à 3ª edição, *Pedro Fiori Arantes*	233
Cronologias: Flávio, Rodrigo e Sérgio	259
Bibliografia	273

Agradeço

a Jorge Oseki, animado interlocutor e orientador certeiro; a Ângela Rocha, pela carinhosa co-orientação; a Ana Paula Koury, pesquisadora da Arquitetura Nova, cujo trabalho de mestrado também me foi fundamental; a Amélia Hamburger, pela amizade e inúmeras conversas na Sociedade Cultural Flávio Império; e ao amigo que me fez publicar este trabalho, Sérgio Ferro. Aos atentos leitores-comentadores: Alberto Martins, Roberto Schwarz, Iná Camargo, Nabil Bonduki, Ermínia Maricato, Yvonne Mautner, Guilherme Wisnik, Bia Tone, Chico Barros e Luciana Ceron. E também a: Beatriz Lefèvre, Félix Araújo, Célia e Zé Chico Quirino, Fernando Haddad, Leda Paulani, Antônio Carlos e Maria do Carmo Ribeiro, João Marcos Lopes, Joana Barros, Wagner Germano, Reginaldo Ronconi, Alessandro Ventura, Ana Paula Tanaka, Bia Kara, Luciana Royer, Roberto Moura, Patrick Araújo, Téo (Michael), Roberta Asse, Walter Moreira, Paulo Eduardo, Sílvia e Alexandre Fix, e aos funcionários da biblioteca da FAU-USP. Especialmente a Otília. E muito especialmente a Mariana.

Nada é mais comovente que reatar um fio rompido, completar um projeto truncado, reaver uma identidade perdida, resistir ao terror e lhe sobreviver.

Roberto Schwarz, "O fio da meada"

1.
ARTIGAS E O DESENHO

Retornando à FAU-USP (Faculdade de Arquitetura e Urbanismo da Universidade de São Paulo), depois de dois anos de clandestinidade impostos pelo regime militar, Artigas é recebido com entusiasmo pelos estudantes e convidado a dar a aula inaugural do ano de 1967. O momento é de muita expectativa: pela primeira vez o grande mestre da faculdade iria pronunciar-se publicamente a respeito do golpe de 1964. Estavam todos se perguntando: "O que fazer?".[1]

Mas, contrariando a expectativa geral, Artigas decidiu taticamente ignorar a situação política e falar, simplesmente, sobre "O desenho".[2] Apesar de não ter feito um discurso nos termos que o público imaginava, Artigas talvez tenha exposto ali, mais

---

[1] Dalva Thomaz, *Um olhar sobre Vilanova Artigas e sua contribuição para a arquitetura brasileira*. Dissertação de Mestrado, FAU-USP, 1997, pp. 314-5.

[2] A aula foi publicada em 1975 pelo GFAU (Grêmio dos Estudantes da FAU-USP), depois em *Caminhos da arquitetura* (São Paulo: Livraria Editora Ciências Humanas, 1981, reeditado por Cosac & Naify, 2001), e em *Vilanova Artigas* (São Paulo: Instituto Lina Bo e P. M. Bardi, 1997). Segundo Dalva Thomaz, o tema da aula teria sido escolhido por Artigas em função da presença de informantes na primeira fileira. Entretanto, a pesquisadora reconhece que é plausível a atitude de Artigas ter sido determinada pela própria posição do PCB (Partido Comunista Brasileiro), do qual era importante militante: não fazer oposição aberta ao regime.

do que em qualquer outra oportunidade, o verdadeiro sentido que pretendeu imprimir à arquitetura.[3]

Artigas inicia a aula na Grécia Antiga, em busca do sentido original da arquitetura. Procurando distingui-la das demais artes e entender por que lhe foi dado "quase sempre um lugar privilegiado na história", recorre ao conceito de "arte útil" em Platão. A arquitetura, diz ele, por oposição às outras artes, não apenas toma a natureza por "modelo", mas se adapta a ela para "dominá-la em proveito do próprio homem". Sua "utilidade", no entanto, não pode se restringir ao reino das necessidades materiais, precisa exprimir uma *intenção-invenção* humana que vá além da "mera construção" e do seu uso imediato. Só assim ela se torna "útil" no sentido platônico: uma "atividade superior da sociedade", que colabora ativamente para a vida moral e social da República.

A tensão entre necessidade e invenção na arquitetura desdobra-se na contradição conhecida entre arte e técnica. Contradição que permanecerá, segundo Artigas, irresolvida até o Renascimento, quando surge um instrumento novo capaz de lhe dar unidade: o desenho ("disegno"). Leonardo da Vinci, artista *disegnatore*, aparece nesse momento como o protótipo do arquiteto capaz de reunir, já em sentido moderno, arte e técnica.

Artigas passa, então, a definir o "desenho" a partir de seu duplo caráter: a simultaneidade que articula intenção e realização, fins e meios, *desígnio* e *mediação*. O desenho como *desígnio* é "intenção, propósito, projeto humano no sentido de proposta do espírito". Ao mesmo tempo, ele só se efetiva porque é *mediação* necessária entre projeto e obra: "é risco, traçado para expressão de um plano a realizar, linguagem de uma técnica construtiva".[4]

---

[3] O ensaio sempre citado "Os caminhos da arquitetura moderna" (1952), a meu ver, tem muito menos interesse para a compreensão da obra de Artigas, uma vez que foi quase integralmente submetido ao dogmatismo do PCB.

[4] Na mesma publicação do GFAU, há um texto de Flávio Motta, "De-

Com a Revolução Industrial a contradição entre arte e técnica encontra uma nova instabilidade, "transformando-se em crise aguda". Não por culpa do desenho, ressalva Artigas, mas pelo "aparecimento da máquina, de um lado, e do pensamento romântico, do outro". Arte e indústria aparecem então em "oposição irredutível". No final do século XIX configuram-se duas posições antagônicas: de um lado os passadistas que reivindicam uma arte artesanal e, de outro, os homens de espírito moderno que estabelecem as bases do "desenho industrial". A vitória dos últimos é inequívoca e o novo desenho torna-se capaz de restituir a unidade entre arte e técnica — agora não mais como *disegno* renascentista mas como *design*.

A descrição do aparecimento do desenho é simultaneamente a da própria constituição moderna do arquiteto "desenhador", figura única capaz de determinar, independente dos demais trabalhadores, o sentido da obra. Não por acaso, Artigas irá definir a arquitetura a partir do Desenho e, inequivocamente, adotar o ponto de vista do seu realizador: o Arquiteto — "nós, desenhadores".

Contudo, e talvez por isso mesmo, Artigas não se preocupa em avaliar quais as dissociações que o desenho — primeiro como *disegno* e depois o *design* — irá produzir nos ofícios, no canteiro de obras e na indústria. O que ocorreu na divisão do trabalho com o aparecimento do arquiteto moderno? Quais as relações de produção que tornam possível ao desenho virar um objeto concreto? Estas não questões da aula de Artigas serão enfrentadas posteriormente por Sérgio Ferro, em seu livro *O canteiro e o desenho* — uma resposta ao mestre.

---

senho e emancipação", também de 1967, que procura investigar as acepções da palavra desenho em inglês: *design* como projeto e *drawing* como representação. É inegável a inspiração de Artigas e Flávio Motta no texto de Giulio Carlo Argan, *Projeto e destino*, de 1961 (São Paulo: Ática, 2001). O mote inicial de Argan, desenho é desígnio, é semelhante ao de Artigas, mas a interpretação do desenho como "reificação" do projeto em destino, está mais próxima daquela de Sérgio Ferro, como veremos mais adiante.

Artigas e o desenho

Artigas encerra a aula em forma poética: "Ninguém desenha pelo desenho", mas porque tem "catedrais no pensamento", e recita Fernando Pessoa: "Quanto faças, supremamente faze".

O DESENHO DA CASA PAULISTANA

Conta-se, aliás, que foi por desenhar muito bem[5] que o jovem Artigas acabou sendo convocado por Gregori Warchavchik em 1939 para ser seu sócio no concurso do Paço Municipal de São Paulo. Este encontro, ao que parece "casual",[6] foi importante para Artigas converter-se em arquiteto moderno.

Até então, trabalhara como estagiário no escritório de Oswaldo Bratke, onde aprendera "a fazer tudo direitinho", e desde 1937 possuía uma pequena construtora com o sócio Duílio Marone. Suas casas repetiam as de Bratke, eram sólidas e bem executadas, seguindo "variações ecléticas" ao gosto da burguesia local. De acordo com Artigas, o trabalho era "puramente comercial" e o seu valor arquitetônico não era maior do que seu preço de mercado.[7]

Ao que tudo indica, Warchavchik lhe abriu um mundo novo. "Aquele monumento da arquitetura estrangeira no Brasil", como brinca Artigas, tinha sido um dos pioneiros da arquitetura moderna no país, adotado pelos modernistas de 22, escolhido por Le Corbusier para representar a América do Sul no CIAM (Con-

---

[5] Provavelmente, qualidade que não se deve apenas ao curso de engenheiro-arquiteto, mas aos dois anos (1936-37) em que Artigas frequentou aulas de modelo vivo com os artistas da, depois batizada, "Família Paulista". O jovem arquiteto aprendeu a desenhar com antigos operários da construção civil: Volpi, Rebolo e Zanini eram pintores-decoradores de parede.

[6] Dalva Thomaz, *op. cit.*, p. 57.

[7] Dalva Thomaz, *op. cit.*, pp. 51-4.

Arquitetura Nova

gresso Internacional de Arquitetura Moderna) de 1929 e convocado por Lúcio Costa para participar da reforma do ensino na Escola Nacional de Belas-Artes. O contato com o arquiteto russo, desde a discussão na prancheta até as visitas à sua fantástica biblioteca, deve ter estimulado o jovem Artigas a pensar coisas novas. Até então ele não sabia quem era Le Corbusier e nem o que estava acontecendo no Rio de Janeiro.

Nos seus projetos de 1939, Artigas tenta imitar em duas ocasiões a Casa da Rua Santa Cruz.[8] Era ali que Warchavchik morava com sua esposa Mina Klabin, filha de um importante industrial paulista. Construída em 1927, a casa branca e cubista seguia a determinação do manifesto que a precedeu: "Abaixo as decorações absurdas e viva a construção lógica, eis a divisa que deve ser adotada pelo arquiteto moderno".[9] No manifesto, Warchavchik afirma que, se o "arquiteto decorador" tornou-se uma figura obsoleta "educada no espírito das tradições clássicas", o novo gosto nascerá das "máquinas" que os engenheiros projetam segundo a economia e a comodidade. A arquitetura moderna deve, portanto, seguir "os princípios da grande indústria", uma vez que historicamente cabe "aos novos industriais, propulsores do progresso técnico, o papel dos Medici da época da Renascença e dos Luíses de França".

---

[8] Nas casas Ottoni de Arruda Castanho e Giulio Pasquali, segundo Dalva Thomaz.

[9] "Acerca da arquitetura moderna" (1925). Embora o manifesto possua uma clara afinidade com *Por uma arquitetura* (1921) (São Paulo: Perspectiva, 1976), de Le Corbusier, segundo Ricardo Forjaz, estudioso de Warchavchik, ele teria se inspirado diretamente no livro de Gropius, publicado no mesmo ano, *Internationale Architektur* (Bauhausbücher, 1925) — cf. *Trajetórias da Arquitetura Moderna*, Cadernos do IDART, nº 10, São Paulo: PMSP, 1982, p. 17. De qualquer modo, Gropius, por sua vez, declarava não só conhecer os textos de Corbusier, como haver solicitado sua colaboração para o referido livro. De modo que o que aparece no texto de Warchavchik (independentemente da fonte direta) são as ideias da vanguarda na Europa da época.

Artigas e o desenho

O programa de Warchavchik dá um sentido ao desenho: quer ser, se utilizarmos o conceito da aula de Artigas de 1967, *desígnio*. No fim dos anos 1930, ainda um jovem de vinte e poucos anos, Artigas não chega a definir sua atuação em termos semelhantes, mas intui qual seria o seu projeto: "Mudar a tipologia da casa paulistana", seguindo "as modificações sociais que se processavam em nosso país".[10]

Se, num primeiro instante, a Casa da Rua Santa Cruz foi o modelo, Artigas viria posteriormente a criticá-la, encontrando nela um paradoxo. Segundo Artigas, Warchavchik recorrera a uma série de dissimulações inadmissíveis: os tijolos foram escondidos com reboco rústico de cimento branco, caulim e mica, dando a aparência de concreto, uma platibanda sugeria a existência de uma laje quando havia telhado, e os caixilhos de feição industrial foram feitos artesanalmente.[11] Ora, isso contradizia os pressupostos do próprio manifesto.[12] A casa pretendia dar mostras de modernidade e revelava o oposto: seu caráter mimético de estilo importado — um desenho falseado, postiço, que não representava as possibilidades tecnológicas reais do país. Para Artigas, a arquitetura moderna deveria, ao contrário, partir das "condi-

---

[10] "Depoimento" de Artigas em Alberto Xavier (org.), *Depoimento de uma geração*. São Paulo: ABEA/FVA/Pini, 1987, p. 186. O livro foi reeditado em 2003 pela editora Cosac Naify.

[11] A crítica à Casa da Rua Santa Cruz feita por Artigas está reproduzida em Yves Bruand, *Arquitetura moderna no Brasil*. São Paulo: Perspectiva, 1981; e em Miguel Buzzar, *João Vilanova Artigas*. Dissertação de Mestrado, FAU-USP, 1996.

[12] Warchavchik justifica-se no CIAM de 1930 afirmando que, infelizmente, "a indústria local ainda não fabrica as peças necessárias, estandardizadas, de bom gosto e de boa qualidade" (citado em Hugo Segawa, *Arquiteturas no Brasil 1900-1990*. São Paulo: Edusp, 1999, p. 47). A crítica de Artigas, se correta para a Casa da Rua Santa Cruz, não pode ser generalizada para as demais obras do arquiteto russo, que pretendeu realizá-las segundo a técnica moderna. Além disso, como imaginar uma obra de vanguarda que não antecipe parte dos meios necessários a sua realização?

ções técnicas locais" e assim constituir-se como uma manifestação nacional legítima.

Com a Segunda Guerra Mundial, a carestia do cimento e do aço importados, as promessas da arquitetura moderna serviram novamente a propósitos contrários: produto de luxo consumido por poucos milionários com fim de ostentação. Como lembra Artigas, só "meia dúzia de *latifundiários* que vinham da Europa e queriam fazer exibição do que tinham" podiam pensar em fazer uma laje de concreto, pois custava "cinquenta vezes mais caro do que vigas de peroba", que o arquiteto passou a utilizar em suas casas. A "temática corbusiana" teve, assim, que ser recusada por Artigas, pois naquele momento ela era "construtivamente *imoral*".[13]

Tendo que fazer uso dos materiais locais (tijolo, madeira e telha cerâmica), numa substituição forçada de importações, Artigas acaba encontrando em Wright algumas soluções modernas que não dependiam do uso do concreto e tornavam-se assim mais baratas: grandes telhados, caixilhos largos de madeira e tijolos aparentes. A arquitetura de Frank Lloyd Wright ensinou-lhe a "verdade dos materiais" — saber como empregá-los de forma a não constranger seus valores característicos[14] —, fornecendo-lhe a base para formular o que será seu conceito-chave: o da *"moral construtiva"*.[15]

Foi a casa que fez para si, em 1942, que deu a Artigas a certeza de estar trilhando um caminho próprio. A "Casinha", como é conhecida, representou um ponto de inflexão para o arquiteto: "Foi um rompimento formal grande; tive coragem de fazer porque era para mim, me libertei inteiramente". A "Casinha" inau-

---

[13] Depoimento a Sylvia Fisher (1982), Fundação Vilanova Artigas, mimeo.

[14] "Os caminhos da arquitetura moderna" (1952), em *Caminhos da arquitetura*, *op. cit.*

[15] Depoimento a Sylvia Fisher, *op. cit.*

gura o processo de *invenção da casa paulistana*: utiliza materiais brutos e sem revestimento (tijolo, madeira, telha cerâmica); nega a ideia de fachada, fazendo a frente da casa uma consequência do jogo de volumes de toda a edificação; a planta é fluida e circular, integrando as áreas de uso comum (sala, cozinha e varanda); estabelece um núcleo hidráulico central que organiza simultaneamente o espaço; e, por fim, destaca da área comum o dormitório e o ateliê que, organicamente integrados, dão o exemplo do novo homem que ali mora e que, mesmo quando descansa, é sobre o próprio trabalho.

Essa conjunção de materiais brutos com espaço racionalizado, onde tudo é útil e nada é desnecessário, acabava dando a cada casa de Artigas o aspecto de uma *moral severa*. Esta a expressão utilizada por Lina Bo Bardi em seu breve e certeiro artigo de 1950: "Uma casa construída por Artigas lhe impõe uma lei vital, uma moral que é sempre severa, quase puritana. Não é 'vistosa', nem se impõe por uma aparência de modernidade. [...] Cada casa de Artigas quebra todos os espelhos do salão burguês".[16]

Artigas propõe uma *reeducação moral da burguesia nacional*. Ao invés do palacete decorado onde o burguês tenta preservar sua "marca pessoal" através de "veludos e pelúcias, que guardam emblematicamente a marca de qualquer contato físico", acumulando objetos como um "novo tipo de colecionador",[17] Artigas projeta espaços de uma ascese protestante, onde até a mobília é feita de concreto. Como já dizia em princípios do sé-

---

[16] Lina Bo Bardi, "Casas de Vilanova Artigas", revista *Habitat*, nº 1, 1950, p. 2. Não é casual que Lina tenha escolhido escrever sobre Artigas logo no primeiro número de sua revista: da mesma forma que o arquiteto, ela também procura princípios para uma "moral construtiva" brasileira que estilhace o salão burguês. O texto foi reeditado em *Lina por escrito* (São Paulo: Cosac Naify, 2009).

[17] Otília Arantes fazendo referência a Walter Benjamin, "A ideologia do lugar público" em *O lugar da arquitetura depois dos modernos*. São Paulo: Edusp/Studio Nobel, 1993, pp. 107-8.

culo XX o arquiteto austríaco Adolf Loos, a epidemia decorativa é uma regressão para o homem moderno: no mundo desencantado da nova racionalidade, o ornamento deve ser entendido como patologia de "aristocratas degenerados", pois se trata de "um delito contra a economia", um devaneio imoral que destrói "trabalho humano, dinheiro e materiais".[18]

As casas de Artigas pretendem estabelecer uma nova ética. Para o arquiteto, o consumismo imitativo das elites deve ser freado por uma ética guerreira que evite o uso irracional da riqueza e poupe as atenções e os capitais para a industrialização do país. O desenho da casa funde-se, assim, com os *desígnios* da modernização brasileira, conduzida por uma burguesia progressista. Na interpretação do Partido Comunista Brasileiro, do qual Artigas era membro importante, o sujeito da transformação social do país, neste momento, era a "burguesia nacional" e não o proletariado, ainda informe enquanto classe social. A revolução democrático-burguesa deveria, assim, ser concretizada como etapa necessária à formação de uma nação moderna.[19] Por isso, para Artigas, pensar a casa burguesa, e não a do trabalhador assalariado, era a ação progressista.[20]

---

[18] Adolf Loos, "Ornamento e crime" (1908), tradução de Anja Pratschke disponível em http://www.eesc.usp.br/babel/loos.pdf.

[19] Um resumo das teses do PCB está em Guido Mantega, "O modelo democrático-burguês", cap. IV do livro *A economia política brasileira* (São Paulo/Petrópolis: Polis/Vozes, 1984). Uma explicação histórica da defesa da revolução burguesa e do desenvolvimento capitalista pelo Partido Comunista está em Gildo Marçal Brandão, *A esquerda positiva* (São Paulo: Hucitec, 1997), ver especialmente o capítulo 7.

[20] O livro de F. Engels, *A questão da habitação* (1872), foi importante para que os arquitetos comunistas brasileiros considerassem reacionárias as iniciativas de resolução do problema habitacional, uma vez que esta, ao metamorfosear o operário em pequeno proprietário e defensor da ordem, refrearia a constituição do proletariado enquanto classe capaz de realizar a passagem ao comunismo, segunda etapa da revolução brasileira. De 1930

O *habitat* moderno nasce, coerentemente, embalado na *racionalidade técnica* da obra calculada. Diplomado pela Escola Politécnica como engenheiro-arquiteto, Artigas teve a oportunidade de estudar Cálculo e Física, frequentar laboratórios técnicos e de resistência dos materiais, cultivando o espírito moderno do engenheiro.[21] Formou-se, assim, como homem do seu tempo, com o instrumental necessário para a construção do novo país. Não por acaso, Le Corbusier, em *Por uma arquitetura*, opôs ao arquiteto decorador, figura antiquada a ser esquecida, o engenheiro, encarnação da nova racionalidade. Para Corbusier, somente o arquiteto moderno, formado arquiteto-engenheiro, será capaz de superar a engenharia pura e restituir à construção invenção e arte.

Graças à formação politécnica, Artigas tinha por princípio calcular todas as suas obras, passando sábados e domingos inteiros estudando como fazer inovações construtivas. Um exemplo é o ousado terraço em balanço da Casa Rio Branco Paranhos, um desafio técnico inspirado em fotografias das obras de Wright, mas resolvido pelo arquiteto seguindo um teorema de Langendonck retirado da *Revista do Instituto de Engenharia*.[22]

A produção de desenhos técnicos que seguem os preceitos do cálculo impõe uma nova ordem no canteiro de obras: é neste momento que o desenho surge como *mediação* necessária entre produto e produtores. Artigas lembra como era o processo tradi-

---

até 1964, os principais defensores da causa da habitação social no Brasil não foram os comunistas, mas sim os populistas, como mostra Nabil Bonduki em *Origens da habitação social no Brasil* (São Paulo: Estação Liberdade, 1998).

[21] Sobre a dicotomia do curso de engenheiro-arquiteto, entre as Belas-Artes e a engenharia civil, cf. Sylvia Fisher, *Ensino e profissão: o curso de engenheiro-arquiteto da Escola Politécnica de São Paulo*. São Paulo: s.n., 1989.

[22] *A função social do arquiteto* (1984). São Paulo: Fundação Artigas/Nobel, 1989, p. 77.

Vilanova Artigas, "Casinha" (primeira residência do arquiteto), 1942.

Vilanova Artigas, Casa Rio Branco Paranhos, 1943.

cional: "Aqui em São Paulo os homens eram italianos. A técnica era distribuída por um grupo de artesãos capaz de realizar a prática da construção da residência: o escadeiro, o telhadeiro, que era o homem que fazia o telhado, via onde pôr as tesouras e tal, o pedreiro, e essa coisa fantástica que é o encanador. E havia ainda um misteriosíssimo, o fachadista, que era capaz de bordar com cal e areia em uma fachada, todos os desenhos que se pudesse imaginar, volutas".[23]

Cada artesão realizava seu ofício e tinha certa autonomia para fazer o que sabia. Artigas conta que nas suas primeiras obras não era ele quem desenhava a escada de uma casa, deixava apenas um espaço de 4 por 5 metros para o escadeiro realizá-la de acordo com os seus conhecimentos. Muitos artesãos se formavam na Escola de Artes e Ofícios, fundada em 1882 e dirigida por mestres italianos trazidos por Ramos de Azevedo. Na virada do século, três quartos dos pedreiros e a totalidade dos mestres de obra vinham da Itália,[24] constituindo uma verdadeira corporação.

Esses artesãos conservavam seu saber e garantiam assim algum poder para negociar o preço do seu trabalho — dessa forma "seus salários eram relativamente mais altos que dos operários fabris". A união de classe permitia que certas conquistas trabalhistas alcançadas em seu país de origem fossem aqui reproduzidas. Além disso, os italianos da construção, muitos deles anarquistas, foram, "até a Primeira Guerra, os principais organizadores do movimento operário" em São Paulo.[25]

---

[23] *Vilanova Artigas, op. cit.*, p. 20.

[24] Segundo Maurício Vinhas de Queiroz, "Arquitetura e desenvolvimento", em Alberto Xavier, *Depoimento de uma geração, op. cit.*

[25] Maria Lúcia Gitahy, "Desmemória das metrópoles: apagando os rastros do trabalho de construir", revista *Ponto*. São Paulo: FAU-USP, 1998. Como explica Sérgio Ferro (em entrevista ao autor, publicada em Sérgio Ferro, *Arquitetura e trabalho livre*. São Paulo: Cosac Naify, 2006, pp. 274-98), as estreitas relações entre arquitetura eclética e sindicalismo operá-

A construção civil baseada no saber artesanal e num certo poder dos operários será profundamente alterada pelos arquitetos modernos. Artigas conta como foi a "revolução" empreendida por sua geração: "Sou dessa geração de arquitetos modernos que, pela primeira vez, foram até o conhecimento do fazer operário, ou do subempreiteiro, para dizer-lhes, em desenho, em projeto, o que era preciso fazer [...] Nós rompemos com os resquícios medievais que ainda prevaleciam [...] Porque você poderia projetar no papel, desenhar no papel, não a escada que o escadeiro ia fazer, mas aquela que você queria que fosse realizada, dentro do espaço que lhe servia. Aí há uma passagem, um ponto histórico diferente, totalmente diferente".[26]

A chegada do desenho moderno ao canteiro de obras é instauradora de uma nova relação de produção. O desenho do arquiteto é interposto como *mediação necessária* entre a obra e o operário e o controle do processo passa a ser centralizado nas mãos de um único artista. "É como se estivéssemos com Brunelleschi",

---

rio da construção civil remontam à Europa do século XIX. Em seu laboratório de pesquisa, o *Dessin-Chantier*, Sérgio Ferro procurou recontar a história da arquitetura francesa pelo ângulo das relações de trabalho, demonstrando como a passagem do ecletismo para o modernismo produziu uma devastação nos sindicatos de pedreiros e carpinteiros. A mudança no desenho, na estética e nos materiais teria deslocado definitivamente o poder do operário para o arquiteto.

[26] Vilanova Artigas, *A função social do arquiteto, op. cit.*, p. 35. Ver também a entrevista para a revista *Arquitetura e Urbanismo*, n° 1, 1985, p. 26. Na verdade, o início dessa transformação nas relações de produção é anterior aos modernos, e data, no Brasil, da chegada da Missão Francesa e formação da Academia Imperial de Belas-Artes no Rio de Janeiro em princípios do século XIX. Como explica Lúcio Costa em "Documentação necessária", desde então os nossos mestres e pedreiros "incultos" e suas construções "de ar despretensioso e puro" vão sendo substituídos por arquitetos embebidos no ecletismo estrangeirizante. Os mestres italianos que começam a aportar no fim do século XIX colaboram na vulgarização do ecletismo e introduzem técnicas novas para realizá-lo.

Artigas e o desenho

continua Artigas, "Brunelleschi aparece como uma espécie de Galileu para nós arquitetos, porque é o homem que faz pela primeira vez o projeto estrutural de uma capela abandonando as contribuições individuais que vinham da Idade Média, das corporações".

Como se sabe, a novidade no desenho de Brunelleschi é a *perspectiva*, que é uma forma de *abstração*, de separação entre representação e realidade. Ela insere o mundo dentro de um único plano e o organiza. Nos termos utilizados por Artigas, poderíamos dizer que a perspectiva, como *desígnio*, projeta uma ordem nova, como *mediação*, uma codificação nova. O desenho é domínio sobre a natureza, mas também domínio sobre os que não sabem decifrá-lo. Brunelleschi tinha a consciência desse poder. Conta-se, por exemplo, que ele, fingindo estar doente, fez seu substituto perder a direção da obra por desconhecer as notações do seu desenho. Retornando ao comando e enfrentando uma greve, decide importar trabalhadores de outra cidade, provando que os artesãos florentinos poderiam ser substituídos por outros quaisquer, uma vez que o trabalho era agora definido pelo desenho. Para aumentar a produtividade, o arquiteto também interfere na organização do canteiro, instalando uma cantina no alto da cúpula e evitando assim que os operários desçam para comer, beber e conversar.[27]

Como se vê, o desenho penetra as relações de produção, abstrai (separa, aparta, alheia) o trabalhador de seu saber e de sua autodeterminação relativa — o trabalho passa a ser ele próprio abstrato. Comandado por um *desenho-destino* que lhe é heterônomo, o produtor não se reconhece mais em sua obra — ela agora é simples produto. Esta desqualificação dos saberes individuais de cada artesão ocorre, entretanto, associada a um progresso artístico e técnico da arquitetura e não a uma regressão,

---

[27] Sérgio Ferro, a partir do relato de Giorgio Vasari (primeiro biógrafo de Filippo Brunelleschi), em *O canteiro e o desenho*. São Paulo: Projeto, 1979, pp. 103-4. Na reedição do texto, em Sérgio Ferro, *Arquitetura e trabalho livre*, *op. cit.*, pp. 193-4.

como se poderia supor. Como explica Argan, a cúpula de Santa Maria del Fiore é uma "novidade técnico-formal clamorosa", uma obra que inaugurou a espacialidade moderna. Graças à abstração que lhe deu origem, a própria cúpula tornou-se uma "gigantesca máquina perspéctica" capaz de representar o espaço em sua totalidade.[28]

A abstração produz assim um duplo movimento: *alienação do trabalho* por um lado e *desenvolvimento das forças produtivas artísticas* por outro.

De volta ao "Desenho" e ao novo *desígnio* da casa paulistana: qual foi então o resultado arquitetônico alcançado por Artigas no seu intento de "mudar a tipologia da casa paulistana", seguindo as transformações históricas pelas quais passava o país?

Como vimos, Artigas reinventa a casa burguesa com o objetivo de reeducar seus moradores. Destrói os palacetes do café e restitui em seu lugar espaços de uma "moral severa", que o esforço de industrialização nacional exige. Associada a esta nova ética está a racionalidade do cálculo e da economia, o sentido material da construção planejada.

É apenas numa casa de 1962, a Ivo Viterito, que Artigas considera ter atingido a síntese do que deva ser a "solução da casa paulistana".[29] Mas desde a Casa Baeta, de 1956, é possível reconhecer o "tema" sobre o qual Artigas fará suas variações: uma grande cobertura que acolhe todo o programa de usos. Em si, a cobertura é a representação do ato elementar de abrigar-se — já é a própria solução do habitar enquanto *necessidade humana*. Sob si, a cobertura-abrigo permite que se articulem os espaços com certa autonomia e *liberdade de invenção*. Em cada casa é elabo-

---

[28] Giulio Carlo Argan, "O significado da cúpula", em *História da arte como história da cidade*. São Paulo: Martins Fontes, 1992, p. 99.

[29] *Vilanova Artigas, op. cit.*, p. 122.

Artigas e o desenho

Vilanova Artigas e Carlos Cascaldi, Casa Baeta, 1956 (vistas externa e interna).

Vilanova Artigas e Carlos Cascaldi, Casa Taques Bittencourt, 1959.

Vilanova Artigas e Carlos Cascaldi, Casa Ivo Viterito, 1962
(vista externa dos fundos e vista interna).

rada uma forma nova para expressar essa tensão entre necessidade e invenção.

A cobertura independente alivia a alvenaria da sua carga estrutural, e permite ao arquiteto dispensar portas e paredes que considera desnecessárias, criando um espaço integrado e fluido. Cada casa tira sempre partido dos desníveis típicos dos terrenos íngremes paulistanos, criando patamares diferenciados e salas de pé-direito duplo. A circulação, em escada ou rampa, que interliga os espaços de uso coletivo com os demais cômodos é explorada plasticamente como percurso de uma *promenade architecturale*. A fachada, como na "Casinha", é negada definitivamente, em nome de uma composição volumétrica de cheios e vazios decorrente da grande cobertura, dando, por sua vez, abrigo ao novo bem de consumo da sociedade moderna: o automóvel.

A arquitetura da casa paulistana pretende também orientar os princípios de uma educação moderna da família, como descreve Artigas na Casa Baeta: "Um trecho azul, um pedaço branco, um amarelo e um risco preto. A sala de jantar é azul. Pode-se sentar no sofá dentro do branco e a entrada é um quadrado vermelho que encaixa no conjunto. Tudo está ligado a esse ideário em relação ao espaço e à apropriação de cada usuário segundo seu julgamento sobre a visualidade, e não às limitações de paredes". O estúdio dos pais também é desenhado com intenções didáticas: o arquiteto não quis fazer um escritório fechado, "com porta", pois "o espaço deveria ser aberto e múltiplo de maneira que estabelecesse uma relação de visualidade com o total do espaço com uma intenção de educação da família". Mais uma vez a cor indica um acordo comum entre pais e filhos sobre os usos na casa: "Não havia uma parede que dizia: 'Aqui não pode entrar'. Não entra porque fica estabelecido que não se pisa no vermelho".[30]

---

[30] *Vilanova Artigas, op. cit.*, p. 72.

Apesar de afirmar que suas casas foram feitas para serem vistas por dentro e não por fora, pois é seu interior que revela a "proposta do espírito", Artigas também trabalhou a cobertura como invenção. Ela foi explorada plasticamente com diversas variações, tanto no formato das empenas quanto dos apoios. As empenas laterais são desenhadas como vigas poligonais de concreto, encontrando o solo em posições sempre inusitadas. A cobertura propriamente dita é geralmente em laje ou telha de fibrocimento, podendo abrir-se no centro para um pátio interno.

Nas obras maiores, Artigas trabalha com pórticos ou empenas de concreto, e apoios cada vez mais ousados, compostos por triângulos e pirâmides que se encostam ou se encaixam. A cobertura aos poucos também deixa de ser mero teto e abre-se para a luz do dia, que penetra, inicialmente, por algumas frestas tímidas de iluminação zenital e depois pelo teto inteiro, inundando alegremente a FAU, ou a Rodoviária de Jaú, pelo topo de seus pilares em flor.

Além disso, essas duas obras são exemplos de como Artigas sustenta formas pesadas em apoios delicados. Ele assim resume seus propósitos plásticos: "O que me encanta é usar formas pesadas, chegar perto da terra e, dialeticamente, negá-las", expressando a contradição "entre o fazer e a dificuldade de realizar".

Apenas em sua palestra no concurso de professor-titular da FAU, em 1984, Artigas reconhece como cumprida sua tarefa na transformação da casa paulistana. Não apenas pelas casas que fez, mas por ter influenciado as gerações seguintes, Artigas pôde afirmar: "Construí São Paulo com minhas casas".[31]

---

[31] Vilanova Artigas, *A função social do arquiteto, op. cit.*, p. 49.

Artigas e o desenho

Vilanova Artigas e Carlos Cascaldi, Ginásio de Guarulhos, 1960.

Vilanova Artigas e Carlos Cascaldi, Garagem de Barcos, 1961.

Vilanova Artigas e Carlos Cascaldi, FAU-USP, 1961.

Vilanova Artigas e Carlos Cascaldi, Rodoviária de Jaú, 1973.

O DESENHO INDUSTRIAL

O projeto do desenho moderno, entretanto, ainda não estava completo. Não era apenas o *habitat* que precisava ser reinventado, mas todos os objetos deveriam ser redesenhados, seguindo as leis da produção industrial. Diante do esforço para o desenvolvimento das forças produtivas em nosso país, o desenho industrial tornava-se, assim, uma necessidade premente.

Na mesma aula de 1967, Artigas fará a defesa do desenho industrial contra a crítica de certos passadistas, como os ingleses Ruskin e Morris que, no final do século XIX, consideravam que arte e máquina seriam irreconciliáveis, uma vez que era o próprio sistema industrial que estava produzindo a desintegração da cultura artística.[32] Adotando a visão otimista dos modernos, Artigas acreditava que tal posição regressiva teria sido desmentida pela história vitoriosa do desenho industrial, já que o homem havia conseguido dominar a máquina ao desenhar produtos que fossem ao mesmo tempo belos e funcionais. Se a indústria produz em grande quantidade, não nos cabe reduzi-la ao ritmo artesanal, dizia ele, mas desenvolver a qualidade dos seus artefatos — é desta forma que se democratizará o consumo e se civilizará o gosto.

A tarefa do desenho industrial seria, assim, parte do projeto progressista da burguesia que, cumprida sua fase heroica, delegaria a um corpo técnico o trabalho de revolucionar os meios de produção e inovar os produtos: dentre eles os arquitetos e, mais especificamente, os *designers*. Se, no momento da aula de 1967, os mais céticos começavam a questionar os rumos do desenho industrial, cada vez mais dominado pelo mercado e degenerando no *styling*, Artigas mantinha-se fiel à lição dos pioneiros.

---

[32] Ao criticar uma tal atitude, Artigas chega a falar em "luddismo estético", em referência à destruição das máquinas pelos operários que temiam ser por elas desempregados, segundo consta, comandados pelo general Ludd, na Inglaterra do início do século XIX.

Para o arquiteto alemão Walter Gropius, um dos fundadores da Bauhaus, embora a natureza do *design* fosse eminentemente capitalista, resultando da "fusão entre arte, ciência e negócio",[33] isso não deveria ser visto como algo degradante, mas positivo, uma vez que os *designers* estão preocupados com o valor de uso dos objetos e não apenas com o valor de troca que anima os propósitos capitalistas. Segundo Gropius, o protótipo de *designer* ideal teria sido Peter Behrens por ocupar-se de todas as dimensões do desenho: ao ser convocado, em 1907, pela indústria alemã AEG, desenhou o edifício, os produtos e a comunicação visual da empresa.[34] É esta coerência que, num certo sentido, está na origem do "bom desenho". Desde o fim do século XIX, quando seus objetos industrializados foram considerados "baratos e feios", os alemães procuraram transformar a "competitividade dos preços" em "energia intelectual para refinar os produtos".[35] Assim, o princípio do "trabalho de qualidade" norteou tanto a Deutsche Werkbund quanto posteriormente a Bauhaus.[36]

Não apenas o princípio do "bom desenho" inspirava Artigas, mas a própria modernização alemã comandada pelo Estado era tomada como exemplo para países que pretendiam tornar-se, ain-

---

[33] Walter Gropius, *Bauhaus: novarquitetura* (1935). São Paulo: Perspectiva, 1972, p. 37.

[34] Reyner Banham, *Teoria do projeto na primeira era da máquina* (1964). São Paulo: Perspectiva, 1975, p. 97.

[35] Kenneth Frampton, "A Deutsche Werkbund, 1898-1927", em *História crítica da arquitetura moderna*. São Paulo: Martins Fontes, 1997. O debate começa na Inglaterra em torno da Exposição Universal de 1851.

[36] A Deutsche Werkbund era uma associação de industriais e artistas para a renovação das artes aplicadas na Alemanha e foi precursora da Bauhaus. Cf. sobre estes temas: Nikolas Pevsner, *Origens da arquitetura moderna e do design* (1968) (São Paulo: Martins Fontes, 1981); Giulio Carlo Argan, *Walter Gropius e a Bauhaus* (1951) (Lisboa: Presença, 1984); Rainer Wick, *Pedagogia da Bauhaus* (1982) (São Paulo: Martins Fontes, 1989).

da que tardiamente, nações modernas, como o Brasil. Com o surto de desenvolvimento no pós-guerra, fez-se urgente combater a "penúria técnica" dos objetos produzidos pelas indústrias nacionais. Estava na hora "dos arquitetos intervirem na produção de mercadorias".[37]

Dando-se conta disso, em 1951 o empreendedor Pietro Maria Bardi, surpreso com o fato de que "em São Paulo, uma cidade de caráter industrial, não se falasse em *design*",[38] criou o primeiro curso de Desenho Industrial no Brasil, no Instituto de Arte Contemporânea do MASP (Museu de Arte de São Paulo). Como coordenadora do curso, a arquiteta Lina Bo Bardi, que desde 1948 produzia mobiliário moderno em seu Studio Palma com Giancarlo Palanti, procurou estabelecer as bases para a criação de um *design* nacional. Lina estimulava as discussões e experiências que combinavam o saber artesanal e materiais brasileiros com técnicas e procedimentos da indústria moderna, preocupação que permeará seus trabalhos até o fim da vida. Da mesma forma que Artigas, no qual, como vimos, reconhece a mesma preocupação, Lina procura constituir uma "moral construtiva" para o *design* brasileiro.[39]

Entre os professores que passaram pelo curso do IAC estava o ex-aluno da Bauhaus e diretor da Escola de Ulm, Max Bill, a quem se deve em parte a expansão do ensino de Desenho Industrial no Brasil. Pode-se dizer que, graças ao estardalhaço que produziu em sua visita de 1953, ao fazer a crítica a Niemeyer e à

---

[37] Departamento de Projeto, *Histórico brasileiro e a Faculdade de Arquitetura e Urbanismo da Universidade de São Paulo*. No original, "bens de consumo" em vez de "mercadoria".

[38] Citado por Lucy Niemeyer, *Design no Brasil: origens e instalação*. Rio de Janeiro: 2AB, 1998, p. 64.

[39] O principal texto de Lina sobre *design* é apenas de 1977, quando o golpe militar já não permitia as ilusões anteriores. *Tempos de grossura: o design no impasse*. São Paulo: Instituto Lina Bo e P. M. Bardi, 1994.

arquitetura brasileira, como "barroquismo" artesanal e "amor ao inútil", o desenho industrial tornou-se uma questão a ser respondida com urgência pelos nossos arquitetos. Aliás, teria sido por sugestão do próprio Max Bill que Reidy e Carmem Portinho alteraram o projeto original para o MAM (Museu de Arte Moderna) do Rio de Janeiro, cujas obras estavam para se iniciar, de modo a incluir no mesmo prédio uma escola semelhante à que estava sendo criada em Ulm. Surge assim, em 1958, a Escola Técnica de Criação, inteiramente afinada com a matriz alemã. Quatro anos depois, em 1962, será criada a Escola Superior de Desenho Industrial, ligada ao Instituto de Belas-Artes — a primeira, em nível universitário, no Brasil.[40]

No mesmo ano de 1962 ocorre a Reforma de Ensino da FAU, coordenada por Artigas, que estava projetando o futuro edifício da faculdade de acordo com a nova estrutura curricular.[41] A principal novidade da Reforma foi justamente a introdução da disciplina de Desenho Industrial (D.I.), apoiada pela renovação do curso de Comunicação Visual. Novamente a lição vinha da Bauhaus, especialmente de Gropius, para quem o *projeto* deveria incluir "desde as coisas mais comuns até as articulações mais complicadas de uma cidade".[42]

O Desenho Industrial passava assim a ser uma parte importante do currículo da FAU, com a justificativa, apresentada na época pelos professores de D.I., de que "o arquiteto na sociedade de hoje atua numa gama muito ampla de processos, abrangendo a produção industrial, identificando-se com ela e conten-

---

[40] Esta história é contada em Lucy Niemeyer, *op. cit.*, cap. 5: "A formação do ensino do design no Brasil".

[41] A reforma de 1962 vinha sendo preparada desde 1957, por uma comissão composta por Artigas, Abelardo de Souza, Hélio Duarte, Rino Levi e Lourival Gomes Machado.

[42] Walter Gropius, *op. cit.*, p. 46.

do em si o *Designer*".[43] E mais: "A progressiva industrialização do país está demonstrando a necessidade imperiosa e urgente da formação de elementos capazes no campo do Desenho Industrial [...] é preciso encorajar os nossos industriais a adotar o desenho nacional".[44]

Entre os diversos precedentes que contribuíram para a formação do curso de Desenho Industrial na FAU está a criação do Laboratório de Modelos da Faculdade em 1951, coordenado por Zanine Caldas. Zanine fora maquetista de Niemeyer e Oswaldo Bratke e, nos anos 50, lançou a famosa linha "Z" de móveis industrializados, contrariando as iniciativas de produção semiartesanal vigentes até então.[45] Os móveis Z atingiram um público que a arquitetura moderna não alcançava e esse efeito inspirou os novos *designers* e professores. O arquiteto Abrahão Sanovicz, então professor de D.I., conta que todos viviam "com a sensação de democratizar o mundo dos objetos, principalmente com as preocupações estéticas de encontrar a beleza dos objetos; ficar só na casa era muito limitado".[46]

Tudo indicava que o Desenho Industrial aqui, como na Alemanha, também poderia ser bem-sucedido. O curso da FAU, entretanto, não conseguiu estabelecer uma ligação orgânica com as indústrias, tal como ocorrera com a Bauhaus e a Escola de Ulm. Suas experiências foram em geral restritas ao desenho de mobiliário e muitas vezes não tinham sequer aplicabilidade industrial, ficando no plano da produção semiartesanal. Produziu-se um *de-*

---

[43] Citado por Lucy Niemeyer, *op. cit.*, p. 66.

[44] Departamento de Projeto, *op. cit.* Assinam o texto: Abrahão Sanovicz, Júlio Katinsky, Lúcio Grinover, Dario Imparato, João Carlos Cauduro, Candido Malta, José da Silva Neves e Luiz Roberto de Carvalho Franco.

[45] Cf. Lucy Niemeyer, *op. cit.*, e Maria Cecília Loschiavo dos Santos, *Móvel moderno no Brasil*. São Paulo: Studio Nobel/Edusp/Fapesp, 1995.

[46] Maria Cecília Loschiavo dos Santos, *op. cit.*

sign com grande qualidade, mas de consumo limitado, pois foram poucas as experiências de desenho de mobiliários de baixo custo. Apenas algumas iniciativas chegaram perto disso, como as de Michel Arnoult, na Mobília Contemporânea, e do concretista Geraldo de Barros, inicialmente na Unilabor e depois na Hobjeto — ou seja, ambas fora da FAU.[47]

Nos países centrais, como na Alemanha, a difusão de produtos bem desenhados para amplos setores da população era parte essencial do projeto de modernização. Lá, o desenho contribuiu, ao menos em algum grau, para a incorporação das classes populares: dos espaços fabris de produção aos de reprodução da força de trabalho — bairros, casas, mobiliário, cozinhas, utensílios domésticos etc. — tudo tinha passado pela prancheta do *designer*. Daí ser possível uma dúvida como a de Argan: "O *design* serve às massas?",[48] que aqui nem mesmo se coloca, pois o *design* a bem dizer não chegou a elas. Nosso capitalismo, baseado em forte desigualdade social, baixos salários e na combinação produtiva entre atraso e modernização, não possuía a mesma lógica de incorporação. Mesmo que as classes populares estivessem progressivamente sendo integradas à produção industrial nas grandes cidades, o receio das burguesias nacionais de realizar reformas que ampliassem o mercado interno e socializassem minimamente a riqueza, excluía grande parte dos trabalhadores dos benefícios da modernização e dos novos padrões de consumo. Com isso, as classes subalternas permaneciam limitadas a bens de primeira necessidade, precisando ainda recorrer a formas de autossubsistência, como a construção da própria moradia. O espaço proletário for-

---

[47] Arnoult e Barros produziram móveis completamente industrializados, com peças moduladas que poderiam ser combinadas criando dezenas de produtos diferentes. Os móveis "Peg Lev" de Arnoult chegaram a ser vendidos em supermercados. Cf. Maria Cecília Loschiavo dos Santos, *op. cit.*

[48] "Introdução" em Maldonado, *El diseño industrial reconsiderado*. Barcelona: Gustavo Gili, 1977.

Casa pré-fabricada,
Alemanha, 1931.

Walter Gropius (acima, à esquerda),
arquiteto e teórico da Bauhaus, em um
canteiro de obras industrializado para
a construção de habitações populares,
década de 1920.

Hannes Meyer,
lâmpadas da Bauhaus, 1927.

mou-se no Brasil na ilegalidade, em geral autoconstruído, com precariedade de meios e técnicas, sem ter passado pelo traço do arquiteto. As massas, excluídas dos direitos da cidadania, também o foram do desenho.

Portanto, ao contrário da vocação democrática que alegava possuir, aqui o *design* funcionou como uma espécie de marca registrada de privilégio. O móvel bem desenhado feito semiartesanalmente e consumido pela elite era, na prática, a negação do que o desenho industrial prometia. Isso não significa que tenha deixado de cumprir entre nós, no fim das contas, certa função pedagógica. Como vimos em Artigas, o desenho-*desígnio* da arquitetura moderna, ao menos na vertente que ele representou, buscava colaborar para que nossas elites desempenhassem o papel revolucionário que em princípio lhes estava historicamente reservado. No projeto da casa burguesa havia uma intenção de educação moral, econômica e estética, e o *design*, mesmo sem ter se industrializado, chegou a ela e substituiu os móveis antiquados.

Pode-se dizer que, ao contrário dos países centrais, o desenho moderno não era uma das consequências da revolução burguesa, mas sim anterior a ela, pretendendo antecipá-la. Ou seja, se o desenho ainda não atingira todas as classes, dirigia-se ao menos à parcela da elite que, naquele momento, era entendida como capaz de realizar as reformas democráticas e a ruptura anti-imperialista. Por isso, como explica Artigas: "As formas nacionais da arquitetura moderna brasileira não eram estranhas à luta do proletariado, eram uma componente da ideologia dominante, porém da parcela da classe dominante nacionalista, que combatia o imperialismo".[49]

O desenho moderno, enquanto instrumento reformador da mentalidade escravista e predatória das nossas burguesias, capaz de prepará-las para levar às últimas consequências as utopias de

---

[49] Citado em Miguel Buzzar, *op. cit.*, p. 230.

Artigas e o desenho

que, imaginava-se, seriam portadoras — a revolução democrática e a revolução nacional —, acabou sendo surpreendido pelo golpe de 1964. Como explicou posteriormente Florestan Fernandes, em 64 acabou a "crise de adolescência" da nossa burguesia — o populismo e seus sonhos nacionalistas —, definiu-se a aliança com o imperialismo (já iniciada com Juscelino), a consolidação do Estado autocrático e a exclusão definitiva das classes populares da política. Assim, a revolução burguesa no Brasil não produziu as mudanças sociais construtivas que estavam na base das revoluções burguesas originais: aqui ela apenas garantiu a continuidade do capitalismo e o pacto de poder entre os setores modernos e arcaicos das elites brasileiras.[50]

De 1964 em diante, não havia mais como sustentar ilusões.

---

[50] Cf. Florestan Fernandes, *A revolução burguesa no Brasil*. Rio de Janeiro: Zahar, 1975. Um resumo da interpretação de Florestan a respeito do capitalismo dependente e da "revolução burguesa atrasada" no Brasil está em Plínio de Arruda Sampaio Jr., *Entre a nação e a barbárie* (Petrópolis: Vozes, 1999, cap. 4). Vale a pena ver a crítica de Caio Prado Jr. ao PCB e sua interpretação do significado do golpe militar no Brasil em *A revolução brasileira* (São Paulo: Brasiliense, 1966, cap. 1).

2.
1964: TIJOLOS FORA DO LUGAR

Com o golpe de 1964 Artigas é preso. Libertado após 12 dias, fica exilado por um ano no Uruguai. Na volta, ainda sob inquérito, permanece na clandestinidade até ser absolvido em 1966. É nesse período conturbado que ele projeta a Casa Elza Berquó. "Elza me procurou para que eu fizesse uma casa para ela. Respondi-lhe dizendo: 'Você está louca! Estou sendo julgado pelo tribunal de segurança. A primeira sessão vai ser depois de amanhã. Vou ser condenado. O que é que você quer, que eu faça um projeto de uma casa para você na cadeia?' Mas você conhece a Elza, a robustez catastrófica... e fiz o desenho dessa casa meio como 'arquiteto-presidiário'."[51]

Essa casa tornou-se famosa porque a cobertura não é suportada apenas por pilares de concreto, mas por quatro troncos de árvore. Sob o imenso teto, o interior, como sempre, parece fluir em meio a variações contínuas. O piso é todo desenhado com materiais diferentes entre si: pedra, cerâmica, ladrilhos e madeira. Uma abertura central na laje ilumina o jardim interno com plantas exuberantes que, compondo com os troncos-pilares, formam uma pequena mata. Por um trilho, corre, tal qual um trenzinho, um painel vazado sem utilidade aparente. Artigas justifica-se, dizendo que resolveu fazer uma casa *pop*, "de tão bravo que estava com o golpe de 64".[52]

---

[51] Vilanova Artigas, *A função social do arquiteto*, *op. cit.*, pp. 47-8.

[52] "Aula em Porto Alegre", citado no trabalho de Maria Luiza Cor-

Nos troncos que sustentam a laje pressente-se a *dúvida* do arquiteto sobre as possibilidades do desenvolvimento nacional e a sensação de que todo seu passado pode ter sido uma miragem: "Fiz uma estrutura de concreto armado apoiada sobre troncos de madeira, para dizer que, nessa ocasião, essa técnica toda, de concreto armado, que fez essa magnífica arquitetura não passa de uma tolice irremediável em face das condições políticas que vivia nesse momento". Tal como numa alegoria tropicalista, o projeto moderno teria virado, por um instante, simples fantasia.

O desenho-*desígnio* de Artigas parece ter ficado sem ponto de apoio. Como lembra Elza, naqueles anos de liberdade ameaçada, o abrigo tornou-se refúgio.[53]

Após o golpe, o tema central para a esquerda passou a ser a avaliação dos seus erros e o significado daquela viravolta histórica. Para os que acreditavam no poder revolucionário e progressista da burguesia nacional, o golpe produzira um desmoronamento político semelhante ao da contrarrevolução burguesa na Europa que se seguiu às insurreições de 1848.[54]

Diante dos acontecimentos de 1964 no Brasil, a crença num desenvolvimento social progressista conduzido pela burguesia nacional cai por terra. Como intui Artigas, o projeto da casa burguesa depois de 64 não pode ter mais nenhum sentido positivo: ela era agora a morada de quem traiu a revolução brasileira. Tudo

---

rêa, *Artigas: da ideia ao projeto*. Dissertação de Mestrado, FAU-USP, 1998, p. 203.

[53] Depoimento de Elza Berquó citado em Maria Luiza Corrêa, *op. cit.*, p. 204.

[54] Como explicou Eric Hobsbawm, o golpe de Luís Napoleão Bonaparte em 1851, depois de a Guarda Nacional burguesa ter massacrado a classe operária parisiense, inaugurou um novo período histórico ao longo do qual a burguesia deixava de ser uma força social transformadora e passava a classe abertamente reacionária. Eric Hobsbawm, "A primavera dos povos", em *A Era do Capital*. Rio de Janeiro: Paz e Terra, 1977.

Vilanova Artigas, Casa Elza Berquó, 1967
(vista externa dos fundos e vista interna).

parecia estar de ponta-cabeça. O próprio PCB, perplexo e incapaz de fazer oposição ao novo regime, começa a se esfacelar, dando origem a diversos grupos mais radicais.

Os arquitetos, que julgavam estar participando da construção do país, perguntavam-se agora quais seriam as consequências do golpe para o projeto da arquitetura moderna. Estariam os militares dispostos a exumar o neoclassicismo como estilo oficial? As escolas de arquitetura seriam fechadas e os arquitetos modernos, perseguidos, como fizeram o nazismo e o stalinismo?

Em 1966, Sérgio Ferro apresenta um texto onde procura fazer uma avaliação de tais consequências.[55] Sérgio afirma que desde os anos 40, a possibilidade de um "desenvolvimento social" no Brasil "estimulou uma otimista atividade antecipadora" e que a arquitetura moderna era a linguagem manifesta da "posição progressista" que o país adotara. Mesmo que não tivesse ultrapassado o caráter de produção semiartesanal destinada à elite, havia uma perspectiva de generalização da experiência para outras classes sociais.

Segundo Sérgio, Brasília marcou "o apogeu destas esperanças". Mas, logo em seguida, "freamos nossos tímidos e ilusórios avanços sociais e atendemos ao toque militar de recolher". Os novos arquitetos formados nessa "tradição cuja preocupação fundamental eram as grandes necessidades coletivas", sentiram o "afastamento crescente de sua formação e expectativas"; daí a sensação de *crise*, frustração imediata e impraticabilidade. Um mal-estar que se generalizava diante da "decomposição estrutural do país" e do "truncamento irracional do nosso lento processo social". O projeto moderno da arquitetura brasileira fora abortado e os arquitetos "já não são mais ouvidos".

---

[55] O texto foi apresentado publicamente em 1966 e publicado em 1967, na revista *Teoria e Prática*, n° 1, com o título "Arquitetura Nova". Republicado em *Arquitetura e trabalho livre*, *op. cit.*, pp. 47-60.

Um ano antes, em julho de 1965, em um número especial da revista *Acrópole* (nº 319) dedicado ao trabalho dos três jovens arquitetos — Sérgio Ferro, Rodrigo Lefèvre e Flávio Império —, já se podia notar, por parte dos três, a inquietação com o corte abrupto de perspectivas: tinha-se "o leve indício, hoje desaparecido, de transformações sociais mais profundas", indício que levou os arquitetos a "prepararem-se para um exercício diferente da profissão". Agora, "nossa posição geral é de denunciar as contradições" através de um "pensamento eminentemente crítico do momento presente". "O nosso inimigo é conhecido: são as forças e as ideologias freadoras do processo de libertação." E concluem desesperançados: "Vivemos num tempo de guerra".

O que eles menos esperavam era uma apresentação do número especial da *Acrópole* que se opunha claramente a esta sensação de crise e frustração. O texto era do mestre Artigas, com o título: "Uma falsa crise". Nele, Artigas pretende demonstrar que tanto o funcionalismo em arquitetura quanto a modernização não estavam sendo interrompidos pelo golpe. Comentando a autocrítica de Niemeyer (publicada na revista *Módulo*, em fevereiro de 1958 e reproduzida por Alberto Xavier em *Depoimento de uma geração*, 1987), Artigas declara que não há crise no funcionalismo, mas a "superação de uma fase", e que, se "as teses do funcionalismo" confundem-se com "a temática do desenvolvimento em geral", este também não estaria em crise, ao contrário: o país continuava no caminho de ser uma nação moderna. Acreditando que as forças produtivas poderiam ser posteriormente controladas pelos trabalhadores, Artigas não vê seu desenvolvimento, mesmo sob a ditadura, como algo negativo: "Nas circunstâncias históricas em que vivemos, os países subdesenvolvidos desejam a industrialização, *quaisquer que sejam as suas decorrências*, pois que, partindo das teses funcionalistas, seria possível o seu controle".

Apesar da dúvida que paira por um momento na Casa Berquó, na qual o país moderno vira fantasia *pop*, Artigas retoma a crença cega no desenvolvimento das forças produtivas, posição que defenderá nos anos difíceis da ditadura.

1964: tijolos fora do lugar

Rodrigo Lefèvre responde a Artigas em texto de 1966, intitulado "Uma crise em desenvolvimento".[56] Ao contrário do mestre, Rodrigo considera que o golpe está "excluindo progressivamente os arquitetos da vida pública". Experiências coletivas como Brasília, de "experimentação em todos os níveis", tornaram-se de uma hora para outra irrealizáveis. Os arquitetos estavam contentando-se em realizar experiências restritas e privadas cujos resultados eram obras cada vez mais patológicas, produzindo "ejaculação arquitetônica", "complexificação desnecessária" e "modismos".

Esse o ponto de partida da crítica de Sérgio Ferro aos seus colegas de arquitetura paulista, no texto "Arquitetura Nova" mencionado há pouco. Para Sérgio, a nova geração estava armada de uma racionalidade arquitetônica capaz de dar forma a um país e agora, "alienada de sua função real por um sistema caduco", era obrigada a fazer "venda privada de um conhecimento coletivo". Com a falta de perspectivas ela passou a repetir as soluções conquistadas anteriormente, enfatizando-as despropositadamente, até "raspar o maneirismo". "A didatização forçada, a excessiva racionalização construtiva, o 'economismo' ultradenso", tudo convergia para um desejo de racionalidade que não fazia mais sentido. E o que era originalmente irracionalidade, como os troncos da Casa Berquó, ganhava uma força crítica inesperada.

Descolando-se do programa social que supostamente a sustentava, a técnica adquire novo *status*: passa a ser um fim em si mesma. É transformada em linguagem autônoma e, como tal, inchada até os limites da hipertrofia, produzindo uma agressividade imaginária: uma "'racionalidade' mentirosa e sem perigos" empregada para dar a ilusão de ordem ao absurdo. A "verdade" das estruturas é "falseada", não como em Warchavchik, pois agora o resultado é farsesco. Deformações, virtuosismos, ilusionismos invertiam o sentido inicial e eram justificados pela "sensibilidade

---

[56] Revista *Acrópole*, nº 333, 1966.

do arquiteto", pelo seu direito arbitrário à "licença poética". A estética empenhada da arquitetura moderna anterior inverte o sinal: passa a ser má técnica fetichizada dissimulando a falta de responsabilidade política.

Um exemplo é a mimese da construção industrializada. Em muitas casas simulavam-se componentes industriais que acabavam sendo realizados artesanalmente. Eram imaginadas soluções socializantes em situações ultraparticulares. Fechaduras, montantes, peitoris, juntas tinham a lógica de uma rigorosa abstração, como se fossem testes para a generalização da experiência. Essa arquitetura "assinala vagamente o que seria se pudesse se desenvolver", mas o truncamento do desenvolvimento só permite uma *promessa monstruosa*.

O debate entre Artigas e os três jovens arquitetos sobre as consequências do golpe continuará nos Fóruns de Ensino da FAU, em 1968 e 69. Nessa ocasião, as posições em conflito estarão mais radicalizadas: de um lado, a defesa do desenho e da prática profissional e, de outro, a disposição para uma ação política mais veemente. Mas, antes de chegarmos a 1968, já é possível notar algumas divergências fundamentais na avaliação do golpe.

Artigas, tanto em seu texto "A falsa crise" quanto em "O desenho", apesar das inquietações reveladas na Casa Berquó, minimiza propositadamente as consequências do golpe. Os motivos para isso são diversos, tais como: considerar o golpe passageiro, adotar a postura do Partido e não fazer oposição aberta, acreditar nas possibilidades da ação pelo desenho e talvez não reconhecer que a aposta no projeto progressista da burguesia nacional tenha dado no seu contrário. Contudo, diferentemente dos que avaliavam ter o golpe interrompido o crescimento do país produzindo estagnação, como o maior economista brasileiro, Celso Furtado,[57]

---

[57] *Subdesenvolvimento e estagnação na América Latina*. Rio de Janeiro: Civilização Brasileira, 1966.

Artigas intui que ocorrera exatamente o oposto: o novo governo estaria garantindo a modernização.

Embora reconhecendo o caráter antidemocrático do regime, ele assim mesmo parecia acreditar que o fortalecimento do poder do Estado era uma forma de acelerar o crescimento. Este, o fim último, na leitura no mínimo ortodoxa feita por Artigas das "teses funcionalistas" — segundo as quais o desenvolvimento das forças produtivas deve ser sempre defendido, pois, "quaisquer que sejam as suas decorrências", o controle por parte dos trabalhadores é o desfecho inevitável.

Sérgio e Rodrigo, também militantes do PCB até a ruptura de Marighella em 1967, encontraram o Partido no momento posterior ao XX Congresso e ao relatório Kruschev, no auge de sua fase nacional-desenvolvimentista.[58] Sem ter passado pelo período stalinista do Partido, os dois acreditavam mais nas promessas de uma revolução democrático-burguesa do que o próprio Artigas. Por isso, enquanto o mestre percebe no pós-1964 linhas de continuidade no desenvolvimento das forças produtivas, para os dois há apenas ruptura — o que leva ambos a considerar a arquitetura moderna brasileira um "projeto interrompido".

O crítico literário Roberto Schwarz, em seu conhecido ensaio sobre o período, "Cultura e política 1964-1969",[59] faz um breve comentário sobre arquitetura, inspirado em Sérgio Ferro, evidenciando esta posição. Segundo Roberto, preparados para construir cidades como Brasília, onde se manifestavam "as esperanças do socialismo" e o "sentido coletivista da produção arquitetônica", e *agora* restritos ao anticlímax da casa burguesa, os arquitetos acabaram por "torturar o espaço, sobrecarregar de intenções e experimentos as casinhas que os amigos recém-casados, com algum dinheiro, às vezes lhes encomendavam". O ra-

---

[58] Sobre as oscilações do PCB, ver o livro de Gildo Marçal Brandão, *op. cit.*

[59] Em *O pai de família*. Rio de Janeiro: Paz e Terra, 1978, p. 69.

cionalismo arquitetônico estaria fora de contexto, pois "as soluções formais, frustrado o contato com os explorados, para o qual se orientavam, foram usadas em situação e para um público a que não se destinavam, *mudando de sentido*". Nesse ponto, o crítico reitera a interpretação que faz para o teatro da época: o golpe cortara o contato entre intelectuais e as massas, entre a experiência cultural da esquerda e o público a que pretendia dirigir-se, de modo que a produção cultural extraordinária daquele período acabou virando "matéria para consumo próprio", *mudando de sentido* e invertendo, assim, seu propósito original.

Se a interpretação para o teatro pode ser correta, no caso da arquitetura não há por que falar em "mudança de sentido", como se anteriormente ao golpe existisse um projeto direcionado aos "explorados". Como vimos, ao contrário da experiência dos países centrais, onde o desenho alcançou todas as classes sociais, essa realização "democrática" aqui não ocorreu. Nossa arquitetura moderna, quando não era oficial e monumental, *sempre foi de casas burguesas.*[60] E a aparência severa dessas casas, que Roberto Schwarz afirma ser "símbolo moralista e inconfortável da re-

---

[60] Existem autores que defendem a tese contrária, como Nabil Bonduki no citado *Origens da habitação social no Brasil*. Entretanto, como se pode ver no próprio livro, a iniciativa dos IAPs (Institutos de Aposentadorias e Pensões) é pequena (se comparada ao futuro BNH — Banco Nacional de Habitação) e progressivamente se destinou à classe média. Dos nossos grandes arquitetos modernos, um dos raros envolvidos com o problema da habitação social foi Reidy (ao qual Nabil dedica um livro, *Affonso Eduardo Reidy*. São Paulo: Blau/Instituto Lina Bo e P. M. Bardi, 2000). O depoimento de Reidy no "Inquérito Nacional de Arquitetura" (1961) do *Jornal do Brasil* é revelador: "O Brasil é um dos países que mais tem descurado o problema da habitação. Tem, pode-se mesmo dizer, ignorado a sua existência". E no mesmo "Inquérito", José Cláudio Gomes afirma: "Este é um tema que nem sequer foi proposto aos arquitetos, ou pelos arquitetos" (publicado pela Escola de Arquitetura da UFMG em 1963). Apenas em 1963, embalado pelo clima das "Reformas de Base", o IAB (Instituto de Arquitetos do Brasil) inicia os debates sobre Reforma Urbana e Habitação.

1964: tijolos fora do lugar

volução que não houve", já estava na origem, em Artigas: moral puritana e controle do uso irracional da riqueza, cujo fim é o projeto de modernização capitalista. É por isso que, quando Sérgio fala em "estética empenhada", nós poderíamos completar: ela esteve particularmente empenhada em transformar a casa burguesa e educar a elite. Esta a nossa "causa".

A *ilusão retrospectiva* fica evidente quando Brasília é citada por todos para justificar as esperanças que precederam o golpe. Vista com alguma distância, longe de representar "uma otimista atividade antecipatória" do "sentido coletivista da produção", Brasília reproduziu as contradições da modernização brasileira em escala inaudita. Sem entrarmos no significado do projeto, basta lembrar que a capital foi erguida em quatro anos num dos canteiros mais selvagens da história. Alojados em condições subumanas, trabalhando mais de doze horas por dia, obrigados a fazer viradas e horas extras incessantemente, centenas de "candangos" morreram, quando não caídos do andaime, assassinados a mando da construtora. Ao fim, não tiveram direito a um espaço na cidade e fizeram suas casas precárias nos acampamentos-satélite.[61] Brasília talvez tenha realmente sido a síntese da arquitetura brasileira, mas longe de mostrar na "beleza" de seus palácios as esperanças de uma "alvorada", ela parece encarnar a própria *promessa monstruosa* da modernização brasileira.

Sérgio Ferro, Flávio Império e Rodrigo Lefèvre, tão atentos às contradições entre desenho e canteiro, parecem ter sido ofuscados pela reluzente capital. Mas, deixando de lado as miragens, passemos adiante para os feitos dos três.

---

[61] Conferir o filme documentário de Vladimir Carvalho, *Conterrâneos velhos de guerra*, 1985. Ver, entre outros, Aldo Paviani (org.), *Brasília: ideologia e realidade* (São Paulo: CNPq/Projeto, 1985); e Nair Bicalho de Souza, *Construtores de Brasília* (Petrópolis: Vozes, 1983). Sérgio Ferro faz uma análise crítica do significado de Brasília, em *Arquitetura e trabalho livre*, *op. cit.*, pp. 305-18.

3.
SÉRGIO, FLÁVIO, RODRIGO
E A TAL DA ARQUITETURA NOVA

Sérgio, Flávio e Rodrigo começam a trabalhar juntos em 1961, quando constituem, com outros colegas, o grupo que representa a FAU no Concurso Internacional de Escolas de Arquitetura da VI Bienal de Artes de São Paulo. Os projetos que realizarão em conjunto nascem naqueles anos de esperança na transformação do país, época do governo Jango, de fortalecimento das lutas populares, das Ligas Camponesas e das reformas de base. São anos de radicalização política durante os quais o grupo elabora um programa de atuação e experimenta em algumas obras residenciais soluções possíveis para o problema da casa popular. A partir de 1964, surpreendidos pelo golpe e vendo desaparecerem as perspectivas sociais necessárias para levar adiante seu projeto, os três, ao mesmo tempo que amadurecem suas propostas, irão progressivamente diminuir as atividades, até realizar, em 1968, a última obra do grupo: a Casa Juarez Brandão Lopes, quando declaram o abandono da prática profissional.

Apesar das divergências com Artigas e do rompimento que será consumado em 1968, os três jovens arquitetos eram considerados seus principais "discípulos". Ao menos é assim que conta Abrahão Sanovicz: "[...] Fomos seus alunos; porém ele teve discípulos: o Sérgio Ferro, o Rodrigo Lefèvre e o Flávio Império. O aluno absorve e continua a linguagem do mestre, enquanto o discípulo absorve e reelabora".[62]

---

[62] Citado em Ana Paula Koury, *Grupo Arquitetura Nova*. Dissertação de Mestrado, EESC-USP, São Carlos, 1999, p. 25. Publicada em livro por Romano Guerra/Edusp/Fapesp, 2003.

Para Sérgio Ferro, Artigas teria dado origem a "dois movimentos bem diferentes": "Uma corrente seguiu o Artigas no lado formal, na organização de plantas, no espaço, no uso do concreto, e foi refinando. E o nosso grupo seguiu o Artigas na crítica política e ética que ele fazia da arquitetura anterior. Dessa forma empregamos os mesmos elementos formais, mas os desenvolvemos em *outra direção*".[63] Na verdade, há uma diferença de gerações entre os dois grupos: o primeiro — de Paulo Mendes da Rocha, Joaquim Guedes, Carlos Millan, entre outros — começa a projetar na década de 50, num período de euforia desenvolvimentista, e o segundo, na década de 60, num momento de radicalização política.

Quando Sérgio fala em "outra direção", já indica o ponto de separação com Artigas: "A nossa divergência com o Artigas é que ele nunca queria cair num miserabilismo. A nossa tendência era mais radical e orientada para a casa popular [...] Estávamos pensando num outro cliente, aquele que não existia — no povão".[64]

A "procura do povo" ocorre, entretanto, poucos anos antes da virada conservadora de 1964 e mal chega a se consolidar. São iniciativas como a do Cinema Novo, dos CPC (Centros Populares de Cultura) e do Teatro de Arena — do qual participou Flávio Império — que acabam inspirando os três arquitetos a imaginar um *outro programa* para a arquitetura moderna brasileira, um *programa novista*, para não dizer popular. Quando Sérgio batiza *a posteriori* a experiência do grupo como "Arquitetura Nova", e também "Pintura Nova", ele explica que foi "em clara referência ao Cinema Novo: meios simples e ideias na cabeça".[65]

---

[63] "Reflexões sobre o brutalismo caboclo", entrevista a Marlene Acayaba, revista *Projeto*, n° 86, 1986, p. 70. Republicada em *Arquitetura e trabalho livre, op. cit.*

[64] *Idem.*

[65] "Depoimento", em Maria Cecília Loschiavo dos Santos (org.), *Maria Antonia: uma rua na contramão*. São Paulo: Nobel, 1988, p. 272. Ape-

Mas, ao contrário do cinema e do teatro, a iniciativa "novista" na arquitetura tinha dificuldades próprias para se realizar. Parafraseando Glauber, no caso da arquitetura não bastam uma colher de pedreiro na mão e uma ideia na cabeça. Como brinca Sérgio noutra ocasião, "construção é coisa séria, envolve doutor e capital". Um programa de arquitetura dirigido a famílias de baixa renda precisa de terra e financiamento: bancos, governo, construtoras etc., e por isso a questão da habitação naquele momento não chegava a entusiasmar os arquitetos e muito menos artistas e intelectuais de esquerda, que buscavam iniciativas com maior grau de independência e poder de crítica.

Os três arquitetos tiveram que realizar as experiências piloto do que poderia ser a casa popular em projetos "para os amigos", fazendo casas burguesas que fossem antiburguesas. Aí uma diferença com o projeto de Artigas, de reeducação da classe dominante. Por isso é mais radical e tende a um certo "miserabilismo", como se a estética do Cinema Novo pudesse ter uma materialidade arquitetônica. Assim, irão procurar extrair os elementos da Arquitetura Nova dos componentes mais banais e presentes em qualquer construção popular de periferia — o tijolo, a vigota e o caibro — que, ao serem recombinados, darão origem a um ambiente popular, finalmente desenhado, não pela reprodução de modelos importados, mas pela perspectiva própria do Terceiro Mundo, no que tem de precariedade de meios, invenção e possibilidade de emancipação.

---

sar do artigo homônimo de Sérgio em 1967, a produção do grupo só foi designada como "Arquitetura Nova" neste texto de 1988, nunca tendo sido referida desta forma pelos três arquitetos enquanto atuavam conjuntamente. Isso não impede, entretanto, que utilizemos retrospectivamente o batismo tardio dado por Sérgio, pois a designação expressa afinidades realmente existentes com os demais programas "novistas". Ana Paula Koury também adota essa posição em sua pesquisa de mestrado, *op. cit.* O depoimento foi republicado com o nome "FAU, travessa da Maria Antonia" em *Arquitetura e trabalho livre, op. cit.*

Essa experimentação "novista" é que nos permite dizer que, dentro das circunstâncias históricas, os três arquitetos procuram *mudar o sentido* da arquitetura moderna brasileira, ao menos no que diz respeito à habitação. Na verdade, alcançaram uma forma híbrida entre casa burguesa e popular, presa à primeira mas querendo ser a outra. Como veremos, isso significou não apenas o questionamento dos custos da casa burguesa, mas da técnica, da estética e das relações de trabalho no canteiro. Entretanto, a forma arquitetônica que eles conseguiram "antecipar" às condições objetivas de sua realização encontrará sua verdadeira existência social vinte anos depois, noutra ocasião e com outros arquitetos.

ARQUITETOS-PINTORES-CENÓGRAFOS, FAZEDORES

Desde o início, 1961, o escritório de Sérgio, Flávio e Rodrigo, na rua Haddock Lobo e depois na rua Marquês de Paranaguá, era um ponto de encontro de artistas e gente de esquerda. Na verdade não se tratava de um escritório, mas de um ateliê que era também núcleo político, no qual produção artística e crítica aconteciam simultaneamente. Quem chegava lá para um café e bate-papo encontrava todo mundo sujo, coberto de tinta e produzindo à viva força — as *marcas do fazer*. Sérgio Ferro lembra que "o escritório era frequentado por pessoas de filosofia, teatro, música, literatura. Era um cadinho no qual tudo se cruzava, em uma espécie de projeto de criação de uma consciência nacional, de uma cultura nossa, que não fosse importada. Era um período de fertilidade extraordinária".[66]

Quem passava no Teatro de Arena encontrava Flávio bor-

---

[66] Entrevista a Carlos Castelo Branco, revista *Caros Amigos*, nº 49, 2001, pp. 44-5.

dando, cortando, martelando, colando. "Ele punha todo mundo para ajudar e aprender, era um trabalho fácil e divertido, e ia conversando e fazendo críticas 'impertinentes' — dava para sentir que ali estava acontecendo uma coisa nova."[67] No Oficina, a mesma coisa, conta Zé Celso: "Ele acompanhava todo o processo, desenhava, projetava, depois ia aos detalhes, virava noite, ia com as costureiras e bordava, ia com os maquinistas e cada rendinha, cada botãozinho, até a coisa ficar pronta, estreava extenuado, entregava aquilo e shiiiiuuuu".[68]

Fazer com as próprias mãos o que pensava, e ao fazer instruir o pensar — essa era uma união-transição natural para o grupo. Sérgio explica que "o momento do fazer, tanto na pintura quanto no teatro, é o momento mais rico, é o momento mais produtivo".[69] Mas na arquitetura não é bem assim: o desenho surge como mediação entre o pensamento do arquiteto e o fazer do operário, pois há uma *cisão* que impede a contiguidade entre o fazer e o pensar que há na pintura.

Num artigo recente, Sérgio pergunta-se como outros "arquitetos-pintores (ou escultores)", como Le Corbusier, não percebiam a diferença que estava em questão. As "imposições produtivas" da arquitetura eram a bem dizer esquecidas, ou naturalizadas. O canteiro e o fazer desapareciam, restando apenas o ato de desenhar sobre a folha em branco, que é pobre e insuficiente para dar concretude à arquitetura. Por isso, pergunta: será que não é possível "encontrar soluções ao mesmo tempo convergentes nas suas formas e válidas nos dois domínios?".[70]

---

[67] Depoimento de Célia e José Francisco Quirino dos Santos ao autor (1999).

[68] Depoimento de José Celso Martinez Corrêa para o vídeo *Flávio Império em tempo*, de Cao Hamburger (1997).

[69] Entrevista a Ana Paula Koury, *op. cit.*, p. 212.

[70] "A arte da liberdade" (1988), em Sérgio Ferro, *Futuro-anterior*. São Paulo: Nobel, 1989, p. 70.

O grupo vai, assim, procurar levar a experiência da pintura e do teatro para o canteiro de obras. E, ao mesmo tempo em que descobre novas formas de produção, técnicas e plásticas, vai esbarrar nas dificuldades próprias da construção de uma mercadoria cara, "coisa séria", como diz Sérgio. Não por acaso, a pintura será para Sérgio e Flávio cada vez mais um refúgio contra as cisões impostas pela produção da arquitetura, uma reconciliação com o trabalho. O momento de solidão do ato de pintar dá a sensação de que, recolhido em seu ateliê e fora da opressão do mundo exterior, o pintor vive um pouco da liberdade perdida. Uma saída que não deixa de ser paradoxal diante das questões colocadas pelo grupo, pois restitui o papel único do artista criador e, ao fim, o dilema diante do mercado das artes.

Por serem as atividades com a pintura e o teatro importantes parâmetros para a compreensão da experiência do grupo em arquitetura, passaremos primeiro por elas.

A Pintura Nova

Em 1962, Sérgio torna-se professor de História da Arte na FAU e assistente de Flávio Motta.[71] Após o golpe, começa a elaborar um programa para o que ele chama de "Pintura Nova". Segundo ele, "a frustração generalizada a partir de 64, as restrições a qualquer ação livre e responsável, o irracionalismo mórbido que governa por procuração requereram alterações da pintura como um todo".[72] Ou seja, na pintura a mesma sensação de projeto nacional truncado, de libertação que deu no seu contrário. O que o

---

[71] Flávio Império e Rodrigo Lefèvre também começam a dar aulas na FAU-USP no mesmo ano. O primeiro, de Comunicação Visual e o segundo, de História da Arquitetura. Além da FAU, os três foram professores em diversas escolas.

[72] "Vale tudo (*Propostas 65*)", *Arte em Revista*, n° 2, 1979, p. 26.

faz cobrar da pintura uma radicalidade e uma posição de enfrentamento que acabarão por exigir dela funções que dificilmente teria como realizar. O que a levará, na prática, a romper com os seus limites convencionais, numa "desconstrução-reconstrução da própria linguagem artística": colagens, "objetos", instalações, arte de rua.[73]

As reuniões preparatórias para uma agenda ampla dos pintores paulistas, liderados por Waldemar Cordeiro, ocorriam no escritório dos três arquitetos na rua Haddock Lobo. O resultado foi *Propostas 65*, que redundou na exposição de mesmo nome. *Propostas 65* faz a crítica ao abstracionismo-concretismo dominante nos anos 50 em nome de um "novo realismo",[74] capaz de dar vazão à temática política. Sérgio explica no texto "Vale tudo" que a Pintura Nova passou do plano "das essências, dos padrões 'ideais', quase ontológico" do abstracionismo, para o plano "fenomenológico", comprometido com os dados e contradições da realidade.

Nesse que é um dos mais importantes textos de apresentação de *Propostas 65*, Sérgio enumera as tarefas da Pintura Nova: "Os problemas que a Pintura Nova examina são os do subdesenvolvimento, imperialismo, o choque esquerda-direita, o (bom) comportamento burguês, seus padrões, a alienação, a 'má-fé', a hipocrisia social, a angústia generalizada etc.". Ela pretende "captar a incrível irracionalidade do nosso tempo". Por isso, "inexiste a preocupação com a unidade, a correção, a elegância da linguagem", ao contrário, "vale tudo" — conforme o título do texto-manifesto: "A nova pintura arma-se de todos os instrumentos disponíveis, [...] importa, empresta, rouba e cria o seu vocabulário com a liberdade indispensável para o reexame profundo que efetua".

---

[73] Otília Arantes, "Depois das vanguardas", *Arte em Revista*, nº 7, 1983, p. 5.

[74] Na expressão de Mário Schenberg.

No balanço que faz da mostra, Mário Schenberg chama a atenção para o caráter "publicitário" das obras, com mensagens de compreensão imediata. O parentesco com a *pop art* norte-americana é evidente, mas vem embaralhado por uma tendência subversiva dadá, acrescida de outras influências, como a nova figuração, o realismo fantástico, o realismo existencialista etc.[75] As obras ali expostas não possuíam a "alegria" edulcorada da sociedade de consumo e o otimismo do "sonho americano". Como explica Otília Arantes: "O sorriso provocado (pelo *pop*) não tem nada a ver com a ironia subversiva ou o humor corrosivo dos nossos artistas, é um sorriso *cool*, que não se distingue, como observa Baudrillard, da cumplicidade comercial [...] Pode-se dizer que a arte que se fazia aqui era, diante do *pop* americano, extremamente *hot*".[76]

Para Flávio Império, que também participou da exposição *Propostas 65*, "a Pintura Nova brasileira é filha do *pop*, mas sem dúvida ovelha negra — usa sua linguagem e responde aos murros e pés de ouvido, mostrando o reverso da moeda. Como aprendiz de feiticeiro aprende a linguagem da publicidade e mostra que o rei está nu".[77] Um dos quadros de Flávio, intitulado "Pena que ela seja uma puta", revela o espírito geral da Pintura Nova: Flávio utiliza técnicas de pintura, colagem e gesso para construir-desconstruir o mito norte-americano da liberdade, expresso na famosa Estátua. A estátua é alegorizada como uma velha prostituta "made in France", despida sobre uma bandeira norte-americana disposta como lençol de bordel e, em sua cabeça, porta uma coroa reluzente, de cujos raios nascem fuzis. No

---

[75] Mário Schenberg, "Ponto alto", *Arte em Revista*, n° 2, 1979, p. 25.

[76] "Depois das vanguardas", p. 10.

[77] "A Pintura Nova tem a cara do cotidiano", Sociedade Cultural Flávio Império, São Paulo, s.d., mimeo.

Flávio Império e a pintura "Pena que ela seja uma puta", de 1966.

canto superior do quadro, Flávio grava ossadas humanas em gesso, como registro fóssil do devastador poder militar norte-americano. Em destaque, ironizando a inscrição "In God we trust" ("Em Deus confiamos") impressa nas notas de dólar, escreve em letras douradas: "In gold ours trusts trust" ("Em ouro nossos trustes confiam").

Avaliando a experiência de 1965 em "Os limites da denúncia", Sérgio comenta que a Pintura Nova "expõe o complexo de atitudes contraditórias — atração e repulsão, denúncia e inveja —, confusão que compõe as relações tensas entre colonizador, seus representantes internos e o colonizado". O *pop*, com sua deliberada reação às "seduções da Arte", serviu para romper a "inércia vazia e conformista" do abstracionismo, e precisava, logo em seguida, ser questionado, pois já era naquele momento "mercadoria internacional". Foi assim que um "neodadaísmo pop" surgiu, fornecendo uma "linguagem forte que a pintura brasileira buscava": como o Dadá, era a "manifestação própria de quem critica sob opressão".

Ao contrário do *pop* bem-acabado, a "grossura" na Pintura Nova foi uma crítica à promessa de modernização, como explica Sérgio: "Opondo-se ao requinte de um Warhol ou de um Rosenquist, nossa pintura é 'grossa'. Sua técnica tem o subdesenvolvimento do país — e esta adaptação *não é defeito ou carência, mas posição*". Logo, a "grossura" não era apenas o resultado da precariedade de meios, ela era intencional, pretendia ser a maneira certa de questionar as promessas de redenção consumista da sociedade norte-americana, presentes na arte *pop*. A "grossura", pois, ao tirar partido do nosso atraso, mostrava ao mesmo tempo que o saldo do progresso norte-americano, aqui, é outro: o autoritarismo e a destruição do projeto nacional.

Apesar de crítica, a Pintura Nova, na visão de Sérgio, não soube superar os "limites da denúncia", tendo ficado restrita apenas ao "anti". "Ser simplesmente anti é ser pouco modificadora", dizia ele, completando em tom cético: "Admitamos: a denúncia da Pintura Nova é limitada. Porque é burguesa. Ou pequeno-burguesa".[78] Posta nesses termos, a questão parece insolúvel, embora no mesmo texto ele tenha escrito que, "se a denúncia é autêntica, será modificadora". Isso nos permite supor que Sérgio achava ainda possível a arte, sem abandonar seu viés crítico, retomar uma certa dimensão construtiva, encontrando alternativas estéticas capazes de dar conta do país sob ditadura, mas ainda vivo. Na verdade, esse era o impasse que se colocava para todos os artistas na época, gerando ambiguidades e contradições, evidentes tanto nos programas e manifestos, quanto nas obras.

Um exemplo desse elã destrutivo-construtivo é Hélio Oiticica que, no seu Manifesto de 1969, declara que o *experimental* na arte implica uma modificação de valores, conceitos, comportamentos e do próprio contexto: "No Brasil" — escreve ele — "uma posição crítica e universal permanente e o experimental são *elementos construtivos*".[79] Talvez se possa dizer que a "raiz-estrutura-proposição" *Tropicália* (como ele a batizou) — uma tenda/ambiente "construída" diante do MAM, em 1967, lembrando nossas favelas — tenha sido um exemplo desse programa que pode ser resumido na fórmula "incorporar, deglutir, transformar". Ao mesmo tempo que era o contraponto daquela "construção do país" que culminara em Brasília.

Se a Pintura Nova, ao canalizar a decepção profunda dos artistas diante do golpe, foi predominantemente "anti", não pode ser considerada em separado. Sigamos pois com Flávio, cujo trabalho de cenógrafo foi muito além da denúncia e, reconhece Sérgio, "abriu picadas para a nossa arquitetura".[80]

---

[78] "Os limites da denúncia" (1966), *Arte em Revista*, n° 1, 1979, pp. 84-5.

[79] "Brasil diarreia/chega de luto Brasil", citado por Otília Arantes, *op. cit.*, p. 12.

[80] "Flávio arquiteto", em *Flávio Império em cena*. São Paulo: SESC, 1997, p. 98. Republicado em *Arquitetura e trabalho livre*, *op. cit.*

FLÁVIO IMPÉRIO ENCENA

Assistindo a *Morte e Vida Severina*, em 1960, Sérgio conta que ficou convencido de que Flávio estava dando uma "espécie de confirmação" do que deveria ser feito em arquitetura: "*materiais simples* (saco de estopa engomado e amassado nas roupas, papel e cola nas caveiras de boi) transfigurados pela *invenção lúcida* convinham mais ao nosso tempo [e lugar] do que a contrafação de modelos metropolitanos".

Flávio já vinha trabalhando com teatro desde 1956. Inicialmente com o grupo popular da Comunidade Cristo Operário (no Centro Pastoral Vergueiro), onde dirigia peças infantis e literalmente transformava sucata e lixo em cenários e figurinos. Em 1959, ele começa a trabalhar no Arena, grupo ao qual se "filiara" (mas sempre mantendo independência, dizia). O Arena, dirigido por Augusto Boal, Zé Renato e Gianfranceso Guarnieri, já era naquele momento o principal grupo de teatro experimental e de esquerda em São Paulo.[81]

Em poucos anos Flávio se tornou o nome mais importante da cenografia paulista, como afirma Iná Camargo Costa: "Sem muito exagero, é possível dizer que a cenografia teatral em São Paulo nos anos 60 tem nome próprio: Flávio Império".[82] A transformação empreendida por Flávio foi a desnaturalização do cenário realista do drama burguês e a produção do novo espaço cênico para o teatro épico e brechtiano no Brasil.

---

[81] Cf. Augusto Boal, *Hamlet e o filho do padeiro* (Rio de Janeiro: Record, 2000), e Iná Camargo Costa, *A hora do teatro épico no Brasil* (São Paulo: Graal, 1996).

[82] "Um enredo para Flávio Império", em *Flávio Império em cena*. Além do Arena, Flávio também fez cenografia para o teatro Oficina e para peças encenadas nos teatros Cacilda Becker, Ruth Escobar e Maria Della Costa, entre outros. Em 1968, além de cenários e figurinos, ele dirige a peça *Os Fuzis da Senhora Carrar*, de Bertolt Brecht.

O ponto de partida dessa transformação foi a dificuldade de encenação de uma greve em *Eles Não Usam Black-Tie*, apresentada no Arena em 1958. A questão era: como colocar em cena o novo ator, o povo brasileiro, os que não usam *black-tie*?[83] Na ocasião, Flávio fez a crítica ao naturalismo da encenação, que conduziu a peça em registro dramático, incapaz de dar conta da transição para o desfecho da greve operária. Flávio chegou a afirmar que havia "um flagrante desencontro entre forma e conteúdo": a exigência de um espaço cênico novo que desse conta da história e das lutas populares era incompatível com "o realismo meio fotográfico" do teatrão brasileiro, ainda presente na encenação de Guarnieri.[84]

Menos de dez anos depois, em *Arena Conta Zumbi* (1965), vê-se a resposta cenográfica de Flávio Império e do próprio Teatro de Arena ao desafio colocado pela peça de 1958. Em *Arena Conta Zumbi*, a história do líder negro e da luta contra a escravidão encontra o espaço exigido pelo teatro antidramático, o teatro épico.[85] Não há atores travestidos de negros fugidos, mas jovens de calça jeans e camisas coloridas segundo suas "funções" em cena; o cenário não faz referência a um quilombo ou mata, e se resume a um tapete vermelho no chão e alguns praticáveis. A cena desnaturalizada ao mesmo tempo que exibia seu caráter construído e anti-ilusionista, atualizava o sentido do conflito histórico ali retratado. Uma transformação que colocava a estrutura cênica do drama de ponta-cabeça — como se nota pela reação de Cacilda Becker, que saiu indignada e aos berros: "Isso não é teatro!".[86]

---

[83] Iná Camargo Costa, *A hora do teatro épico no Brasil*, pp. 23-39.

[84] "Depoimentos", em Renina Katz e Amélia Hamburger (orgs.), *Flávio Império*. São Paulo: Edusp, 1999, p. 40.

[85] Sobre o teatro épico ver Anatol Rosenfeld, *O teatro épico*. São Paulo: Perspectiva, 1985.

[86] "Depoimentos", em *Flávio Império, op. cit.*, p. 44.

No Arena, Flávio irá tirar partido da conformação arquitetônica do próprio teatro. Como explica Mariângela Alves de Lima, ele percebeu que a lógica espacial de um teatro em arena era completamente diferente do tradicional palco italiano: ao invés de uma caixa cênica que exige um ponto de vista central privilegiado, a arena democratiza e pluraliza os pontos de vista. O teatro em arena também produz um "distanciamento" novo, "deixando exposto o caráter ficcional da representação". Isso porque, ao contrário da caixa italiana com seus ocultamentos e ilusionismos, a arena deixa à mostra toda a "produtividade da cena", o que afetará a própria natureza dos cenários, que passarão a "praticáveis", objetos tridimensionais simples e móveis que os atores movimentam ao longo da representação. Essas descobertas, comenta o diretor Augusto Boal, ocorreram com a entrada de Flávio no grupo, quando se "compreenderam as implicações significativas da opção arquitetônica" de um teatro em arena.[87]

Os cenários de Flávio nunca simulam a realidade. Ao contrário, com um "experimentalismo acintoso" pretendem sempre evidenciar o artifício artístico ("um teatro teatral", como dizia Flávio). Atitude que é contrária às regras do teatro tradicional: como se um mágico contasse como faz os truques. Quem está acostumado ao drama burguês modernizado — do TBC[88] às novelas da Globo —, vê, em cenários feitos à perfeição, atores esforçando-se ao máximo para interpretar cada personagem da maneira mais realista possível. O artifício artístico é mascarado e, a

---

[87] Mariângela Alves de Lima, "Flávio Império e a cenografia do teatro brasileiro", em Renina Katz e Amélia Hamburger (orgs.), *Flávio Império, op. cit.*, pp. 21-2.

[88] O TBC (Teatro Brasileiro de Comédia) foi a primeira empresa moderna de teatro no Brasil, iniciativa do italiano Franco Zampari nos anos 1950. Dispunha de espaço próprio, mantinha um corpo estável de artistas e técnicos sob contrato e, do ponto de vista estético, era uma companhia que procurava adaptar para o Brasil grandes espetáculos de sucesso de Nova York, Paris e Londres.

certa altura, num passe de mágica, o espectador imagina que a história inventada é a própria realidade, até chorar. Flávio Império e seus colegas do Arena questionam esse ilusionismo procurando exibir o teatro como algo conscientemente produzido e que exige, portanto, uma percepção crítica e racional do espectador. Explicando o método do dramaturgo alemão Bertolt Brecht, que muito influenciou o Arena, Roberto Schwarz comenta que "a encenação anti-ilusionista" não só revela o caráter construído da cena e das figuras mas, por extensão, "o caráter construído da realidade". No caso brasileiro, a utilização desses procedimentos, segundo Schwarz, adquiria um poder suplementar: funcionava como o questionamento cotidiano da nossa intolerável estrutura de classes, uma "tarefa histórica de dar voz às desigualdades nacionais".[89]

A influência de Brecht sobre Flávio foi tamanha que o levou a ultrapassar, ao menos uma vez, os limites da sua atuação enquanto cenógrafo. Em 1968, Flávio dirige a peça *Os Fuzis de Dona Tereza* (ou *da Senhora Carrar*, no original) no TUSP, uma história sobre a resistência espanhola à ditadura de Franco que ganhava atualidade na situação brasileira daquele momento. O didatismo da peça de Brecht, entretanto, estava centrado na figura dramática da protagonista, a mãe Carrar, diante do dilema de colaborar ou não com os adversários de Franco entregando-lhes algumas armas. Dilema semelhante ao dos jovens brasileiros em aderir ou não à luta armada. Entretanto, Flávio percebe que a simplificação dramática realizada por Brecht, ao centrar o enredo na mãe, era contrária ao sentido do teatro épico.[90] Por

---

[89] "Altos e baixos da atualidade de Brecht", em *Sequências brasileiras*. São Paulo: Companhia das Letras, 1999, pp. 117-9.

[90] O próprio Brecht reconheceu que *Os Fuzis da Senhora Carrar*, bem como *A Vida de Galileu*, era uma peça "oportunista", um desvio de seus princípios estéticos, recaindo nas facilidades do drama. Frederic Ewen, *Bertolt Brecht: sua vida, sua arte, seu tempo*. São Paulo: Globo, 1991, p. 450.

Sérgio, Flávio, Rodrigo e a tal da Arquitetura Nova

isso, altera o foco original da peça, da mãe para o Coro, transferindo "o drama individual para o problema coletivo".[91] Com esta operação, Flávio corrige o deslize dramático do mestre alemão e amplia o poder crítico da peça: resistir à ditadura deixa de ser um ato de voluntarismo (dramático) para tornar-se uma ação coletiva (épica).

Do ponto de vista material, Flávio teve que resolver sua cenografia sempre às voltas com a falta de recursos. Foi assim que acabou encontrando na própria escassez, na precariedade e no artesanal, um problema expressivo revelador do país. Um exemplo dado por Mariângela é a oposição entre o cenário-favela de Flávio em *Réveillon*, recorrendo à sucata e materiais que guardam o conteúdo de classe, enquanto o TBC fazia o mesmo com carpintaria perfeita, digna de cenário de ópera.

Flávio fez questão de pôr em cena a imperfeição dos nossos "maus artesãos". Para ele essa aparente deficiência era "profundamente estimulante", pois a imperícia deixava "sempre claro que o trato cênico tem um caráter artesanal".[92] Os críticos enxergavam "elegância" no resultado, ao que Flávio respondia: "Ficava elegante talvez por um certo jeito de juntar o nada. Porque sempre foi pouco o que se dispôs no teatro brasileiro para poder fazer qualquer coisa e do pouco tirar pelo menos o necessário. Pra mim, isso é suficiente. Talvez isso é que virou a imagem de coisa elegante".[93]

Foi trabalhando com a escassez que Flávio pretendeu alcançar o máximo teatral. Construindo cenários e figurinos a partir de objetos literalmente sem valor, ele extraiu de material barato, com invenção, uma nova expressividade para o teatro brasileiro.

---

[91] Iná Camargo Costa, "Um enredo para Flávio Império", *op. cit.*, p. 67. Cf. Alberto D'Aversa, "Uma direção chamada Flávio Império", em *Diário Popular*, 1/6/1968.

[92] Mariângela Alves de Lima, *op. cit.*, p. 23.

[93] Citado por Iná Camargo Costa, *op. cit.*, p. 62.

Morte e Vida Severina, 1960.

Arena Conta Zumbi, 1965.

Réveillon, 1975.

Da mesma forma que na Pintura Nova, a precariedade deixa de ser mero atraso. O resíduo de brasilidade não nasce apenas da falta de meios, mas da combinação entre uma elaboração cênica moderna e crítica, e a escassez inerente ao subdesenvolvimento. O "mal-acabado" no teatro, como a "grossura" na pintura, ao mesmo tempo em que é registro do país inacabado, faz a crítica aos modelos "acabados" dos países centrais, superando assim a simples aspiração de modernização e acabamento primeiro-mundistas.

Tal como nas reflexões e práticas do grupo no campo da arquitetura, onde havia uma relação estreita entre projeto estético e novas relações de trabalho no canteiro, a cenografia de Flávio foi feita quase sempre com grupos que se assemelhavam a cooperativas de atores — a começar pelo teatro amador da Comunidade Cristo Operário, fundada em 1952 por freis dominicanos inspirados nas ideias do padre Lebret. Da Comunidade fazia parte uma cooperativa propriamente dita, a já citada Unilabor, que produzia mobília industrialmente. Nos anos 60, os dois principais grupos nos quais trabalhou, o Arena e o Oficina, eram "teatros de equipe" que "juntavam seus esforços em torno de seus diretores-animadores, Augusto Boal e Zé Celso Martinez Corrêa, num *factotum* que ia desde 'descolar o tutu' até o artesanato dos cenários, roupas e cartazes".[94] Conta Flávio que tudo era feito na base do improviso e a "pouca especialização e a ausência de contratos formais eram substituídas por uma coesão de ideias, de entusiasmo e de abertura para trocas de experiências [...] Não havia lucro no sentido de acumulação de riqueza, mas redistribuição da renda ou reinvestimento em novos trabalhos grupais, espetáculos, filmes, muito tempo em laboratórios de pesquisa, reformas da parte técnica dos teatros etc.".

---

[94] Flávio Império, "Anotações quanto ao modo de produção do teatro contemporâneo em São Paulo". Sociedade Cultural Flávio Império, São Paulo, mimeo.

Isso tudo era muito diferente dos grupos estruturados como empresas, existentes desde o pioneiro TBC. O teatro-empresa, explica Flávio a respeito das produções dos anos 70, é "um empreendimento capitalista corriqueiro, os elementos de 'funcionalidade' e 'racionalidade' devem ser levados à sua maior consequência empresarial [...] criam-se condições para que o trabalho renda o mais possível tendo em vista o objetivo almejado: sucesso de bilheteria, o saldo do capital investido, o pagamento das despesas diárias e o lucro do investidor". Comparando o Arena e o Oficina com os grupos empresariais com que chegou a trabalhar, sempre um pouco fora de lugar, Flávio comenta que a diferença não era apenas um "detalhe", pois "para quem examina o modo de produção e as novas relações em vigor, mudava tudo".

Na arquitetura Flávio também foi o precursor. A casa por ele projetada em 1961 para Simon Fausto em Ubatuba deu as primeiras coordenadas arquitetônicas para o grupo. Pensada com uma "densidade espacial" próxima à de uma habitação popular, a casa aproveitava-se da experiência de Flávio nos estreitos palcos do Vergueiro, do Cacilda Becker, do Arena, sem, entretanto, ser exígua.[95] Enquanto os espaços de uso privado, dormitórios e banheiros, foram reduzidos ao mínimo funcional, como cabines de navio, as áreas por onde flui a vida comum são amplas e iluminadas: a sala, central à casa, produz um alargamento na construção, como se pedisse mais espaço, e integra-se à cozinha a partir de uma cenográfica mesa redonda em concreto que se estende pela bancada da pia; longitudinalmente, uma agradável varanda interna com bancos para sentar faz as vezes de circulação e permite a ventilação permanente por treliças de madeira, interligando a casa de lado a lado.

A técnica construtiva utilizada na cobertura é a abóbada

---

[95] Sérgio Ferro, "Flávio arquiteto", *op. cit.*, p. 98. Republicado em *Arquitetura e trabalho livre, op. cit.*

catalã de tijolo comum, assentado sem cimento e formando vãos paralelos de três em três metros.[96] Segundo Flávio, essa técnica foi adotada a fim de utilizar "a produção das olarias locais, e o máximo aproveitamento de mão de obra pouco especializada, uma vez que a colocação dos tijolos sobre armação simples de madeira emprega a técnica de assentamento de paredes".[97]

É possível notar certa influência do Le Corbusier dos anos 50, quando o arquiteto franco-suíço explora variações sobre a arquitetura vernacular terceiro-mundista e adota materiais brutos, como o tijolo e o concreto aparentes. Exemplos são a Casa Jaoul (1954) — na qual Corbusier dispõe de mestres argelinos e sua técnica de produção de abóbadas — e a Casa em Ahmedabad (1955) — com mestres indianos. A ironia é que, em Ubatuba, a casa foi erguida por um mestre francês.[98]

Sobre as abóbadas há um teto-jardim, que torna a casa quase invisível para quem a vê da praia. As águas da chuva que regam o teto gramado saem por gárgulas situadas nos encontros das abóbadas e percorrem canais até alcançar os pontos de captação — o caminho das águas produz sua cenografia. A preocupação em restituir a área verde no teto-jardim e a inserção cuidadosa da casa na paisagem, sem descaracterizá-la sob uma "muralha informe de casas" como faz o mercado imobiliário, indica como poderia ser um aproveitamento menos predatório do litoral.

Feita dentro das possibilidades locais, a Casa de Ubatuba tem como ponto de partida a "precariedade": materiais simples e mão de obra pouco instruída. É a partir daí que Flávio procura extrair uma expressividade arquitetônica própria, que evita tanto o vernacular (sem desenho) quanto a abstração moderna (sem canteiro). Neste limiar, ele indica os caminhos da Arquitetura Nova.

---

[96] A mesma técnica é utilizada em outra casa que realiza em Piracicaba junto com Joaquim Guedes em 1962.

[97] "Residência na praia", revista *Acrópole*, nº 319, 1965, pp. 36-7.

[98] Segundo depoimento de Amélia Império Hamburger.

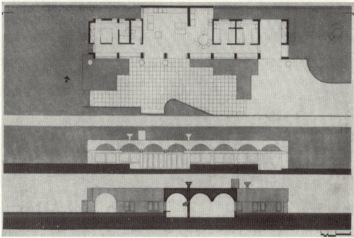

Flávio Império, Casa Simon Fausto, Ubatuba, 1961
(vista externa, planta, fachada e corte).

A POÉTICA DA ECONOMIA E AS ABÓBADAS

Em 1963, Sérgio e Rodrigo escrevem "Proposta inicial para um debate: possibilidades de atuação" — um texto curto, em tom de manifesto, publicado pelo Grêmio dos Estudantes da FAU (o GFAU). Os dois jovens arquitetos, novos professores da escola, perguntam-se o que ensinar aos alunos: "Nada mais angustiante e penoso do que a definição e a escolha de caminhos, não só práticos, mas principalmente teóricos, na arquitetura, quando se encara o problema com a responsabilidade devida".

Esse pequeno e fundante texto lança as bases da Arquitetura Nova e da "poética da economia".[99] Anterior ao golpe, e escrito num momento em que "havia confiança no andamento do processo num sentido progressista", o texto indica que já se tratava de produzir arquitetura em *situação no conflito*, na "divisão entre trabalho e capital". O que os leva, um ano antes do golpe, a denunciar antecipadamente o "maneirismo" da nossa arquitetura — cuja irracionalidade não teria outra função senão encobrir as questões de classe — e a exigir, dos arquitetos, uma "posição participante".

No texto, Sérgio e Rodrigo deslocam o foco do debate sobre arquitetura para o campo das relações de produção. Com isso, adotam uma posição nova, afirmando com todas as letras que a contradição entre as exigências da produção e as necessidades do povo não será superada pela promessa de "industrialização da construção", pois esta, na verdade, repõe a oposição entre os donos do capital e os que são obrigados a vender sua força de trabalho. É, assim, a própria modernização capitalista — e não o golpe, como afirmariam posteriormente, numa *ilusão retrospec-*

---

[99] Quem retoma este manifesto esquecido e lhe dá a devida importância na compreensão do trabalho de Sérgio, Flávio e Rodrigo é Ângela Rocha, em seu artigo "No horizonte do possível", revista *Arquitetura e Urbanismo*, nº 18, 1988, pp. 82-7. Este artigo e o de Antonio Carlos Sant'Anna, "Desenho... ou sobre Rodrigo Lefèvre", publicado na mesma revista, são os primeiros balanços críticos realizados sobre o trabalho dos três arquitetos.

tiva — responsável por estarem as propostas progressistas "truncadas no presente".

Tal constatação motivou-os a lançar a plataforma de uma poética arquitetônica própria à *situação no conflito*: "Do mínimo útil, do mínimo construtivo e do mínimo didático necessários, tiramos, quase, as bases de uma *nova estética* que poderíamos chamar a 'poética da economia', do absolutamente indispensável, da eliminação de todo o supérfluo, da 'economia' de meios para formulação da nova linguagem, para nós, inteiramente estabelecida nas bases de nossa realidade histórica".[100] A *poética da economia*, entretanto, deve ser entendida não apenas como uma arquitetura realizada a partir de poucos recursos, mas estabelecida dentro das contradições entre capital e trabalho no capitalismo.

Se havia nessa poética uma proximidade com a ideia de "moral construtiva" de Artigas, no sentido de honestidade técnica relacionada à realidade do país, vinte anos depois, e com a construção de Brasília no meio, o sentido só poderia ser outro. A constatação de que ainda estamos às voltas com a precariedade técnica é, na verdade, a constatação de que depois das imensas façanhas da nossa arquitetura moderna, esta não fora capaz de atingir todas as classes sociais.

Além da inspiração na cenografia de Flávio, a poética da Arquitetura Nova também possui uma relação estreita com os problemas estéticos e políticos colocados pelo cinema naquele momento. Às vésperas de 1964, o Cinema Novo fazia o papel de uma consciência crítica brasileira pouco afeita ao desenvolvimentismo, com filmes como *Vida Secas* de Nelson Pereira dos Santos, *Os Fuzis* de Ruy Guerra, e *Deus e o Diabo na Terra do Sol* de Glauber Rocha, os últimos dois estreando após o golpe. A "estética da fome" de Glauber, como explica Ismail Xavier, redefinia "a relação do cineasta brasileiro com a carência de recursos, in-

---

[100] "Proposta inicial para um debate: possibilidades de atuação". São Paulo: GFAU, 1963. Republicado em *Arquitetura e trabalho livre*, *op. cit.*

vertendo posições diante das exigências materiais e as convenções de linguagem próprias ao modelo industrial dominante: a carência deixa de ser obstáculo e passa a ser assumida como fator constituinte da obra, elemento que informa a sua estrutura e do qual se extrai a força da expressão".[101]

A "poética da economia" pretende adotar na arquitetura uma perspectiva semelhante à da "estética da fome". Por trás da precariedade assumida, que os levou sem medo a aceitar a pecha de "miserabilistas", há *posição*: reconhecer as condições em que a grande maioria da população é obrigada a enfrentar o problema da habitação, extraindo daí uma solução material para a casa popular e uma resposta expressiva e crítica ao subdesenvolvimento.

São duas experiências emblemáticas, de casas projetadas em 1961-62, que acabam por definir o sentido da Arquitetura Nova. A primeira, a Casa Boris Fausto, em São Paulo, foi uma aposta nas possibilidades da *industrialização da construção*, e a segunda, a Casa Bernardo Issler, em Cotia, na construção a partir da *racionalização das técnicas populares*.

É importante destacar que ambas são fiéis aos princípios da casa paulistana estabelecidos por Artigas: uma grande cobertura abrigando o programa de usos organizado com certa autonomia e liberdade de invenção. Entretanto, o grupo não pretende reproduzir a casa paulistana enquanto experiência burguesa, mas irá procurar democratizá-la por duas vias: inicialmente apostando na convergência entre arquitetura moderna e industrialização da construção e, depois, invertendo completamente o sentido, buscando a partir da reinterpretação das técnicas populares chegar a um resultado arquitetônico igualmente satisfatório.

A primeira experiência, a Casa Boris Fausto, é constituída por uma grande cobertura de concreto armado, apoiada em qua-

---

[101] Ismail Xavier, *Sertão mar: Glauber Rocha e a estética da fome*. São Paulo: Brasiliense, 1983, p. 9.

tro pilares centrais amarrados por vigas de 1 metro de altura e 6 metros de balanço, num esforço estrutural exagerado para uma casa térrea. Sob a cobertura, uma planta totalmente livre, onde separações definidas por sequências de armários e um banheiro central delimitam o espaço da sala de jantar, estar, cozinha, escritório e dormitórios. Com exceção do quarto do casal e da cozinha-corredor, que são mais resguardados, todos os demais ambientes podem ser integrados, entre si e com as varandas, através de portas giratórias e pantográficas. A casa pode ser aberta e fechada quase completamente, numa experiência mais radical do que qualquer outra feita por Artigas.

Pelo exterior, sua aparência é propositadamente hostil. Os nichos em madeira naval, que ultrapassam a cobertura e ampliam o espaço interior, são protegidos por *brises* que lembram ventilações industriais; os banheiros por sua vez são iluminados por domos elevados como chaminés; e as gárgulas, sem a graça da casa de Ubatuba, são acertadamente mais agressivas. A sensação é de que estamos diante de uma máquina — estética industrial para uma casa construída industrialmente.

A Casa Boris Fausto, segundo Sérgio Ferro, foi um "ensaio de incorporação dos progressos técnicos" e das "possibilidades da 'nossa' indústria". Mas a tentativa esbarrou nas limitações do produto industrializado, como explica o arquiteto: "As principais dificuldades que surgiram no nosso ensaio não foram as de mão de obra, que se adaptou facilmente às novas técnicas. O produto industrializado, entretanto, não correspondeu às amostras, e uma série de 'defeitos' de fabricação prejudicou o conjunto da proposta, forçando inúmeros expedientes corretivos".[102]

Os painéis e materiais industrializados deveriam possuir medidas padronizadas, mas eram todas variáveis, sem nenhum

---

[102] "Residência no Butantã", revista *Acrópole*, n° 319, 1965, pp. 34-
-5. Republicado em *Arquitetura e trabalho livre, op. cit.* Para uma análise desta e outras obras do grupo, ver também Ângela Rocha, "No horizonte do possível", *op. cit.*, e Ana Paula Koury, *Grupo Arquitetura Nova, op. cit.*

Sérgio Ferro, Casa Boris Fausto, 1961 (vistas externa e interna, corte, fachada e planta).

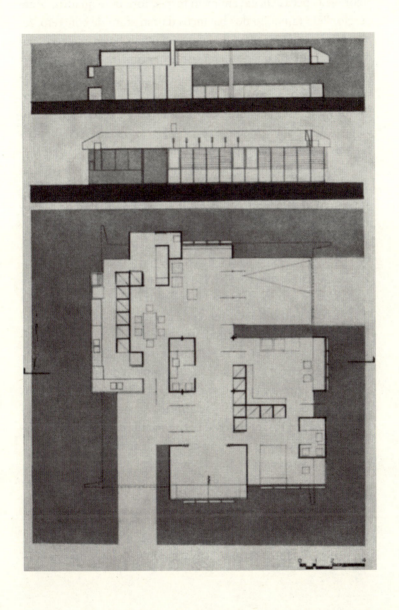

rigor — as peças chegavam meio tortas, fora de esquadro, conta Sérgio. Pelo tamanho dos balanços da estrutura de concreto, foi necessário aplicar juntas de dilatação e não havia materiais industrializados adequados para isso. Na primeira chuva as juntas foram todas embora, a casa literalmente fez água.[103] Apesar de ser uma experiência isolada, a Casa Boris Fausto era representativa dos impasses da industrialização da construção naquele momento. Ainda não existiam no Brasil pressupostos econômicos capazes de estimular a padronização e a pré-fabricação de elementos construtivos. Na casa seguinte, Sérgio decide retornar à construção tradicional com o objetivo de racionalizar os procedimentos e técnicas populares e obter assim os ganhos de economia prometidos, mas não realizados, pela industrialização.

A segunda experiência, a Casa Bernardo Issler, era localizada fora de São Paulo, em Cotia, e teve o mesmo ponto de partida da casa de Flávio Império em Ubatuba: trabalhar com as olarias locais e com as técnicas correntes de construção — tijolo, vigotas de concreto e madeira. O resultado, entretanto, não foi nada parecido com as casas construídas com esses materiais: uma enorme abóbada circular cobrindo todo o espaço doméstico. A fluidez da casa anterior permanece, reelaborada através de mobílias de alvenaria e um desnível que contribui na distinção dos espaços. Dois banheiros, um em cada extremidade da abóbada, em volumes curvos, dialogam com a circularidade da cobertura, quebrando sua aparência de simples hangar.

A abóbada é uma inovação na grande cobertura de Artigas: ela reúne estrutura, cobertura e vedação simultaneamente, criando um espaço interno totalmente livre. Ao mesmo tempo, pretende ser muito mais barata, pois além de feita com materiais simples, não realiza o esforço estrutural exagerado das coberturas de con-

---

[103] Entrevista ao autor, reproduzida em *Arquitetura e trabalho livre*, *op. cit.*

creto, cortadas por grandes vigas e repletas de aço. Sérgio conta que "houve uma dificuldade enorme para encontrar um calculista, ninguém queria fazer, até o Ugo Tedeschi topar. O projeto da estrutura era uma fórmula matemática numa folhinha demonstrando não ser preciso colocar ferro. A fôrma de madeira já era a estrutura da casa".

Por trabalhar apenas em compressão, a abóbada é especialmente econômica, pois o caro numa estrutura é o controle da tração, que depende de materiais usinados, como o aço. A compressão, ao contrário, pode ser realizada por materiais comuns e baratos. A abóbada também não contrai nem dilata exageradamente como a laje plana quando submetida às oscilações térmicas diárias de São Paulo, tendo, por isso, menos chances de criar fissuras e infiltrações.

A abóbada foi feita com as mesmas vigotas retas que se usa numa laje comum de construção popular, só que dispostas longitudinalmente formando a curvatura com o apoio de um gabarito. Esse sistema, ainda precário, será aprimorado por Rodrigo Lefèvre nas casas dos anos 70, através do uso de vigotas pré-moldadas curvas dispostas verticalmente formando uma catenária. Em ambos os casos o sistema é simples e pode ser feito por poucos operários com rapidez.

A organização do espaço interno sob a cobertura curva da casa também será explorada nos projetos seguintes. Na casa para Ernest e Amélia Império Hamburger, de 1965,[104] Flávio e Rodrigo definem o protótipo da nova ocupação do espaço resultante da abóbada: o térreo é liberado para o uso coletivo e torna-se fluido, integrando sala, cozinha e áreas externas; os dormitórios são elevados para um mezanino linear que vai de um lado a outro da casa e é acessível por uma escada em balanço; nas extremidades, faceando a cobertura, são dispostas as duas torres hi-

---

[104] O projeto é datado de 1967, mas Amélia lembra que discutiu o programa com Flávio antes da família embarcar para os Estados Unidos, em 1965.

dráulicas de banheiros. Na casa para Ernest e Amélia, o quarto do casal ainda está no térreo, resguardado dos demais espaços de uso comum, pois o mezanino, aberto e lúdico, foi inteiramente destinado aos filhos. Este projeto, essencial na experimentação do grupo — "Flávio concentrou neste projeto tudo o que queríamos em Arquitetura",[105] lembra Sérgio —, acabou não sendo executado, pois a irmã de Flávio, voltando com a família dos Estados Unidos, preferiu alugar uma casa. Apenas em 1971, nas Casas Dino Zamataro (projetada na prisão) e Pery Campos, Rodrigo Lefèvre irá realizar as primeiras obras seguindo essas orientações.

Além de invenção estrutural e espacial, a casa em abóbada instiga uma interpretação simbólica. Sem ir longe no assunto, pode-se dizer que a abóbada, enquanto superfície côncava que protege seu morador, é uma expressão do *habitat* humano mais primordial: uma cobertura-abrigo que reproduz uma espacialidade uterina e cavernosa. Uma gruta reinventada. Sensação que é reforçada nas primeiras casas pelo interior áspero, produzido pelo revestimento em cimento chapiscado. A abóbada é também uma forma irmã da oca indígena brasileira, cuja sabedoria estrutural produziu uma cobertura leve e simples que se mantém de pé com naturalidade. A casa da Arquitetura Nova, vista como gruta ou oca modernas, com dutos de iluminação e respiro e suas máquinas hidráulicas nas extremidades, torna-se uma espécie de abrigo macunaímico dentro da grande cidade.

Não insinuando usualmente esse tipo de intenção simbólica,[106] Sérgio faz questão de dizer que o uso da abóbada era antes de tudo uma opção econômica (e também poética) para o *habitat* popular: "Essa mudança não era formal. Niemeyer já tinha

---

[105] Sérgio Ferro, "Flávio arquiteto", em *Arquitetura e trabalho livre*, *op. cit.*, p. 270.

[106] Apenas no texto "Flávio arquiteto", Sérgio utiliza de passagem a metáfora da abóbada como espaço uterino: "A curva mansa protegendo primeiro o canteiro, depois a família Império-Hamburger com sua conotação maternal, uterina", p. 270.

construído abóbadas na Pampulha. O novo era [...] ser uma tecnologia simples, barata e facilmente generalizável, ideal para a casa popular". As abóbadas de Niemeyer "são todas falsas, são todas lajes curvas com muito aço dentro, custa caro à beça, desde a fôrma até o material".[107]

A abóbada permitiu aos três arquitetos tanto levar ao limite o princípio da independência entre cobertura e espaços internos da casa paulistana de Artigas quanto encontrar uma forma barata de realizá-la, acenando para sua reprodução em larga escala. Com isso, indicavam que a democratização da casa paulista, ao contrário do que sempre acreditaram os modernos, não dependia dos "nossos industriais, propulsores do progresso técnico" e era possível através da racionalização e invenção sobre materiais simples e técnicas populares. A Casa Issler, ao contrário da Casa Boris Fausto, "teve custo bastante baixo: o preço do metro quadrado de construção não ultrapassou a metade do preço em São Paulo".[108]

Diante do sucesso da experiência, o texto de apresentação da Casa Issler na revista *Acrópole* é um novo e brevíssimo manifesto: "A melhor técnica, em determinadas situações, nem sempre é a mais adequada. Há situações em que a modernização construtiva é fator secundário. Enquanto não for possível a indus-

---

[107] Entrevista de Sérgio Ferro a Ana Paula Koury. Em entrevista a Renato Maia (1974) (reproduzida na íntegra em Koury, *op. cit.*), Rodrigo comenta que as abóbadas de Niemeyer ou as "meias-laranjas" do Congresso Nacional têm "um desenho muito bonito, mas se nós imaginarmos um operário colocando aqueles ferros, um ao lado do outro, um dentro do outro, tentando amarrar um ferrinho no outro, pegando aqueles vergalhões de uma polegada, de uma polegada e meia, tentando encaixar dentro de outros ferros que já estavam montados [...] e depois de toda a ferragem montada, o pedreiro tem que fazer o concreto para cima, e começar a jogar o concreto ali, dentro daquela trama de ferro, mais fechada do que uma peneira dessas de cozinha [...] Se você pensar isso dentro do processo de produção, em como realmente o operário vai trabalhar para conseguir fazer aquilo [...]", p. 189.

[108] Revista *Acrópole*, nº 319, 1965, pp. 38-9. Republicado em *Arquitetura e trabalho livre*, *op. cit.*

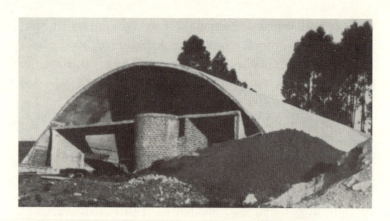

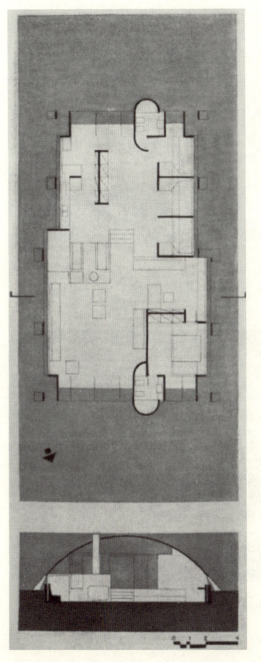

Sérgio Ferro, Casa Bernardo Issler, Cotia, 1962 (vista da construção, vistas internas da situação atual, planta e corte).

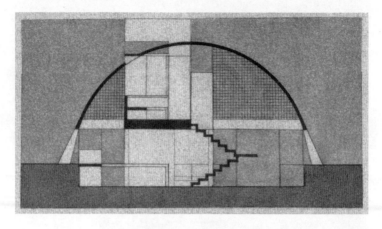

Flávio Império e Rodrigo Lefèvre,
Casa Ernest e Amélia Império Hamburger, 1965 (corte).

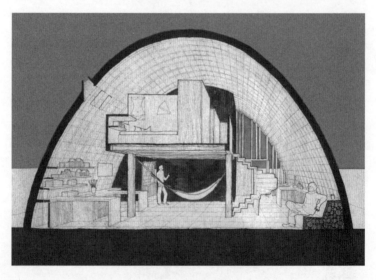

Rodrigo Lefèvre, Casa Dino Zamataro, 1971
(corte com perspectiva).

trialização em larga escala, o déficit habitacional exige o aproveitamento de técnicas populares e tradicionais. Sua racionalização, despreocupada com sutilezas formais e requintes de acabamento, associada a uma interpretação correta de nossas necessidades, favorece, não só o surgimento de uma arquitetura sóbria e rude, mas também estimula a atividade criadora viva e contemporânea que substitui, muitas vezes com base no improviso, o rebuscado desenho de prancheta".

Além de solução de desenho, a abóbada permitiria valorizar o trabalho do operário no canteiro. Ao menos é o que pretendem os três arquitetos. Erguida facilmente em poucos dias, ela protege os trabalhadores das intempéries, dando condições adequadas para que cada um desenvolva melhor seu ofício. Como os volumes internos podem ser livremente definidos, numa situação futura, seria imaginável que eles fossem decididos coletivamente por operários, arquitetos e moradores, dispensando um desenho *a priori* e valorizando as contribuições individuais. O canteiro assim viraria um ateliê.

Sérgio conta que, nessa época, "nossa metáfora de bolso era o jazz: um tema comum, algumas passagens obrigatórias (os nós, quando há cruzamento inevitável de competências) e, no mais, liberdade criadora de todos".[109] Ao contrário da música ocidental tradicional, na qual prevalecem como figuras-chave o compositor e o maestro, o jazz é uma "música de executantes": tudo nele está subordinado à individualidade dos músicos.[110] No novo canteiro, os operários abandonariam a posição de meros reprodutores de uma composição pronta, passando a improvisar com autonomia e reinventando, cada um a seu modo, como solistas de jazz,

---

[109] Sérgio Ferro, "Flávio arquiteto", em *Arquitetura e trabalho livre*, *op. cit.*, p. 270.

[110] Eric Hobsbawm, *História social do Jazz*. São Paulo: Paz e Terra, 1990, p. 45.

o sentido geral da obra. O arquiteto deixaria de ser o grande compositor e maestro e passaria, quando muito, a arranjador modesto que lança temas e situações, adotando inclusive uma nova linguagem, uma vez que o desenho também precisaria ser outro, pois, como no jazz, não há escrita acabada que dê conta.

A Arquitetura Nova seria fruto do diálogo constante entre os participantes da construção, o pensar e o fazer re-unidos, tal como na experiência da pintura e do teatro. A abóbada como canteiro-ateliê restituiria uma relação positiva e artisticamente produtiva entre arquitetos e operários. Isso significa que o recurso à manufatura e às técnicas comuns não apenas seria o caminho para o barateamento da construção e sua democratização, mas também a forma de restituir ao trabalhador sua competência e saber perdidos.

Da relação produtiva estabelecida com os operários, dentro de um universo próximo ao da precariedade de meios que todo trabalhador encontra para construir sua casa, procurava-se extrair uma poética nova, "de economia", uma expressividade e uma materialidade próprias ao subdesenvolvimento e à luta para superar a pobreza. O desafio cênico de colocar o povo brasileiro no palco do teatro épico — vivido àquela altura por Flávio Império no Arena — encontra assim paralelos com o desafio arquitetônico de abrigá-lo em moradias que fossem erguidas sob novas relações de produção. A exigência de um permanente avanço artístico na arquitetura e no teatro, por sua vez, longe de ser colocada no segundo plano, permanece como condição necessária para que as novas relações de produção alcancem, afinal, formas superiores de manifestação humana.

A Arquitetura Nova, entretanto, mais ensaiou e abriu perspectivas do que de fato as realizou. Certamente o momento histórico não o permitia, assim como a reprodução das barreiras de classe: da mesma forma que o povo era encenado por atores de classe média para um público universitário, a Arquitetura Nova ainda era de casas burguesas e para intelectuais. No canteiro de obras, entretanto, havia um outro encontro, semelhante ao de

Flávio com maquinistas e costureiras, mas muito mais significativo: o povo estava ali, construindo, como pedreiro, carpinteiro, encanador, e era com ele que o diálogo deveria ser estabelecido. O desejo de um *canteiro autogerido pelos trabalhadores*, que se faz como criação coletiva, é uma metáfora do país possível, que superaria as distâncias de classe na construção de uma nação livre e democrática.

Mas este ateliê-canteiro acabou sendo muito mais intuído, imaginado, do que concretizado: foram "sonhos — que vimos de perto", diz Sérgio. Fato é que a empreiteira das casas do grupo era a mesma de Artigas: a Cempla. A rotina de construção nas obras dos três e de Artigas não era muito diferente. O dono da empresa, Osmar Penteado de Souza e Silva, não reconhece, com exceção da cobertura em abóbada, diferenças importantes entre os dois canteiros, de Artigas e da Arquitetura Nova. No entanto, Osmar conta que Rodrigo, com quem fez diversas obras nos anos 70, estava sempre disposto a "bolar junto" as soluções, enquanto "o Artigas é inflexível, é aquilo e ponto" — "com o Rodrigo dava para conversar, com o Artigas não". Mas explica: "Não é que eu goste menos do Artigas, é que ele tem muito peso, ele tem muita força, [...] ele prefere largar o projeto do que alterar certos itens. Isso já é um tipo de temperamento".[111]

Osmar conta que as obras da Arquitetura Nova eram fáceis de executar. Levantava-se rapidamente toda a alvenaria sem pensar em elétrica e hidráulica. Como as instalações eram todas sobrepostas às paredes, apenas depois é que entram na obra encanador e eletricista. Se isso não chegava a ser uma atitude inédita dos três, pois muitos arquitetos no mesmo período trabalhavam com instalações e materiais aparentes, talvez tenham sido os mais radicais no emprego dessa alternativa.

Diz Sérgio que a vontade de valorizar cada ofício, ao explicitar os procedimentos técnicos do operário, obrigou-os a pensar

---

[111] Ana Paula Koury, *op. cit.*, p. 233.

novos detalhes construtivos que partissem das necessidades do trabalho no canteiro e não de determinações do desenho. Assim, para que os canos ficassem presos externamente na parede, foi preciso inventar meios de suportá-los, aperfeiçoar as juntas, e desfazer-se de toda "maçaroca" que fica dentro da parede. Tirar os canos de dentro da parede não apenas tinha como objetivo racionalizar a construção e evitar que as paredes tivessem que ser refeitas após o trabalho do encanador, mas também trazer à tona e exibir a geometria complexa que está escondida nesse ofício.

Um outro exemplo. Para resolver o problema de iluminação e ventilação da abóbada, foram testados todos os tipos de aberturas: janelinhas entre os vãos das vigotas, na base e no alto da abóbada, ou dutos e domos, que inicialmente eram cobertos com bacias, por falta de material adequado. Nas extremidades das abóbadas, um sistema simples de caixilharia foi desenvolvido, utilizando caibros de 6 x 5 cm dispostos verticalmente junto com folhas estreitas e fixas de vidro, e outras de madeira abrindo para ventilação. Em vez de aplicar uma janela padrão, o carpinteiro, num trabalho igualmente fácil mas criativo, poderia bolar qual disposição daria para os caibros e aberturas. O resultado era, nas pontas da abóbada, um grande mural-caixilho que dava, de dia, transparência e continuidade entre interior e exterior e, à noite, emoldurava o espaço iluminado da casa.

Esses são exemplos do que Sérgio chamou de "detalhes modificadores", em referência a uma técnica também "modificadora", cujos pressupostos já não eram os mesmos de Artigas. A técnica, para os três, permanecia enormemente valorizada, mas noutro sentido, cujo pressuposto era o estabelecimento de uma *nova organização do trabalho*. Nesse sentido, a técnica deixava de ser vista como neutra e passava a ser entendida como instauradora de relações de produção e dominação que lhe são intrínsecas.

Procurando explorar essa contradição na tentativa de constituir uma técnica democratizada, o trabalho com engenho passa a ser revalorizado em detrimento do desenho calculado, pré-concebido pelo arquiteto em sua prancheta. Isso não quer dizer que

Arquitetura Nova

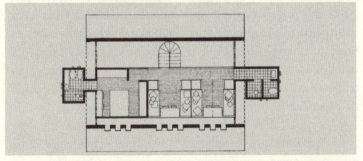
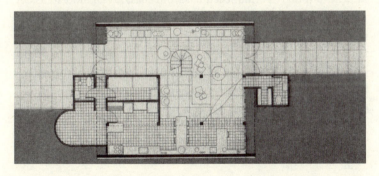

Rodrigo Lefèvre, Casa Dino Zamataro, 1971 (vistas externa e interna, plantas dos andares superior e térreo).

o cálculo seja dispensado em nome do empirismo, mas reduzido ao mínimo necessário, a uma "folhinha", como disse Sérgio. Reencontrada a sua determinação social, a técnica, em vez de se autonomizar do trabalho, poderia então re-humanizá-lo.

Ao mesmo tempo, as soluções arquitetônicas encontradas pelo grupo permitem uma maior independência em relação às expectativas de desenvolvimento determinadas pela industrialização. Isso não representa abandono das perspectivas de uma forma de produção mais abundante, mas o desacordo com a defesa da industrialização "quaisquer que sejam suas decorrências", mesmo porque a industrialização no campo da construção não passara de uma promessa.

Como vimos, a alternativa industrial na Casa Boris Fausto nem sequer chegou a ser verdadeiramente viável e, assim, o emprego de técnicas populares nas demais casas da Arquitetura Nova não pode ser considerado uma regressão. Na Casa Issler, não apenas há um resultado arquitetônico diferenciado e uma suposição de novas relações de trabalho, mas a redução significativa dos custos da construção. Esse fato não é menos importante, pois é parte fundamental da possibilidade de democratização da experiência.

Apesar disso, a Arquitetura Nova, embora querendo ser habitação popular, permaneceu casa burguesa, tornando-se assim uma forma antecipada ao seu verdadeiro conteúdo social. Após o golpe o regime iniciou, através do BNH (Banco Nacional de Habitação), a produção em grande escala de habitação, mas num sentido oposto ao imaginado pelo grupo, o de "cooptação ideológica dos trabalhadores".[112] Quem será convidado para projetar um conjunto-modelo, como veremos, é Artigas.

---

[112] Ermínia Maricato, *Política habitacional no regime militar*. Petrópolis: Vozes, 1987.

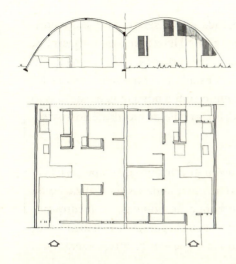

Rodrigo Lefèvre,
estudos para casas
populares, 1968.

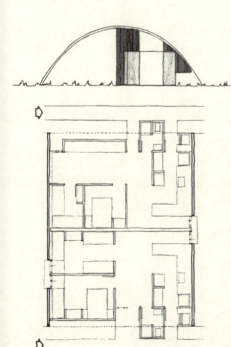

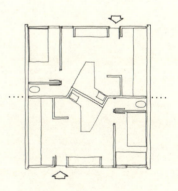

Rodrigo Lefèvre,
estudos para casas
populares, Piracicaba, s.d.

Apenas no início da década de 80, serão realizadas as primeiras alternativas populares ao BNH: os mutirões autogeridos, de iniciativa dos movimentos sociais urbanos. Nelas se engajarão arquitetos sem vínculos com o Estado ou empreiteiras, e que terão liberdade para inventar junto com o povo uma nova solução para a habitação popular. Ali estará o fio da meada de nossos três arquitetos.

Em 1968, às vésperas do endurecimento do golpe, os três já estavam desiludidos quanto às possibilidades de realização da arquitetura "novista" como habitação popular. Enquanto casa burguesa, será mais um estilo a ser incorporado aos maneirismos, não ficando assim imune ao juízo que eles próprios fizeram das obras dos demais colegas.

4.
1968: O LÁPIS E O FUZIL

Das abóbadas à luta armada: o racha no Fórum de 68

No início de 1965, é escolhido para diretor da FAU o engenheiro elétrico Pedro Moacir do Amaral Cruz, candidato menos votado na lista tríplice. Diretor biônico, Cruz pretendeu reinstaurar a importância das disciplinas técnicas em detrimento do ateliê, cujas atividades eram por ele consideradas "mero artesanato". Na tentativa de retomar o modelo "seguro" de ensino da Arquitetura como nos tempos da Poli, Cruz abandona as diretrizes da Reforma de 1962, que permaneciam sendo defendidas por professores e alunos. Depois de diversas ações impositivas e que descontentaram a todos, a escola, ainda na rua Maranhão, é temporariamente fechada, o diretor afastado, e assume o arquiteto Ariosto Mila. O novo diretor inicia a construção do prédio projetado por Artigas em 1962 e estabelece o 2º Fórum de Ensino.[113]

O Fórum de 1968 pretendeu restabelecer as diretrizes de 1962, mas o momento histórico era completamente diferente. A perspectiva otimista que orientara a Reforma de 62 não tinha mais lugar no clima de tensão política que o país vivia em 1968. Se em 1962 os arquitetos tinham certeza de que participavam do projeto de construção nacional, após o golpe passou-se a duvi-

---

[113] Esta história é contada em "FAU-Histórico", revista *O Desenho*, nº 1, 1970.

dar do poder do Desenho. O que fora quase unanimidade agora era "racha".

No Fórum de 68 haverá basicamente o confronto de duas posições:[114] de um lado, Artigas, que vimos defendendo o Desenho em sua aula inaugural de 1967, e que agora procurava "dar uma segurada nas coisas", segundo alegava, para evitar um derramamento inútil de sangue com o engajamento dos jovens na luta armada; do outro lado, liderados por Sérgio, Flávio e Rodrigo — "a geração da ruptura"[115] —, estavam os que questionavam a possibilidade de se fazer oposição ao regime militar dentro do campo estrito da arquitetura e da prática profissional.

Sérgio e Rodrigo, militantes do PCB com Artigas, tinham saído do Partido em 1967, junto com Marighella, ingressando no novo movimento por ele fundado, a ALN (Ação Libertadora Nacional). Em sua carta à comissão executiva do Partido, Marighella afirmara que, mesmo após o golpe, os dirigentes continuavam "subordinando a tática do proletariado à burguesia" e isso era inadmissível. Para Marighella, que se tornara o principal teórico da resistência armada no Brasil, o Partido pretendia derrotar a ditadura através das regras que ela mesma tinha imposto, como o bipartidarismo: "Não é isto querer desfazer-se da ditadura suavemente, sem ofender os golpistas, unindo gregos e troianos?". E completa, indicando seu novo rumo: "A saída no Brasil só pode ser a luta armada, o caminho revolucionário, a preparação da insurreição armada do povo, com todas as consequências e implicações que daí resultam".[116]

---

[114] Sigo a reconstituição de Dalva Thomaz, *op. cit.*, cap. 7. O confronto, muitas vezes, ocorria de forma cifrada e subentendida, haja vista o "controle" realizado por agentes do Estado.

[115] Expressão utilizada por José Wolf na entrevista que realiza com Sérgio Ferro em 1985, revista *Arquitetura e Urbanismo*, nº 3, 1985, p. 56.

[116] Trechos da carta de dezembro de 1966, reproduzidos no livro *Fotobiografia de Carlos Marighella*.

Artigas responde energicamente: "'Fechemos as escolas, vamos fazer guerrilhas'. Temos colegas numerosamente classificados que elaboram essa tese e não aceitam que se entre na Faculdade de Arquitetura para fazer um curso de Arquitetura, mas aprender a ser guerrilheiro. Como pode ser isso? No fim não sai nem guerrilheiro nem arquiteto. A revolução que nós vamos fazer prescindirá do conhecimento técnico e de uma visão artística do mundo? Se ela puder prescindir, então vamos fechar todas as escolas".[117]

A versão retrospectiva de Rodrigo, contada após a experiência traumática da luta armada e da prisão, minimiza as consequências políticas do racha. Segundo Rodrigo, "algumas pessoas começaram a ser dedadas, começaram a falar que existiam arquitetos que diziam que não se devia trabalhar na prancheta, que não se devia produzir desenho. Não era nada disso. Simplesmente nós achávamos que talvez fosse importante, em um certo momento, pensar um pouco e aprender a pensar um pouco antes de fazer alguma atividade profissional".[118]

Sérgio relembrará o racha a partir dos termos da divergência teórica: "Mais que variantes estéticas, estas opções refletiam o debate ético e político que animou a FAU destes anos: grosseiramente, o confronto entre a busca prioritária do desenvolvimento das forças produtivas em arquitetura (Artigas) contra a crítica das relações de produção e de exploração (Flávio Império, Rodrigo e eu)".[119]

Talvez uma das repercussões mais ilustrativas do racha de 1968 tenha sido o surgimento simultâneo de duas revistas de es-

---

[117] Citado por Dalva Thomaz, *op. cit.*, p. 320.

[118] Entrevista a Renato Maia, em Ana Paula Koury, *op. cit.*, p. 198.

[119] "Depoimento", em *Maria Antonia: uma rua na contramão*, *op. cit.*, p. 272. Na edição de *Arquitetura e trabalho livre*, p. 265.

1968: o lápis e o fuzil

tudantes da FAU em 1970, uma chamada *Desenho*, e a outra *Ou...*, quer dizer desenho "ou" outra coisa.[120]

A revista *Desenho*, como era de se supor, defendia a ação profissional acima de qualquer outra. O editorial do primeiro número reproduz trechos da aula de Artigas de 1967: "Desenhar é fazer a história como iniciativa humana". Assim, não há por que deixar de projetar, a questão é saber "como". O seu quarto número é dedicado ao Conjunto Habitacional Zezinho Magalhães. O projeto, tido como exemplar, recolocava o Estado como "legítimo espaço de atuação do arquiteto", pois este era ainda o agente capaz de "servir às necessidades e aos interesses sociais do país". O "milagre" econômico e as possibilidades de ampliação da produção habitacional, para além de tudo que já fora feito, estimulavam os jovens arquitetos — apesar de inúmeros colegas estarem sendo presos nesses anos que foram os mais negros do regime.

A revista *Ou...*, por sua vez, nasceu provavelmente inspirada pelas aulas de Sérgio Ferro de 1968 e 1969, nas quais fazia a crítica à divisão do trabalho no canteiro de obras e à separação decorrente entre trabalho intelectual e manual. No segundo número, de setembro de 1970, a revista publica, por indicação de Sérgio, uma tradução do texto "O autor como produtor", de Walter Benjamin, que investiga os mesmos problemas na produção literária. Nesse mesmo número, sai um artigo de Sérgio, já na clandestinidade, sem identificação de autoria — "A força de trabalho na construção civil". No quarto número, é apresentada a Casa Juarez Brandão, projeto de Rodrigo e Flávio datado de 1968.

A "Casa do Juarez" é o projeto culminante da Arquitetura Nova. Composta por duas abóbadas e dois pavimentos, com três dormitórios, escritório, ampla sala de estar, cozinha e dependências de empregada, o projeto não tem mais a mesma preocupação de aplicabilidade para habitação popular. E, contraditoria-

---

[120] "Publicações, as revistas *Desenho* e *Ou...*", da Editoria Caramelo, revista *Caramelo*, nº 6, FAU-USP, 1993.

mente, as abóbadas parecem ter encontrado, ali, seu verdadeiro lugar. Amadurecida e sem o mesmo caráter experimental, a arquitetura do grupo alcançava sua intensidade estética máxima, portanto, definitivamente como casa burguesa.

A casa que nasceu para ser uma "agressão" e uma "denúncia", segundo Rodrigo, foi considerada "bonita" e assimilada como mais um "modismo". A Arquitetura Nova, agora, fazia jus a qualquer coletânea das melhores casas paulistas, como atesta o livro de Marlene Acayaba, *Residências paulistas 1947-1975*, onde figura como única representante do grupo. Dentro do rol de "maneirismos", a abóbada acaba transformada em apenas "mais uma opção formal". Era tudo o que eles não queriam. Isso leva Rodrigo a defender a necessidade do abandono momentâneo da prática profissional: "A 'agressão' deve ser mais contundente, exigindo uma substituição do lápis".[121]

Na virada de 1968 para 69 a resposta do regime foi violenta: a Maria Antonia foi ocupada, o AI-5 decretado, o ensino superior sofreu a intervenção norte-americana e a FAU acabou transferida para o novo *campus* da Cidade Universitária, quase fora da área urbana, produzindo um grande esvaziamento político. O novo edifício da Faculdade, projetado por Artigas em 1962, adquiria nessa ocasião um sentido contrário ao imaginado originalmente pelo arquiteto: ao invés de espaço onde seria projetada a nova sociedade, tornava-se um exílio (entre idílico e lúgubre) para os que ficaram. Da ofensiva do regime o mestre também não escaparia: no mesmo ano de 69, é cassado junto com outros colegas e proibido de exercer suas funções na Universidade de São Paulo. Os professores que restaram, apavorados, ficaram sem reação — o efeito desmobilizador foi profundo.

Em 1969 e 70, Sérgio e Rodrigo participam da luta armada pela ALN e VPR (Vanguarda Popular Revolucionária). Em de-

---

[121] Revista *Ou...*, nº 4, 1970.

1968: o lápis e o fuzil

Rodrigo Lefèvre e Flávio Império, Casa Juarez Brandão Lopes, 1968 (vistas da construção, fachada, vista interna, plantas dos andares térreo e superior e corte).

1. entrada;
2. garagem; 3. estar;
4. jantar; 5. lavabo;
6. cozinha;
7. lavanderia;
8. copa; 9. banheiro;
10. dormitório de empregada;
11. mezanino;
12. escritórios;
13. dormitórios;
14. banheiros;
15. piscina;
16. jardim.

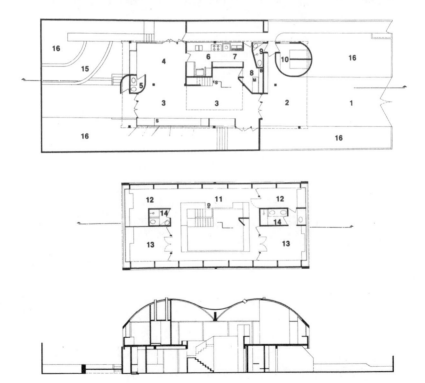

zembro de 1970, são presos pelo regime, permanecendo um ano na cadeia.

A RESPOSTA DE ARTIGAS: O CONJUNTO ZEZINHO MAGALHÃES

Confirmando sua suposição de que a participação do arquiteto na construção nacional não havia sido inviabilizada, em 1967 Artigas é convidado e aceita realizar o projeto de um conjunto habitacional para o regime militar, em Guarulhos, para 60 mil pessoas. A encomenda é do CECAP (Caixa Estadual de Casas para o Povo), uma autarquia estadual que já existia havia vários anos mas não construíra mais do que uma dezena de casas. Artigas, Paulo Mendes da Rocha e Fábio Penteado são os arquitetos contratados para desenvolver o projeto que deveria, posteriormente, ser adotado como modelo da política estadual.

É pelas mãos dos militares que Artigas terá a oportunidade de combinar seu programa da casa paulistana com o desenho industrial. Fato que não deixa de ser contraditório, uma vez que era o mesmo Estado que cassava direitos, inclusive do próprio arquiteto — que fora preso, submetido a inquérito e mais tarde aposentado compulsoriamente. E não é apenas uma obra que Artigas realiza para o Estado, mas dezenas, como hospitais, estações rodoviárias, escolas, ginásios, sete conjuntos habitacionais,[122] passarelas e até um quartel-general. Como declarou mais tarde: "Vivi a década de 70 cercado pelo medo", mas, "inegavelmente, me aproveitei um pouco do milagre econômico".[123]

---

[122] Além do Zezinho Magalhães, Artigas também fez outros projetos para o CECAP: em Cubatão (1970), Americana (1972), Jundiaí (1973), Mogi-Guaçu (1975), Marília (1976) e Jaú (1976).

[123] "Depoimento" de Artigas, em *Depoimento de uma geração, op. cit.*, p. 186.

Última Hora, 16/9/1964.

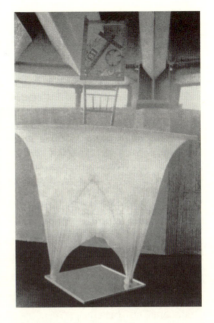

Flávio Império, "Aprendi a aprender com você", 1985 (homenagem a Artigas).

Veja, 20/11/1968.

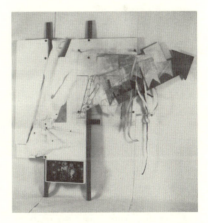

Sérgio Ferro, "A morte de Marighella", 1970 ("Ícaro II" e "São Jorge" foram títulos adaptados à censura).

O primeiro anteprojeto do Conjunto Zezinho Magalhães é apresentado na FAU em 1968, mesmo ano do racha no Fórum e da ofensiva do regime com a cassação de direitos civis e da liberdade de expressão. A apresentação de uma obra daquele porte contratada naquele momento colocava, no mínimo, a necessidade de resposta a alguns paradoxos, entre os quais o significado da produção habitacional por um Estado ditatorial e antissocial. Entretanto e mais uma vez, no debate que ocorre na FAU, Artigas finge ignorar a existência do golpe: estávamos, no fim das contas, marchando em direção ao mesmo e único progresso.[124] Parece não haver mais os vestígios da dúvida, presentes na Casa Berquó.

Se os discípulos acreditavam que o toque militar de recolher havia interrompido a "otimista atividade antecipadora" vislumbrada em Brasília, Artigas afirmava que ainda era possível construir novas cidades com o mesmo espírito progressista.[125] E mais: pretendia definitivamente nacionalizar o urbanismo modernista que, em Brasília, considera ainda ter a marca indelével da importação. Assim, para acabar com alguns dos estrangeirismos, Artigas propõe, por exemplo, a substituição do termo "superquadra", utilizado por Lúcio Costa a partir de Le Corbusier, pela palavra "freguesia", cujo sentido é genuinamente brasileiro.

Se o projeto urbanístico não tem novidades em relação à capital e pode até ser considerado uma regressão em relação às

---

[124] O debate é publicado na revista *O Desenho*, nº 4, 1972.

[125] No debate, Artigas utiliza a definição de urbanismo progressista de Françoise Choay sem atentar para o paralelo crítico feito pela autora com os regimes autoritários: ela reconhece por trás da terminologia democrática do urbanismo progressista "o autoritarismo político de fato, ligado ao objetivo comum do *rendimento* máximo". Segundo Choay, a palavra-chave para progressismo e autoritarismo é a mesma: *eficácia* — eficácia na produção e eficácia na dominação. Como afirma Le Corbusier: "Nada mais é contraditório... cada um bem alinhado em *ordem* e *hierarquia* ocupa o seu lugar". Françoise Choay, *O urbanismo*. São Paulo: Perspectiva, 1992, pp. 18-26.

experiências de Reidy, a opção pela planta livre como solução para a habitação popular é uma novidade importante. Graças a ela, a tipologia única, com paredes internas independentes da estrutura e, portanto, removíveis, pode ser adaptada às necessidades e desejos de cada família. As janelas corridas também dão nova dignidade à habitação, substituindo a fachada de janelinhas exíguas, quase prisionais, típica dos conjuntos para baixa renda.

Os edifícios, apesar de enfileirados à maneira militar, possuem uma graça própria. Adotando os princípios corbusianos, Artigas subverte a "caixa branca": cada apartamento recebe uma cor viva diferente, e o resultado, uma fachada-mural multicolorida, pode ser comparado a uma tela de Volpi. Como nos quadros de seu colega de desenho nos anos 30, seus prédios combinam abstração e brasilidade.

Para que a obra fosse executada de forma industrializada, foi feito um estudo exaustivo. Seguindo o *desígnio* de Artigas, a habitação era finalmente objeto do desenho industrial — o Desenho chegava às massas. A pesquisa espacial, técnica e de materiais foi levada em profundidade até então jamais alcançada. A espessura e o tratamento do concreto, o revestimento do piso e das paredes, as divisórias, os caixilhos, a disposição hidráulica, os equipamentos — tudo foi investigado de forma inovadora tendo em vista a produção em massa.

Contrapondo-se a Sérgio, Flávio e Rodrigo, que procuraram soluções para a habitação popular partindo das técnicas e materiais simples, Artigas pretendia demonstrar que as técnicas industriais e modernas de construção chegavam, no Brasil, ao momento histórico de sua democratização, mesmo que em pleno autoritarismo. Recontado por Paulo Mendes da Rocha, coautor do projeto, "o objetivo foi, através das novas possibilidades dadas pela pré-fabricação, atingir um nível de excelência que demonstrasse que a qualidade de uma habitação não deveria corresponder ao padrão econômico de uma determinada classe social, mas aos conhecimentos técnicos do seu momento histórico, que

1968: o lápis e o fuzil

Vilanova Artigas expondo o projeto do Conjunto Zezinho Magalhães Prado na FAU-USP.

Vilanova Artigas, Fábio Penteado e Paulo Mendes da Rocha, Conjunto Zezinho Magalhães Prado, Guarulhos, 1967. Acima, projeto original com componentes industrializados.

permitissem uma construção racionalizada, honesta e acessível a todos".[126]

Na verdade, os arquitetos sabiam que não havia uma base industrial pronta para executar o projeto e sua expectativa era justamente que a magnitude da obra estimulasse o surgimento de indústrias de pré-fabricados. Mas as empreiteiras argumentaram que não havia interesse em construir indústrias de pré-fabricados para depois realizar a obra. Os arquitetos recorreram então ao Estado, que recuou diante da proposta — segundo Fábio Penteado, a justificativa do BNH teria sido garantir o emprego de mais trabalhadores. O conjunto habitacional, ao fim, foi construído com menos edifícios do que o previsto e de forma tradicional, com o uso intensivo de mão de obra e pouca mecanização.

A crença incondicional nas consequências progressistas do desenvolvimento das forças produtivas encontrava seus limites: o país era capaz de produzir automóveis mas permanecia submetido a técnicas atrasadas na construção civil. Apesar do fracasso relativo da iniciativa, o Conjunto Zezinho Magalhães "representa o único exemplo de solução, tendo sensibilizado profundamente a orientação do BNH e se transformado em seu modelo".[127]

Enfim, esta foi a resposta de Artigas.

Além de exemplar para o que se seguiria como solução habitacional, o Conjunto Zezinho Magalhães revela, mais uma vez, as contradições entre desenho e canteiro na arquitetura moderna brasileira. O descompasso entre a intenção progressista dos ar-

---

[126] *Paulo Mendes da Rocha*. São Paulo: Cosac & Naify, 2000, p. 184. Texto de Guilherme Wisnik.

[127] Sylvia Fisher, "Subsídios para um estudo do Conjunto Zezinho Magalhães". Trabalho de Graduação Interdisciplinar, FAU-USP, 1972, mimeo. Artigas e Abrahão Sanovicz irão repetir e fazer variações sobre a mesma tipologia e implantação urbanística em conjuntos habitacionais durante toda a década de 70, nenhum executado de forma industrializada.

1968: o lápis e o fuzil

quitetos e as práticas arcaicas da indústria da construção evidencia o quanto a arquitetura moderna, tendo progredido enormemente na modernização das formas, esteve distante da modernização das relações de trabalho e produção. A oposição entre resultado estético arrojado e canteiro de obras atrasado e violento é uma expressão própria desse paradoxo e nos leva a questionar, em última instância, o sentido daquelas "formas", seu conteúdo de classe e dominação.

Naqueles mesmos anos em que Artigas projetava o Conjunto de Guarulhos, Sérgio Ferro, percebendo os sucessivos fracassos dos arquitetos em alterar as bases arcaicas da indústria da construção, resolve explicar as razões do seu atraso. Para ele, os arquitetos sofriam do mal que eles próprios produziram: o ocultamento e, consequentemente, o desconhecimento das relações de produção no canteiro de obras. Se o desenho foi capaz de alterar a forma de construir ao tornar-se uma mediação necessária entre o produtor e o produto na "revolução" descrita por Artigas, agora, o mesmo desenho parecia impotente para realizar sua segunda revolução: conduzir a produção em direção à industrialização. E os arquitetos não sabiam, para além das constatações banais, explicar o porquê de tamanha derrota.

No texto "A casa popular" (1969),[128] fruto de suas aulas na FAU, Sérgio esboça uma interpretação do atraso na indústria da construção no Brasil, infelizmente não retomada em O *canteiro e o desenho*. Em linhas gerais, Sérgio argumenta que, numa situação de capitalismo periférico, baseado em baixos salários, êxodo rural e alto grau de marginalização, a construção civil tornou-se um espaço privilegiado de emprego dos trabalhadores recém-chegados às grandes cidades. Enquanto aguardam um lugar na indústria, estes e outros trabalhadores, que fazem parte do

---

[128] O texto foi originalmente publicado pelo GFAU em 1972 e republicado em *Arquitetura e trabalho livre*, com o título "A produção da casa no Brasil".

"exército industrial de reserva" e permanecem entre a inclusão e a marginalização, aceitam receber os salários menores pagos pelas construtoras.

Não é demais recordar que, trinta anos antes, quando a "revolução" empreendida pelos modernos se inicia, os salários da construção civil eram maiores que os da indústria e sua organização sindical, a mais combativa. Graças às transformações que o desenho, os novos materiais e técnicas geram nas relações de produção da arquitetura, o canteiro de obras, antes dominado pelos mestres de ofício e suas corporações, torna-se um espaço apto a receber a abundante oferta de mão de obra pouco qualificada e baratíssima que aflui às cidades.

Essa força de trabalho numerosa e ignara (ou cujo conhecimento anterior não serve mais à situação atual) estimula, por sua vez, a manutenção de formas de produção pouco mecanizadas e baseadas no emprego de um grande contingente de trabalhadores realizando muitas tarefas braçais — "o combustível básico da manufatura está garantido numa quantidade e a um tal preço que dispensam quaisquer preocupações quanto à sua substituição".[129] Assim, as construtoras evitam o quanto podem o processo de industrialização, o investimento em máquinas e fábricas de pré-moldados. O capital é aplicado quase exclusivamente em matérias-primas e força de trabalho, o que diminui os riscos do investimento e garante, graças à exploração intensiva do trabalho e ao enfraquecimento dos sindicatos, uma alta taxa de lucro.

Como enfatiza Sérgio, a mais-valia extraída na construção civil (como em outras áreas arcaicas de produção) é tanta que seu excedente produz um "derramamento" capaz de alimentar o resto da economia, inclusive os setores mais modernos, homogeneizando as taxas de lucro. Daí seu caráter "atrasado" ser funcional e não "anômalo" e, por isso, o interesse em preservá-lo.[130]

---

[129] *Arquitetura e trabalho livre, op. cit.*, p. 87.

[130] Sérgio argumenta que parte da mais-valia dos setores atrasados é

Extraindo as consequências dessa interpretação, pode-se concluir que a industrialização da construção no Brasil só ocorrerá no momento em que o país passar por mudanças sociais profundas — pleno emprego, aumento nos salários, conquistas trabalhistas, universalização da educação etc. — a ponto de estimular as construtoras a economizar trabalho vivo e ampliar a mecanização e a pré-fabricação.

Foi este o processo que ocorreu nos países centrais, graças ao Estado de bem-estar social do pós-guerra. Em alguns casos, como o francês, a diminuição do exército industrial de reserva e do número de trabalhadores da construção civil foi tão grande que não apenas encorajou a industrialização da construção como também estimulou a imigração de trabalhadores do Terceiro Mundo. Noutro extremo, em Cuba, um dos países mais pobres do mundo, o alto grau de industrialização da construção só foi obtido após a Revolução, quando ampliou-se maciçamente o nível de educação. Os trabalhadores passaram a optar por profissões mais qualificadas, encolhendo a oferta de mão de obra na construção civil e forçando o seu desenvolvimento — até a crise de 1989, Cuba era o país do Terceiro Mundo com o maior grau de industrialização da construção civil.

Para o caso brasileiro, Sérgio propõe uma ampla Reforma Agrária.

---

transferida, através de uma complexa série de mediações, aos setores modernos, como a indústria automobilística, pois há uma tendência à equalização das taxas de lucros. Caso contrário, todos os capitais seriam investidos apenas nos setores mais atrasados. A interpretação de Sérgio sobre a transferência de lucros das zonas arcaicas para as modernas dentro de uma mesma economia é semelhante à feita por André Gunder Frank a respeito das relações entre países subdesenvolvidos e desenvolvidos no sistema mundial. Cf. Gunder Frank, "Desenvolvimento do subdesenvolvimento", em *Cadernos Universitários*, nº 2, s.d.

5.
CRÍTICA, UTOPIA E ASSALARIAMENTO

O CANTEIRO E O DESENHO

Não deixa de ser uma coincidência reveladora: no momento em que Artigas avança no campo da habitação de massa, com o projeto do Conjunto Zezinho Magalhães, Flávio, Sérgio e Rodrigo afastam-se da questão da casa popular. Nos anos de 1968 e 69, Sérgio e Rodrigo irão aprofundar a crítica ao canteiro de obras, procurando enfrentar a questão mais geral da forma de *produção* da arquitetura. Na crítica marxista, a produção é o momento central a ser desvendado, pois ali estão expressas as contradições fundamentais do capitalismo e o nó da sua solução, noutro regime social. Nesses dois anos que antecedem à prisão, Sérgio dá um curso na FAU cujas notas servirão de base para o livro *O canteiro e o desenho*, publicado em 1976.

Sérgio conta que "nós começamos a nos perguntar: qual o papel da construção na economia política? Foi uma abertura de *cadre*, pegar um *zoom* e olhar a coisa mais de longe. Isso foi fundamental, mostrar que, no fundo, a questão da casa popular, que é importantíssima, não será nunca resolvida se não atingirmos o que está mais embaixo ainda, que é o sistema de exploração global do trabalho e, no nosso campo, considerando especificamente a forma, como a construção civil entra nesse sistema".[131]

---

[131] Entrevista ao autor publicada em *Arquitetura e trabalho livre*, *op. cit.*, p. 280.

Num texto-manifesto de 1972, "Reflexões para uma política na arquitetura", Sérgio lança o programa da crítica às "relações pouco nítidas entre a arquitetura, a produção e o consumo da construção". Segundo Sérgio, o debate até então tinha se limitado à "técnica que o arquiteto conhece e que permite soluções ideais", mas não à técnica que se encontra na produção efetiva da arquitetura: a pressão onipresente em busca da rentabilidade, a divisão e desqualificação do trabalho, os métodos atrasados etc. — pois o fim é o valor condensado no edifício, sua "função tesouro". Assim sendo, diante de um processo que é de *produção de mercadorias*, é "impossível a confiança ingênua numa racionalidade de conteúdo exclusivamente arquitetural". A "crise" na arquitetura não teria como ser resolvida apenas no âmbito cultural ("superestrutura") e só uma nova forma de produzir ("infraestrutura") poderia indicar novos caminhos. Sérgio lança então três "tarefas fundamentais": "A apropriação dos meios de produção arquiteturais"; "A crítica do atual modo de produção arquitetural"; e o "Ensaio dos novos modos de produção arquiteturais".

Como vimos, os três arquitetos fizeram alguns *ensaios práticos* nos anos 60, e a tarefa que Sérgio Ferro irá se propor nos anos 70 é a formulação de uma *teoria crítica*. Segundo Sérgio, "a crítica do canteiro só apareceu depois de 68, quando todos começaram a estudar a divisão do trabalho".[132] Em 1976, *O canteiro e o desenho*,[133] escrito em versão definitiva na França, onde

---

[132] Entrevista a José Wolf, "A geração da ruptura", revista *Arquitetura e Urbanismo*, n° 3, 1985, p. 56.

[133] Os ensaios que compõem *O canteiro e o desenho* foram publicados originalmente nos números 2 e 3 da revista *Almanaque*, com os títulos "A forma da arquitetura e o desenho da mercadoria" e "O desenho", mas, para facilitar a referência, adoto o título da publicação de 1979 que reuniu esses dois textos. *O canteiro e o desenho* foi republicado em *Arquitetura e trabalho livre*, *op. cit.*, com atualização bibliográfica e tradução para o português das citações de autores estrangeiros.

Sérgio passou a morar, é publicado na revista *Almanaque*, dirigida por professores de Filosofia e Literatura da USP. A questão do canteiro de obras passa aí a ser tratada de um ponto de vista diverso do da produtividade e do rendimento, procurando valorizar o trabalho do operário e sua autonomia. No mesmo ano, por coincidência, um livro também considerado progressista, publicado por Paulo Bruna com o título *Arquitetura, industrialização e desenvolvimento*, repõe a posição hegemônica dos arquitetos: desenvolvimento das forças produtivas, defesa incondicional da industrialização, desqualificação e barateamento da força de trabalho.[134] O debate entre essas duas posições divergentes, entretanto, não ocorreu.

O texto de Sérgio Ferro, apesar de ser dos mais citados, mereceu pouca leitura. Nos anos 1970, "*O canteiro e o desenho* tornou-se um dos mais mencionados trabalhos entre os estudantes de arquitetura e os jovens profissionais, muito embora rarissimamente lido na íntegra e compreendido".[135] O livro parece não ter sido lido de ambos os lados, tanto por detratores quanto por simpatizantes. Para os primeiros, não se devia dar crédito ao pessimismo de um desertor da profissão, e para os segundos, muitas vezes envolvidos na militância, o livro era hermético e pouco prático, sendo tomado como mera denúncia das relações de explo-

---

[134] Paulo Bruna, *Arquitetura, industrialização e desenvolvimento*. São Paulo: Perspectiva, 1976. O objetivo não chega a ser escondido por Bruna — aumento da exploração do trabalho e diminuição dos custos de reprodução —, mas com a alegação de que a *justificativa econômica* corresponderia a uma *demanda social*: mais habitação para todos e democratização do consumo. Como não é possível afirmar que haja uma correspondência entre industrialização e democratização, uma vez que o país industrializou-se mas não se democratizou, o livro de Paulo Bruna permanece no campo das promessas burguesas fora do lugar no Brasil. Uma boa crítica ao livro é feita por Paulo Bicca, *O arquiteto, a máscara e a face*. São Paulo: Projeto, 1984.

[135] Hugo Segawa, *Arquiteturas no Brasil 1900-1990*. São Paulo: Edusp, 1998, p. 156.

Crítica, utopia e assalariamento

ração no canteiro. Enfim, até hoje estamos devendo uma leitura de *O canteiro e o desenho*.

A dificuldade começa com o fato de Sérgio possuir uma familiaridade com o marxismo incomum para um arquiteto e mesmo para alguém de esquerda no Brasil. Apesar do seu esforço didático continuado, trata-se de uma árdua tarefa acompanhar todos os movimentos do seu argumento. Mesmo porque nós arquitetos, moldados pela racionalidade geométrica e analítica, não estamos acostumados com a tal da *dialética*. O livro também está recheado de referências ao debate francês pós-68, combinando estruturalismo, pós-estruturalismo, psicanálise e teorias da percepção e do desejo.[136]

Nos anos 1960, Sérgio participara de um grupo de leituras de *O Capital*, de Marx, formado por estudantes e professores da Faculdade de Filosofia, Letras e Ciências Humanas da USP, e que compunha o corpo editorial da revista *Teoria e Prática*. O grupo já era a segunda geração do chamado Seminário Marx.[137] A primeira, e mais famosa, era formada por Fernando Henrique Cardoso, José Arthur Giannotti, Fernando Novais, Paul Singer, Octavio Ianni, Bento Prado Jr., entre outros. De acordo com Roberto Schwarz, que participou de ambas, o Seminário Marx teria criado um espaço de "independência em relação ao monopólio exegético do PCB", por ter tido uma "nova intuição do Bra-

---

[136] No texto são citados Lévi-Strauss, Barthes, Baudrillard, várias vezes Lacan e Foucault, Ehrenzweig (na época traduzido para o francês e apresentado por Lyotard) e também Heidegger, uma referência importante para todos estes autores.

[137] Sobre a primeira geração, ver Roberto Schwarz, "Um seminário Marx", em *Sequências brasileiras, op. cit.*; e sobre a segunda, Emir Sader, "Nós que amávamos tanto *O Capital*", revista *Praga*, nº 1, 1996. Além de Sérgio, a segunda geração era formada por Roberto Schwarz, Ruy Fausto, Lourdes Sola, Marilena Chaui, Célia e Francisco Quirino dos Santos, Albertina Costa, Cláudio Vouga, Emir Sader, Emília Viotti, Francisco Weffort, entre outros.

sil" através de obras que compreendiam o caráter dual porém combinado da formação brasileira.[138] Entretanto, seu marxismo industrializante comprometido em dar uma solução positiva ao atraso do país, comenta Roberto, não realizou como deveria a crítica às relações de produção, à luta de classes e ao fetichismo da mercadoria, padecendo de um certo déficit de negatividade. Com isso, pode-se acrescentar, aproximava-se inesperadamente da ortodoxia do PCB, ou seja, da crença no desenvolvimento das forças produtivas e das ilusões a respeito do papel da burguesia nacional.[139]

A segunda geração do Seminário Marx, radicalizada pelo golpe, notava com mais nitidez as contradições do desenvolvimento. De acordo com Sérgio Ferro, "nossa posição não era nem desespero nem uma recusa do desenvolvimento, ao contrário, mas uma crítica da ingenuidade dessa posição modernizante, que pode rapidamente se transformar no seu inverso, em crime. Tudo isso que está acontecendo hoje [2000] mostra o que pode estar escondido por baixo desse tipo de cabeça".[140] Emir Sader faz uma análise semelhante, afirmando que a segunda geração teria sido "mais radical" porque voltou-se "de forma muito direta para uma intervenção na luta de classes". As referências políticas e teóricas do segundo grupo, composto quase inteiramente por militantes, também eram diferentes: as revoluções cubana e chinesa, e daí Fidel, Che e Mao, a crítica ao sistema soviético por meio de Trotsky, o existencialismo sartriano, e as novas interpretações do subdesenvolvimento com Gunder Frank, Ruy Mauro Marini, Caio Prado Jr. e Regis Debray.

---

[138] Cf. "Um seminário Marx", *op. cit.*

[139] Uma boa análise da história do PCB é feita por Gildo Marçal Brandão, *A esquerda positiva: as duas almas do PCB*. São Paulo: Hucitec, 1997.

[140] Entrevista ao autor publicada em *Arquitetura e trabalho livre*, *op. cit.*, p. 281.

Crítica, utopia e assalariamento

Ao que tudo indica, Sérgio atinou com a crítica à divisão capitalista do trabalho por influência da Revolução Cultural e de Mao Tsé-Tung.[141] A Revolução Chinesa teria alterado a perspectiva da crítica marxista: foi a partir dela, nos diz André Gorz, que "o mito da neutralidade da ciência e da técnica foi questionado, mostrando que a forma de produção capitalista, baseada na separação entre trabalho manual e intelectual, é antes uma forma de dominação", pois até então "a maior parte dos marxistas considerava ainda as forças produtivas — particularmente as ciências e as técnicas — como ideologicamente neutras e o seu desenvolvimento como intrinsecamente positivo. Sustentavam com frequência que a maturação do capitalismo produzia uma base material sobre a qual o socialismo poderia edificar-se tanto mais facilmente quanto mais desenvolvidas estivessem as forças produtivas do capitalismo".[142]

Como vimos, esta última era e permaneceu sendo a posição de Artigas e do PCB. O ponto de vista que organiza o texto de Sérgio é próximo ao de Gorz: a crítica à alienação e à divisão capitalista do trabalho e o questionamento da neutralidade da

---

[141] Em *O canteiro e o desenho*, ao discutir a forma manufatureira da produção do espaço e sua relação com a luta de classes, Sérgio Ferro faz referência a *Révolution Culturelle et organisation industrielle en Chine*, de Bettelheim (Paris: Maspero, 1973).

[142] Cf. André Gorz, "Técnica, técnicos e luta de classe", em *A divisão social do trabalho* (São Paulo: Martins Fontes, 1989). O texto de Gorz parece ter influenciado enormemente a crítica de Sérgio Ferro e é citado no ensaio como indicação de leitura. Outros autores indicados por Sérgio sobre o tema são: A. Glucksmann, D. Pignon, Y. Maignien, H. Marcuse, E. Mandel, J. Habermas e M. Tafuri. Apesar da importância de Gorz e outros críticos franceses da divisão do trabalho, a sociologia urbana francesa (Lojkine, Topalov, Lipietz, Ascher) deteve-se mais na questão da renda da terra e da incorporação imobiliária do que no canteiro de obras. A crítica propriamente dita às relações de produção na construção civil foi feita apenas na década de 1980, pelo grupo francês do CNRS liderado por Myriam Campinos-Dubernet e apoiado por Benjamin Coriat, e, na Inglaterra, por Michael Ball.

112   Arquitetura Nova

técnica e dos técnicos. Essa crítica radical, de origem eclética, que juntava maoismo com Escola de Frankfurt, é uma novidade no marxismo brasileiro, tanto no uspiano como no do Partidão, ambos afeitos às positividades do desenvolvimento.

O ponto de partida do texto é mostrar que dentro da produção capitalista de mercadorias, a arquitetura é uma *forma da forma-mercadoria*, pois "todo e qualquer objeto arquitetônico é um dos resultados do processo de valorização do capital". Por isso, o desenho precisa ser *desmistificado*. O traço do arquiteto nada mais é do que o modo de "possibilitar a forma-mercadoria do objeto arquitetônico que sem ele não seria atingida". Assim, as questões relativas ao processo artístico envolvido na arquitetura passam a ser secundárias e ideológicas.

O desenho arquitetônico, na realidade, tenderia para uma *forma de 'tipo-zero'*:[143] "paralelepípedos anônimos prontos para qualquer — ou nenhum — uso", tal como a arquitetura de Mies Van Der Rohe. Daí a *intransitividade* do desenho: ele pode ser qualquer. O desenho domina a produção no canteiro de obras, é a *mediação* entre o trabalhador e seu produto, entre trabalho e capital. Por isso, Sérgio afirma que o canteiro é uma *forma heterônoma*, cujo comando vem de fora e se materializa no desenho e no capataz.

A dificuldade inicial é responder uma pergunta elementar: qual a "forma de produção" presente no canteiro? Não é uma forma industrial, pois as máquinas não são importantes e nem condicionam o trabalho; mas também não é artesanal, porque o trabalho já foi submetido a uma forma avançada de divisão. Sérgio adota então o conceito de "manufatura", já explicado por Adam Smith no exemplo da fabricação de alfinetes, uma transi-

---

[143] Na expressão de Lévi-Strauss adotada por Sérgio. A forma de tipo-zero não teria nenhuma propriedade intrínseca, senão a de introduzir o sistema social por ela revelado.

Crítica, utopia e assalariamento

ção entre o trabalho artesanal e a forma industrial. Na manufatura, o capital fratura o trabalho e separa as ações em pedaços numa decomposição forçada dos ofícios. As equipes são organizadas para tarefas limitadas nas quais a compreensão da totalidade do processo, presente no artesão, é dispensada.

Sérgio também faz uma distinção entre manufatura heterogênea e serial: a primeira ocorre nos canteiros de obra dos países mais desenvolvidos e é baseada na montagem de elementos pré-fabricados, enquanto a segunda, constituída basicamente de trabalho cumulativo realizado no canteiro, ocorre onde a construção civil é mais atrasada, como no Brasil. Se lembrarmos as duas experiências emblemáticas da Arquitetura Nova, a Casa Boris Fausto pretendia ser um exemplo de manufatura heterogênea e a Casa Bernardo Issler, um exemplo de manufatura serial.

Dentro da divisão do trabalho imposta no canteiro pela manufatura, aparece a figura do arquiteto. A concepção de totalidade do produto é entregue a ele que, com seu desenho, *separa* e segrega os diversos trabalhos. No canteiro de obras a fragmentação e a hierarquização criam uma "pirâmide" que define o grau de acesso a informações, partindo do mestre capacitado a ler os desenhos até os inúmeros serventes que apenas transportam cargas sem saber de nada. As separações também procuram enfraquecer o poder político dos trabalhadores, através de demissões e transferências frequentes, evitando a formação de fortes identidades em cada equipe de trabalho.

Como explica Sérgio, a essas separações corresponde o seu contrário: uma *re-totalização forçada* sob o comando do capital. Forma-se o "trabalhador coletivo", que é a reorganização dos trabalhos separados em função da produção da mercadoria previamente determinada. O desenho, por sua vez, determina a convergência das diversas ações num produto final — ajudado, é claro, pelo capataz. O trabalho é separado e re-unido numa dupla violência, uma vez que não há livre associação entre os trabalhadores. Sob a aparência da neutralidade técnica ou da liberdade artística, ele segrega, degrada e idiotiza o trabalho, ao mesmo tempo

Abóbadas de Oscar Niemeyer, Memorial da América Latina, 1986.

que fornece o esqueleto em torno do qual se cristaliza o trabalho separado. É assim desenho *para* a produção.

No capitalismo, a *técnica de produção* é simultaneamente *técnica de dominação*.[144] Separação e re-união não são apenas uma forma de produção de mercadorias, mas uma forma de controle dos trabalhadores. A dominação ocorre na produção através da alienação do trabalho e no consumo através do fetiche da mercadoria — em ambos os casos, há uma *autonomização* do produto em relação ao produtor. A mercadoria quer apagar as marcas do trabalho que lhe deu origem.[145]

Na arquitetura, a autonomização ocorre pelo menos em dois momentos importantes. O primeiro, quando entram em cena os materiais de revestimento, que encobrem as marcas do trabalho, o que leva Sérgio a afirmar que o "mais trágico" dos operários da construção é justamente o oficial de revestimentos, pois cabe a ele o destino de apagar o trabalho: "Com sua mão treinada, leve, pela carga de muita sabedoria, acaricia até o polimento a superfície em que desaparece". O segundo, pelo desenho do arquiteto, na "disposição sábia dos volumes sob a luz". "A ausência da mediação mecânica obriga a mediação arquitetônica a engendrar outras distâncias": volumes, rigor geométrico, sistema de medidas afastam o trabalhador do que faz, "deixando crer que são manifestações de forças imanentes".

Diversas vezes Sérgio combina sua crítica marxista com a psicanálise. A relação entre desenho e trabalhador revela o caráter repressivo do primeiro, que funcionaria como superego, disciplinando as pulsões do inconsciente. Através da forma gestáltica

---

[144] Cf. André Gorz, *op. cit.*, e Herbert Marcuse, "Algumas implicações da tecnologia moderna", revista *Praga*, n° 1, 1996.

[145] Sérgio cita, a título de exemplo, um comentário de Le Corbusier em visita às indústrias Ford: "Luzidio, impecável, sem uma mancha de óleo ou de graxa, sem uma marca de dedos sobre o verniz brilhante, o carro partiu, desapareceu. Nasceu como de uma epopeia mitológica, adulto imediatamente! Partiu na vida!".

o desenho domina os processos primários, bloqueia a expressão espontânea e as pulsões criativas do operário. Por isso Sérgio vislumbra uma *poética da mão*, reprimida mas latente, que opõe, por exemplo, um Gaudí à Bauhaus.[146]

Esse movimento violento e contraditório entre separação e totalização, divergência e convergência, heteronomia do canteiro e autonomia da mercadoria, repressão e pulsão primária, esconde o que Sérgio nomeia de "terceiro termo": a luta de classes. Apesar de fazer referência à luta de classes apenas uma única vez, a perspectiva histórica da revolução permanece presente ao longo de todo o livro como condição necessária para a superação das contradições entre canteiro e desenho.

Por outro lado, Sérgio não aguarda a redenção revolucionária para que a produção da arquitetura seja modificada. Ao contrário, a revolução começa também com transformações radicais dentro do próprio canteiro e, por isso, não é algo que lhe é externo e que, *a posteriori*, inaugurará uma ordem nova. Em alguns trechos do livro, Sérgio acaba indicando quais seriam as transformações necessárias para começarmos a alterar a forma de produção da arquitetura. Seria possível, por exemplo, tirarmos partido do relativo atraso da manufatura em relação à indústria e reconstituir a consciência do trabalho sobre a obra. Na manufatura, o operário ainda não se tornou um completo autômato, ainda há "vestígios de um homem" e de sua "memória motriz" — "em torno da mão ativa, próxima da matéria, a aura da gênese ronda". Mas a manufatura ainda é "grave e triste" e apenas "acena com reflexos imaginários para um outro trabalho". Uma *poética da mão* só pode ser pensada fora da heteronomia e por isso Sérgio cita sempre, como contraponto, sua experiência de pintor:

---

[146] Sérgio refere-se a Ehrenzweig ao fazer a crítica à Gestalt, mas a inspiração principal talvez ainda continue sendo, como no texto de 1967, o ensaio de Argan, "Projeto e destino", onde há uma longa discussão sobre as limitações impostas ao projeto pelo desenho pautado pela Gestalt, ao qual Argan opõe, também, os esboços de Gaudí.

Crítica, utopia e assalariamento

"Como ensina Adorno, enquanto o trabalho for desencontro programado, só o fechamento radical e abafante da arte guarda a esperança de um outro trabalho".

Houve um momento na história, afirma Sérgio, em que o desenho de arquitetura não instaurou divisões tão acentuadas, sendo apenas um *indicador do sentido da obra*: "Os primeiros desenhos técnicos que remontam à Idade Média não exprimem senão as principais intenções do autor; comportavam poucas informações precisas e sugeriam globalmente alguns temas para reflexão. Tais desenhos estavam longe de trazer uma informação unívoca, tudo era possível e o bom artesão deveria encontrar como pudesse as intenções do autor". Imaginando um exemplo moderno, Sérgio faz referência a Gaudí: "Se Gaudí ainda salta as muralhas da repressão interiorizada, é porque mora no canteiro, desenha pouco e discute o talho de cada pedra". Referência, entretanto, que não escapa da ambiguidade presente nas próprias obras do arquiteto catalão: uma expressividade artística ultraindividualizada, antítese do anonimato mais universalista da arquitetura moderna.

Não é portanto casual que a crítica de Sérgio, em diversas passagens, seja próxima a Ruskin e Morris e seu ideal romântico de trabalho. Graças a isso, Sérgio acabou acusado de pretender restaurar um canteiro medieval quando, na verdade, não chega exatamente a mitificar o artesanato como fazem os dois ingleses: "A evolução provável do projetista e do executante separados passa pela sua negação, negação que será gênese de uma nova manifestação do construtor em unidade superior (e não uma regressão à figura mítica do artesão, unidade ainda abstrata do fazer e do pensar). Impossível sua apreensão antecipada: só no formar--se proporá o que será".

Para Sérgio, a noção moderna de improviso é muito importante e, por isso, ele prefere comparar o novo canteiro, como vimos, ao jazz. Não há, assim, uma regressão à ideia de obra medieval, mas uma superação do produto, da arquitetura-mercadoria, restituindo um sentido novo e moderno à obra. Nas casas do grupo é possível notar a simplicidade em cada solução, nada próxima ao conceito de ornamentação de Ruskin. Não há por que retomar o primor do ofício e o tipo de aprendizado das corporações. Ao contrário, trata-se de um saber fazer sem complicações que qualquer um, com algum esforço e inventividade, estaria apto a exercer.

Sérgio, então, propõe dois princípios para orientar uma nova produção da arquitetura: a "estética da separação" e o "desenho da produção". A *estética da separação*, a partir de uma liberação das tensões antagônicas e das repressões, "deixaria o corpo produtivo soltar-se nas suas atuais divergências", de tal forma que "desapareceriam necessariamente os conflitos, as sobreposições entre equipes e áreas de trabalho diferenciadas". No movimento contrário, ao invés de uma amarração autoritária haveria a livre associação entre os grupos, a tendência ao diálogo na superação das separações. Os dois tempos (separação e totalização) fariam um só, uma "espécie de *autogestão*" ou "autodeterminação" da produção. Sérgio dá algumas indicações do que seria essa estética: ao invés da "ideologia do fechado", da harmonia e do equilíbrio, o "desequilíbrio e a transitoriedade" (como no jazz), que abrem espaço para a "colaboração inteligente" do operário; e, por fim, despir a obra dos revestimentos, mostrando os rastros do trabalho que a constituiu — "deixar aparecer que as coisas encobrem relações de exploração e violência é subverter a ordem".

Em vez de desenho *para* a produção deveríamos pensar num desenho *da* produção, que se limitasse à técnica de produção e desse liberdade aos produtores para realizar alterações e elaborações, de certa forma extinguindo o arquiteto tal como o conhecemos e o desenho como técnica de dominação. O novo desenho deveria seguir as seguintes orientações: o princípio da divisão das equipes de trabalho, que ocasionaria, por exemplo, várias descontinuidades formais a serem claramente respeitadas na obra; o princípio da fluidez e liberdade de improviso no trabalho, restringindo a repetição e a exatidão apenas para as estruturas e os com-

Crítica, utopia e assalariamento

ponentes modulados (como portas e caixilhos); o princípio da clareza construtiva, que facilitaria a construção pelo entendimento, a todo momento possível, do objeto a ser produzido, razão que levaria também à manutenção dos traços de trabalho, transformando cada obra num veículo pedagógico; o princípio da prioridade das condições de trabalho, que visaria a segurança e a preservação do conhecimento.

A figuração desse novo canteiro descrito por Sérgio precisa, entretanto, ser vista hoje diante das transformações pelas quais passou o capitalismo nos últimos trinta anos, com o aparecimento de novas formas de produção. Se, por um lado, a produção da arquitetura segundo as novas relações de trabalho sugeridas por Sérgio tem como pressuposto transformações sociais radicais, por outro, possui semelhanças inesperadas com as formas pós-fordistas de organização técnica do trabalho. A proximidade não é casual, pois a crítica de Sérgio toma como referência o modelo de organização "fordista", onde o trabalho é realizado de forma mecânica e idiotizada. Na produção flexível, em sua forma industrial (o "toyotismo"), ao contrário, espera-se a colaboração inteligente de cada operário, que ele conheça toda a linha de produção e participe na descoberta de novas técnicas de produção. O trabalho não sofre mais as mesmas cisões, pois valoriza-se o *team work*, a cooperação e a identidade com a empresa.[147] O vocabulário da criatividade, autonomia, iniciativa e participação substituiu o das palavras carregadas de opressão do fordismo e embaralhou os termos da luta política e sindical.

Essa nova organização estabelecida pelo capital, por sua vez, não tem nada de emancipatória, ao contrário, representa um aumento vertiginoso da dominação. Não se trata de uma autonomia conquistada, mas imposta, juntamente com a diminuição dos

---

[147] Cf. Antônio Cattani (org.), *Trabalho e tecnologia, dicionário crítico*. Petrópolis: Vozes/UFRGS, 1997, pp. 156-60.

Rodrigo Lefèvre e Nestor Goulart, Casa Pery Campos, 1972, processo construtivo de uma casa em abóbada.

Vistas da Casa Pery Campos em construção e já finalizada.

direitos e proteções sociais. A diferença é que a dominação tornou-se menos explícita, não sendo mais identificável na figura do capataz e nas repressões físicas — houve uma espécie de interiorização em cada indivíduo das normas e coerções e da própria lógica do capital.[148]

Mesmo que essa nova organização do trabalho não tenha chegado à construção civil, cujo modo de produção continua repondo cisões e hierarquias, esfacelando cada vez mais o trabalho, o seu aparecimento em outros campos produziu consequências pertubadoras para todo um grupo de teóricos de esquerda que se dedicou à crítica das relações de produção, como André Gorz e o próprio Sérgio. É como se a crítica de esquerda ao fordismo acabasse sendo adotada pelo capital nas suas novas formas de organização técnica do trabalho, só que com o sentido inverso: a seu favor. Essa é a tese, por exemplo, de Jean-Pierre Le Goff, segundo a qual a ruptura antiautoritária de maio de 68 deu origem às formas contemporâneas de *management*. Sem querer responsabilizar os teóricos de 68 pelo fim inusitado da crítica, como afirma Le Goff, apenas a parte que interessava ao lado empresarial permaneceu: "Enquanto o núcleo duro da revolta, fraterno e solidá-

---

[148] Embora reconhecendo uma "relação aparente" entre o que propunha e as novas formas de organização do trabalho no capitalismo, Sérgio marca as diferenças, respaldando-se no livro de Boltansky e Chiapello (*Le nouvel esprit du capitalism*. Paris: Gallimard, 1999), segundo o qual: "[...] A expansão da autonomia e da responsabilidade se deu (no novo capitalismo) ao preço de uma diminuição das proteções de que se beneficiavam os assalariados [...] A autonomia tomou o lugar da segurança, e de tal modo, que se trata com frequência de uma autonomia imposta, não escolhida, dificilmente se poderia considerar sinônimo de liberdade" (p. 157). E, comenta Sérgio: "O que eles chamam de 'crítica artista', próxima da nossa, difere radicalmente do toyotismo, sobretudo pela manutenção e reforço das estruturas de poder e aumento da exploração" (em carta ao autor de 22 de setembro de 2001). O livro de Boltansky e Chiapello foi publicado no Brasil: *O novo espírito do capitalismo*, tradução de Ivone Castilho Benedetti. São Paulo: WMF Martins Fontes, 2009.

rio, foi recalcado, tanto quanto o caráter militante, as exigências de autonomia e responsabilidade reapareceram nos discursos e nas práticas do poder e do *management*".[149]

De forma paralela, esse processo ocorreu também no projeto estético originário da mesma crítica. O resultado arquitetônico proposto por Sérgio — deixar aparecer as marcas do trabalho, despir a obra de tudo que esconda o esforço humano que a fez possível — tornou-se uma das novas formas de exibicionismo da mercadoria: os revestimentos foram retirados não para desalienar o trabalho mas para mostrar a "seriedade" do capital. Essa é a interpretação de Roberto Schwarz ao discutir a atualidade de Brecht, cujo projeto estético tem semelhanças com o da Arquitetura Nova. Segundo Roberto, a "desnaturalização" fazia sentido num momento em que cabia ao capital esconder os antagonismos, em que a burguesia era conservadora e passadista.[150] Mas acontece que, a partir da Segunda Guerra e seguramente após os anos 60, a "obscenidade" passou a ser, cada vez mais, a forma de expressão da mercadoria, como se sua força viesse da própria exposição espetacular das contradições, tornando inócuas as posições vanguardistas anteriores.

No caso da Arquitetura Nova, poderíamos afirmar que as instalações aparentes, os azares da matéria resistente moldada pelo operário, a rusticidade das casas, deixando à vista os rastros do trabalho humano, também teriam seu poder de crítica reduzido. Primeiro porque na experiência paulista o concreto aparente tornou-se regra geral, estilo, e não vontade de denúncia do trabalho oculto. Segundo porque, mesmo na experiência original venerada por Sérgio, a Unidade Habitacional de Marselha, de Le

---

[149] Jean-Pierre Le Goff, "Le grand malentendu", em *Le tournant de décembre*. Paris: La Découverte, 1996.

[150] Cf. Roberto Schwarz, "Altos e baixos da atualidade de Brecht", *op. cit.*

Corbusier,[151] o concreto aparente revela um caráter épico da construção que não é a epopeia da classe operária rumo à revolução, mas a epopeia do próprio capital (ou do governo francês, ou do indiano em Chandigarh, ou ainda de uma ordem religiosa em La Tourette).

Uma obra cujas entranhas estão todas à mostra, contemporânea e conterrânea da crítica de Sérgio Ferro, é o Centro Georges Pompidou em Paris, o Beaubourg. Há ali algum sinal de trabalho revalorizado? Ou seria mais uma manifestação de "verdade do capital"? Composto quase todo por peças industriais de aço, o canteiro do Beaubourg não tem nada de fluidez, improviso, criatividade. É um trabalho de montagem onde não há mais nenhuma possibilidade de "poética da mão". O desenho controla os milímetros de cada encaixe. Entretanto, tudo está abertamente exposto — não há nada o que esconder. Como afirma Roberto Schwarz, a nova estética da mercadoria pretende dar mostras de uma "seriedade" justamente "pela obediência às considerações econômicas, aquelas mesmas cujo teor antissocial o marxismo noutra época denunciava como um indecente segredo de classe". Isso significa que a "desnaturalização" enquanto projeto estético de esquerda tornou-se insuficiente, uma vez que o próprio capital a põe em prática.

Enfim, a crítica possível a O *canteiro e o desenho* advém principalmente do que se passou com o capitalismo nas últimas décadas. E uma vez que as formas flexíveis de organização do trabalho têm uma semelhança aparente com o que Sérgio Ferro propõe para o canteiro, nossa tarefa deve ser restituir as diferenças entre um projeto de emancipação social e as realizações do capital. Enquanto ambos os lados falarem o mesmo vocabulário

---

[151] "Muito da profunda exaltação que a visão do conjunto de Marselha provoca vem da inequívoca presença do trabalho que a obra conserva"; em "A casa popular" (1969), *op. cit.*

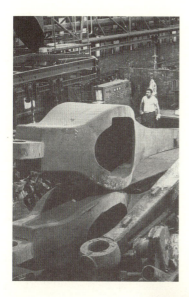

Renzo Piano e Richard Rodgers, Centro Cultural Georges Pompidou (Beaubourg), Paris, 1972-1977.

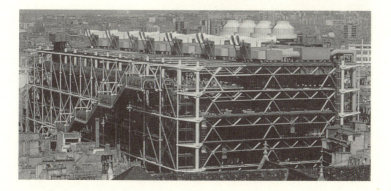

da autonomia, criatividade, iniciativa, ao menos no campo do discurso a indistinção permanecerá. Isso não significa abandonar esses princípios, mas encontrar meios de expressá-los e atingi-los que sejam claramente distintos. Para isso, não apenas novas palavras e práticas devem ser inventadas, mas retomadas as velhas questões cruciais sobre a propriedade dos meios de produção, da terra, do poder e do dinheiro.

Nesse sentido, cabe perguntar se a crítica à *produção do espaço* — pois é essa a que interessa e não apenas a da produção da arquitetura — deve ter seu foco restrito ao canteiro de obras. Ali residiriam efetivamente as contradições determinantes? Como entender a produção das cidades estando circunscrito ao canteiro? Seguramente trata-se de um momento importante e necessário da crítica, um nó desfeito por Sérgio, mas que pede, aos que pretendem continuar a tarefa, passos adiante. Não sendo o espaço uma mercadoria qualquer, como é uma cadeira, sua singularidade complexa dificulta as interpretações convencionais que separam as esferas da produção, circulação e distribuição. Por isso, uma *teoria crítica da produção do espaço* deve constituir um campo de interpretações que combine a crítica às relações de produção na construção com a de outras questões igualmente reveladoras, tais como: a estrutura e a renda fundiária, a promoção imobiliária e o financiamento, a organização da força de trabalho, a ação do Estado, as lutas sociais, a apropriação e o consumo do espaço, as representações simbólicas etc. Ampliado assim o campo da crítica e restituindo a história, seria necessário não apenas esboçar o projeto de um novo canteiro, mas também a forma de produção social do espaço que consumasse o processo de emancipação e desmercantilização.[152] Feita a passagem da crítica ao

---

[152] Quem dá boas pistas para isso é Henri Lefebvre em *La production social de l'espace* (1974). Paris: Antrophos, 1986. Sobre este livro e outros textos de Lefebvre sobre o urbano ver Jorge Oseki, "O único e o homogêneo na produção do espaço", em *Henri Lefebvre e o retorno da dialética*. São Paulo: Hucitec, 1996.

canteiro para a do espaço urbano, a própria centralidade do desenho e do arquiteto acabará relativizada. Afinal, diante do gigantesco processo de urbanização pelo qual passou o mundo no último século, não seria o arquiteto uma figura secundária? Nos países periféricos, onde a ação estatal e a lei não alcançaram nem a metade do espaço construído, não haveria um descolamento entre o desenho, a norma e a realidade? Quem, afinal, são os agentes e como se produz o espaço na periferia do capitalismo?

Por outro lado, retornando ao livro de Sérgio — cujo objetivo não era realizar uma crítica à produção do espaço e nem à periferia do capitalismo, mas apenas ao "modo de produção arquitetural"[153] —, foi desmascarada a violência do canteiro, mas o questionamento sobre a *finalidade* da obra e seu destinatário, problema muito claro para a Arquitetura Nova, a bem dizer desaparece. Talvez por achar que tudo fora truncado em 1964 e aquela arquitetura tivesse ficado *pairando no ar*, Sérgio não se pergunta mais, por exemplo, sobre a questão da casa popular. A crítica ao canteiro, seguindo o método crítico de Marx, é deliberadamente centrada no momento da produção, nos meios. Contudo, desconsiderados os fins, quando o texto torna-se propositivo, nos conduz àquela dificuldade em distinguir o que seria um canteiro emancipado do que é a "produção criativa" da nova fase do capitalismo. Assim, quando Sérgio propõe a "colaboração inteligente" do operário, como saber com o quê e com quem ele colabora? Não são poucos os capitalistas que exigem cada vez mais esse novo tipo de colaboração de seus trabalhadores. Por isso, restituir tanto a pergunta sobre a propriedade dos meios de produção, quanto sobre os fins e sujeitos que se apropriam do que é produzido, é restabelecer o sentido da luta social na história.

Sem a preocupação da "Teoria" presente no trabalho de

---

[153] Esta a expressão adotada no citado texto-manifesto de 1972, "Reflexões para uma política na arquitetura", republicado em *Arquitetura e trabalho livre, op. cit.*, pp. 203-13.

Crítica, utopia e assalariamento

Sérgio, Rodrigo Lefèvre irá procurar um *sentido* para as transformações sugeridas pelo companheiro. Inspirando-se em Paulo Freire e também nas Revoluções Cubana e Chinesa, as perguntas que fará serão: "para quem", "o quê", "quando" e também, é claro, "como"? — dando pistas do nosso fio da meada.

UM CANTEIRO-ESCOLA

Na revista *Ou...* nº 4, de 1971, na qual é publicada a "Casa do Juarez", Rodrigo lança a hipótese que será desenvolvida em sua dissertação de mestrado: "A construção de habitações pelo processo de autoconstrução (ajuda-mútua) numa época de mobilização de todos para a construção da nação, em busca da paz". Interessado pelo que o "mutirão" pode representar como valorização da cultura popular e de formação profissional, Rodrigo quer "fazer dos construtores e dos usuários, colaboradores". Tendo clareza, entretanto, da precariedade técnica e material envolvida no mutirão, Rodrigo imagina que no futuro tudo possa ser "demolido" e reconstruído "noutro nível de tecnologia".

Para Rodrigo, participar de uma experiência em mutirão dentro de um novo "modelo de produção" exige do arquiteto uma nova postura: não basta "colocar sua solidariedade com o proletariado unicamente no plano da ideologia", é preciso participar "no plano da produção, como produtor". Assim, sua proposta de "substituição do lápis" não significa apenas um enfrentamento imediato através da luta armada, mas também uma nova forma de engajamento e atuação profissional.

Na mesma revista *Ou...*, é também publicada a experiência de Cajueiro Seco, uma nova forma de produção de habitações populares desenvolvida durante a gestão de Miguel Arraes (1962--64) em Pernambuco, governo que implantava o método revolucionário de alfabetização de adultos desenvolvido por Paulo Freire. O projeto, coordenado pelo arquiteto Acácio Gil Borsói, envolveu a participação da população organizada através de uma associação de moradores que definia junto ao governo a criação de centros comunitários, oficinas de produção, escolas e postos de saúde. A proposta arquitetônica — a pré-fabricação de painéis de taipa e coberturas de palha costurada — partia dos elementos tradicionais e técnicas de conhecimento popular, sem dispensar uma interpretação moderna e racionalizada da produção. A experiência, entretanto, acabou interrompida pelo golpe de 1964. Publicada na revista *Ou...* lado a lado com o projeto da "Casa do Juarez", Cajueiro Seco indicava a qual caminho Rodrigo passaria a dar maior atenção, imaginando inclusive quais os termos para uma política pública popular de produção da cidade.

Referindo-se à Arquitetura Nova, ele lembrará que "a nossa pretensão era ainda um estudo, uma obra que tinha o caráter de uma experiência de laboratório, tendo em vista algo que não veio a acontecer. Isso causou muita confusão. Na medida em que nós falávamos em autoconstrução, na medida em que nós falávamos em mutirão, na medida em que nós falávamos do sistema construtivo do povo, isso foi confundido, pelo menos pelas pessoas que nos cercavam. Elas não chegaram a perceber que nós estávamos nos preparando para uma situação futura [...] Nós estávamos pensando a autoconstrução, tendo em vista o futuro no qual as classes mais desprivilegiadas, digamos assim, tivessem uma participação mais concreta nas decisões e na elaboração de conceitos sobre a habitação, sobre o urbano, sobre as nossas cidades".[154]

Essa preocupação já está expressa no texto de 1966, "Uma crise em desenvolvimento", onde Rodrigo afirma que o interesse do grupo na "transformação das propostas de configuração construtiva, programática e plástica" faz parte da procura "de democratização no campo da arquitetura" e da "participação popular tanto na sua produção quanto no seu consumo". Mutirão, autoconstrução, participação, engajamento do arquiteto, democratização da arquitetura, nova estética, cultura popular, construção

---

[154] Entrevista a Renato Maia, em Ana Paula Koury, *op. cit.*

Crítica, utopia e assalariamento

da nação, paz, utopia etc. — todos estes são temas sobre os quais ele se detém.

Em 1981, Rodrigo apresenta sua tese *Projeto de um acampamento de obra: uma Utopia*, à qual se dedicou durante toda a década de 1970. A tese é a proposta de um "canteiro-escola": a produção de habitações populares pensada como forma de conscientização dos construtores.[155] Na verdade, a tese é uma formulação teórica para o compromisso que assume com uma arquitetura que favoreça o trabalho coletivo, a democratização do conhecimento e a transformação das relações de produção. Enquanto para Sérgio a metáfora do novo canteiro era a banda de jazz, para Rodrigo será a escola — transformar o canteiro num momento de aprendizado, pesquisa e criação que envolva todos os produtores, do arquiteto ao servente. É por isso que ele, mais do que Sérgio e Flávio, procurou refletir profundamente sobre os métodos de ensino e aprendizado.[156]

A dedicatória da tese, aos dois companheiros e ao mestre Artigas, retrata o seu desconsolo pela situação da faculdade naqueles anos: "Agradeço aos que, tendo contribuído decididamente para a formação da FAU, hoje estão ausentes". No mesmo ano da defesa, Rodrigo pede seu afastamento da Faculdade, como se encerrasse ali um ciclo. Pouco depois ele partiria para a África.

Rodrigo inicia a dissertação retomando suas proposições dos textos de 1966 e 1971, nos quais faz a defesa do mutirão e da autoconstrução. Ele explica, entretanto, que não se trata de defender a autoconstrução tal como se apresenta na sociedade bra-

---

[155] O termo "canteiro-escola", não adotado diretamente por Rodrigo, é empregado por Ermínia Maricato em homenagem póstuma ao arquiteto, "Sobre Rodrigo Lefèvre", revista *Projeto*, nº 100, 1987, p. 113, e posteriormente por Ana Paula Koury, em *Grupo Arquitetura Nova*, *op. cit.*

[156] Entre os textos que Rodrigo escreve sobre ensino está o longo ensaio publicado em 1977, quando retorna à FAU, "Objetivos do ensino da Arquitetura e meios para atingi-los em Trabalho de Projeto", FAU-USP, mimeo.

sileira: autoprovimento de moradia pelos trabalhadores por ausência de política pública e impossibilidade de acesso ao mercado. Por isso faz as ressalvas necessárias, a partir de Francisco de Oliveira e Sérgio Ferro, reconhecendo o seu caráter de reprodução atrasada da força de trabalho que colabora no rebaixamento dos salários.[157] Assim afirma o "caráter utópico" da proposta: "Essa é a primeira razão pela qual adoto um caráter utópico do modelo de uma produção na *época de transição*: só *lá*, na época de transição, onde algumas relações econômicas e políticas estiverem alteradas é que posso aceitar participar de um processo de autoconstrução em larga escala".

O *lá* é a expressão da "Utopia", estampada no título da tese sem receios. Rodrigo descreve esse *lá* como: transição do modo de produção capitalista para outro, socialista; momento em que toda a coletividade se mobiliza; quando surgem formas novas de organização entre as pessoas, formas novas de produção; lugar onde pode acontecer o modelo de produção que ele propõe; onde as condições de vida devem ser inventadas; lugar da nova práxis; da nova cultura urbana, do povo; lugar da educação, libertação e conscientização dos sujeitos; do desabrochamento integral do indivíduo na sociedade. E mais, pelos outros textos: lugar da criação coletiva, do trabalho em equipe; da posse coletiva dos frutos do trabalho; onde teoria e prática se encontram numa nova prática transformadora; lugar da democratização da produção e do consumo da arquitetura; do reencontro com o ser social; da reinvenção da natureza; lugar a ser construído com todo o rigor da ciência; lugar da paz, da harmonia e do equilíbrio.

Esse *lá* implica um novo sujeito que, para Rodrigo, nasceria do confronto e associação entre cultura popular e erudita, en-

---

[157] Sérgio Ferro, "A casa popular" (1969), *op. cit.*; e Francisco de Oliveira, "A economia brasileira: crítica à razão dualista" (1973), em *Seleções Cebrap*, nº 1, 1975. Ambos se inspiram na interpretação de Engels sobre o rebaixamento dos salários decorrente da autoprovisão de moradia.

tre arte e técnica, entre teoria e prática. Concretamente, em sua proposta de canteiro-escola, Rodrigo compõe esse novo sujeito tomando, por um lado, o "migrante" e, por outro, o "técnico de nível superior". O migrante é *o sujeito em transição*, que contém as contradições e as possibilidades de superação histórica brasileira e, ao mesmo tempo, é o *avesso* do nosso "milagre" de país moderno. No seu encontro com o técnico-educador, com a ciência, ele pode ser conduzido ao papel que lhe cabe: o da transformação, do país e de si mesmo. A nova prática não apenas libertaria esse sujeito em transição das condições materiais de penúria, mas também o libertaria enquanto consciência de si e do mundo.

O *lá*, por ser um advérbio de lugar, também implica um novo espaço. Lugar de uma "nova cultura urbana", que seja "do povo" e feita "pelo povo", lugar a "ser inventado" da forma que quisermos. É também um *espaço em transição*, do rural para o urbano, imagem do que poderia ser a periferia da grande cidade se construída de uma forma coletiva e organizada. Rodrigo quer que a cultura rural também atinja a urbana para formar uma nova cultura, ao mesmo tempo popular, artesanal, solidária e científica, industrial, de massas. Sujeito e sociedade reinventados, espaço e natureza repensados, como lugar de uma nova arquitetura democrática.

Ao definir o migrante como sujeito, o Estado como provedor e a periferia como local de planejamento, Rodrigo está percebendo que o processo vertiginoso de urbanização precisa ser enfrentado rapidamente, antes que a escala do problema comece a invalidar qualquer solução. Sua proposta de canteiro-escola, se fosse generalizada como política pública numa situação de *transição*, poderia ter como consequência a construção de um *habitat* urbano popular muito diferente do que são as atuais periferias das grandes cidades brasileiras.

Para demonstrar didaticamente a estrutura de sua proposta, Rodrigo desenha um fluxograma com entradas e saídas. Seu "modelo de produção" funcionaria do seguinte modo:

A) Entradas:
- a1) os sem-teto, que podem ser migrantes recém-chegados à cidade (responsáveis pela cultura popular), ou trabalhadores urbanos sem casa mas empregados (responsáveis pela cultura política);
- a2) os técnicos de grau superior (responsáveis pela cultura burguesa-científica);
- a3) e o Estado (disponibilizando terreno, material de construção, comida, roupas e o acampamento de obra).

B) Processo (com caráter pedagógico e formador tanto para os trabalhadores quanto para os técnicos):
- b1) discussão, projeto e autoconstrução por ajuda mútua das habitações;
- b2) discussão sobre o bairro e os equipamentos;
- b3) ensaio de organização de trabalho coletivo na produção do espaço.

C) Saídas:
- c1) trabalhadores com casa e qualificados;
- c2) técnicos de grau superior re-formados;
- c3) novo espaço urbano e nova "cultura urbana do povo".

O projeto do acampamento provisório do canteiro seria constituído por abóbadas pré-fabricadas e faz parte do conjunto de suprimentos fornecidos pelo Estado: "Serão coberturas simples e pequenas, sem outras vedações, que permitirão que cada família de migrantes se proteja provisoriamente. Outras coberturas um pouco mais sofisticadas do ponto de vista construtivo garantirão espaços cobertos para as diversas atividades coletivas". As coberturas podem ser desmontadas e remontadas, passando de um canteiro a outro e estocadas pelo Estado. Rodrigo explica a escolha da abóbada como consequência de anos de pesquisa sobre as possibilidades de uso e de espaço dela resultantes: "Essa preocupação ocupou grande parte dos meus trabalhos pro-

FUNCIONAMENTO ESTRUTURAL DA ABÓBADA PARABÓLICA

A CURVA DESTA ESTRUTURA EM ABÓBADA É UMA PARÁBOLA DE 2º GRAU

UMA VEZ QUE A VARIAÇÃO DO MOMENTO FLETOR DE UMA PEÇA BI-APOIADA, SUBMETIDA A UM CARREGA MENTO UNIFORME, SE DÁ SEGUNDO UMA PARÁBOLA DE 2º GRAU, SE ADOTARMOS UMA CURVA PARABÓLICA, TAMBÉM DO 2º GRAU, COMO EIXO DESTA PEÇA, TEREMOS O MOMENTO FLETOR NULO EM QUALQUER PONTO DA MESMA, E, PORTANTO OS ESFORÇOS QUE APARECEM SÃO SÓ OS AXIAIS, COMPRESSÃO OU TRAÇÃO. MAS AGORA NESTA PEÇA, COM EIXO SEGUNDO UMA PARÁBOLA DO 2º GRAU, O CARREGAMENTO CONSTITUÍDO PELO PESO PRÓPRIO, POR SUA VEZ, VARIA SEGUNDO UMA PARÁBOLA DE UM GRAU MAIOR, IMPONDO QUE, PARA A AXIALIDADE DOS ESFORÇOS SE ADOTE UMA PARÁBOLA DE Cº GRAU. E ASSIM SUCESSIVAMENTE, ATÉ O PONTO EM QUE, TEORICAMENTE, CHEGARÍAMOS À "CATENÁRIA" ONDE REALMENTE HAVERIA A COINCIDENCIA DO DIAGRAMA DE MOMENTOS FLETORES COM O EIXO DA PEÇA. MAS PARA SIMPLIFICAÇÃO DE CÁLCULO, E DE TRAÇADO GEOMÉTRICO SE PODE ADOTAR A PARÁBOLA DE 2º GRAU QUE JÁ APRESENTA ESFORÇOS DE FLEXÃO INSIGNIFICANTES.

NUMA ABÓBADA PARABÓLICA AS COMPONENTES HORIZONTAIS PODEM SER ABSORVIDAS POR UM TIRANTE

AS COMPONENTES VERTICAIS SÃO ABSORVIDAS PELO SOLO, DEVIDAMENTE PREPARADO

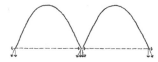

ACOPLAMENTO DE ABÓBADAS DE MESMA CURVATURA E MESMA ALTURA:
- AS COMPONENTES HORIZONTAIS DAS DUAS ABÓBADAS SÃO IGUAIS, PORTANTO NO ENCONTRO DELAS AS RESPECTIVAS COMPONENTES ANULAM-SE
- AS COMPONENTES HORIZONTAIS EXTERNAS PODEM SER ABSORVIDAS POR MEIO DE TIRANTES

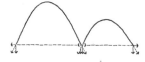

ACOPLAMENTO DE ABÓBADAS DE MESMA CURVATURA E ALTURAS DIFERENTES:
- AS COMPONENTES HORIZONTAIS, TAMBÉM NESTE CASO, SÃO IGUAIS, PORTANTO NO SEU ENCONTRO ESTAS ANULAM-SE
- TAMBÉM AQUI AS HORIZONTAIS EXTERNAS PODERÃO SER ABSORVIDAS POR TIRANTES

ACOPLAMENTO DE ABÓBADAS DE MESMA CURVATURA, DE ALTURAS DIFERENTES E, COM O ENCONTRO SOBRE PILARES:
- AQUI OCORRE O MESMO FENÔMENO COM AS COMPONENTES HORIZONTAIS
- AS COMPONENTES VERTICAIS NO ENCONTRO SÃO ABSORVIDAS PELO PILAR

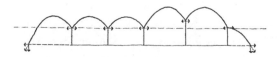

ACOPLAMENTO DE ABÓBADAS DE MESMA CURVATURA, COM ALTURAS VARIADAS E PONTOS DE ENCONTRO SOBRE PILARES:
- TODAS AS COMPONENTES HORIZONTAIS SÃO IGUAIS E AQUELAS DOS PONTOS DE ENCONTRO ANULAM-SE
- AS COMPONENTES HORIZONTAIS DOS EXTREMOS PODERÃO SER ABSORVIDAS POR TIRANTES

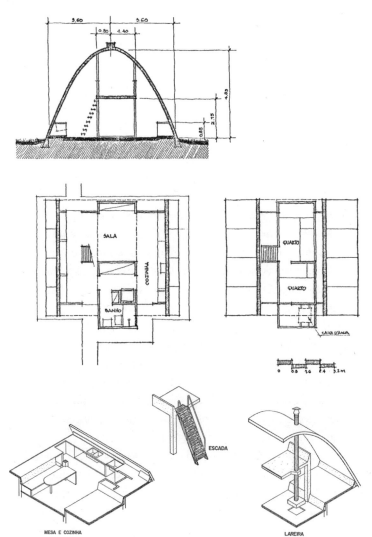

Desenhos da dissertação de mestrado de Rodrigo Lefèvre, *Projeto de um acampamento de obra: uma Utopia*, 1981.

fissionais que, apesar de não serem projetos para habitação popular, sempre contiveram hipóteses e verificações ligadas a este problema". As casas propriamente ditas não precisariam ser em abóbada (embora Rodrigo privilegiasse essa solução), uma vez que o projeto seria discutido coletivamente.

Nessa proposta, quem tem a iniciativa e dá a organicidade ao "modelo" (a passagem da iniciativa individual para a coletiva) não são os trabalhadores organizados (como no caso que veremos, os mutirões autogeridos dos movimentos populares), mas o Estado e os técnicos. Mesmo que estes estejam abertos a se "reformarem" (não fica claro se os técnicos seriam funcionários públicos ou assessores independentes), é uma alternativa que nasce claramente do poder público. Haveria assim uma espécie de "cogestão" uma vez que o modelo aparentemente funcionaria a favor do sistema (numa sociedade em transição, claro).

Rodrigo tem uma visão positiva desse novo Estado, como organizador, universalizador de direitos, único meio de uma ação transformadora em ampla escala. Mas o que seria esse outro Estado, não burguês, que representa uma sociedade em transição? Talvez Rodrigo esteja pensando em países socialistas como Cuba e China. Em toda a tese há referências a Mao Tsé-Tung e à Revolução Cultural, com suas formas novas de organização e trabalho coletivo. Mas é a Revolução Cubana que parece ser a principal inspiração de Rodrigo. Em Cuba, a necessidade de construir habitações em massa sem recursos materiais abundantes e instrumentos técnicos avançados produziu um impasse semelhante àquele com o qual ele se defronta na tese.

Logo após a Revolução, a discussão sobre o problema da habitação foi pautada pelo reconhecimento da distância em relação às soluções adotadas nos países centrais e uma preocupação em encontrar alternativas adequadas a um país do Terceiro Mundo.[158]

---

[158] Cf. Roberto Segre, *Arquitetura e urbanismo da Revolução Cubana*. São Paulo: Studio Nobel, 1991.

Esta posição é expressa por Fidel Castro no discurso de abertura da UIA (União Internacional dos Arquitetos) de 1963, em Havana: "[...] Enquanto não for possível fazer casas confortáveis de forma barata e industrializada, devemos fazer dentro das nossas possibilidades". Mas, alguns anos depois, graças à educação maciça, ao pleno emprego, à redução de contingente na construção civil e ao crescente suporte técnico e financeiro do bloco comunista, Cuba acabou adotando sistemas modernos de pré-fabricados pesados. Diante dessa transformação no quadro cubano, Rodrigo Lefèvre avalia que, não tendo o Brasil o mesmo grau de industrialização da construção e os mesmos avanços sociais, deveríamos adotar sistemas mais atrasados que, entretanto, garantissem a construção em massa e a conscientização dos trabalhadores. O movimento cubano das "microbrigadas", nesse sentido, parece ter mais proximidade com a proposta de Rodrigo do que a reprodução de técnicas pré-fabricadas avançadas. As microbrigadas da construção civil[159] foram especialmente importantes na década de 70 e criaram um novo espaço para o poder popular, produzindo, segundo Roberto Segre, uma "entusiasmada participação dos trabalhadores na materialização das estruturas urbanas e arquitetônicas, [...] na configuração do ambiente e na sua gestão".[160] Entretanto, Segre alerta que "o conceito de participação não atingiu o vínculo entre projetista e usuário", tanto pela falta de quadros técnicos quanto pelas soluções padronizadas e pré-fabricadas que distanciavam o arquiteto da comunidade. As experiências mais artesanais, comenta, "embora tenham demons-

---

[159] Cada microbrigada pode ser composta tanto por equipes de trabalhadores da construção civil, que realizam os mais diversos tipos de obra, quanto por grupos de moradores que constroem suas habitações por ajuda mútua, apoiados pelo Estado, e dispensados temporariamente de suas ocupações profissionais. *Idem*, pp. 198-202.

[160] *Idem*, p. 201.

trado um menor rendimento econômico [...] foram mais positivas quanto à participação, educação técnica, trabalho coletivo e consciente".[161]

Avaliando o dilema cubano entre produção industrializada ou mais artesanal, e a consequente diferenciação de atuação e organização dos trabalhadores, Rodrigo opta, na tese, pela forma de produção mais artesanal — a "autoconstrução generalizada" — que, mesmo às voltas com a precariedade, pode ser mais conscientizadora e tecnicamente inventiva, graças ao diálogo próximo entre arquitetos e construtores e às possibilidades colocadas pela autogestão.

Além da Revolução Cubana, outra referência fundamental para Rodrigo será Paulo Freire. A menção ao educador pernambucano, mesmo que poucas vezes feita diretamente, irá definir a vontade do encontro com o povo e a preocupação "pedagógica" do canteiro-escola.[162] Rodrigo imagina uma arquitetura que cumpra tarefas semelhantes às da pedagogia de Paulo Freire, tais como: responder às contradições da fase de transição, inserir a participação popular no desenvolvimento econômico, levar o povo a uma compreensão crítica da realidade, resistir ao desenraizamento promovido pela civilização industrial, criar uma "nova postura popular diante de seu tempo e de seu espaço".[163]

---

[161] *Idem*, p. 202.

[162] Eder Sader comenta que durante a década de 70, com a autocrítica das esquerdas, Paulo Freire torna-se um paradigma de "ida ao povo". *Quando os novos personagens entram em cena* (São Paulo: Paz e Terra, 1988). Cf. também referências de Roberto Schwarz a Paulo Freire em "Cultura e política 1964-1969", *op. cit.*, tomado como exemplo de síntese positiva das contradições pré-64.

[163] Essas são as tarefas da pedagogia de Paulo Freire. Cf. *A pedagogia do oprimido* (Rio de Janeiro: Paz e Terra, 1970) e *Educação como prática de liberdade* (Rio de Janeiro: Paz e Terra, 1976).

Rodrigo utiliza a terminologia "situação-problema", adotada por Paulo Freire no processo de alfabetização dos adultos. No caso do educador, ele recomenda que seja descoberta a situação-problema de cada comunidade, dando origem aos temas-geradores utilizados na alfabetização. No caso do canteiro-escola, é adotada a situação-problema da população migrante recém-chegada à cidade: "Os problemas de conhecimento da cidade, das relações que aí se dão [...], os problemas de prioridades de equipamentos urbanos, de localização na cidade, de construção de suas casas e bairros, todos os problemas de saúde relacionados etc.". Rodrigo explica que "será com base nesta situação-problema que todo o processo de trabalho irá se desenvolver".

A leitura que faz de *Educação como prática de liberdade* é fundamental para a transformação do canteiro em momento superior de "conscientização" e "libertação". Mais do que construir casas, Rodrigo pretende "construir" sujeitos e transformar o canteiro numa escola de libertação. Dessa maneira, "a autoconstrução da casa e do bairro" passa a ser a condição para o processo educativo, este sim, o objetivo final do canteiro proposto. A invenção de uma "nova práxis" (repensar e refazer a cidade) é o momento da conscientização e do "desabrochamento integral do indivíduo na sociedade, e portanto, da sua libertação".

Fazendo uma leitura pelo ponto de vista de Sérgio Ferro, a reintegração entre trabalho manual e intelectual tem como pressuposto a reintegração dos universos da escola e do canteiro. A pista está dada no mesmo texto de Gorz que inspirou Sérgio: "O trabalho produtivo e a aquisição de conhecimentos deve ser uma e mesma coisa, cada pessoa deve ser, desde a adolescência até a aposentadoria, simultaneamente produtor, estudante e (frequentemente) mestre, não estando ninguém voltado a executar durante toda a sua vida trabalhos monótonos, não qualificados e estúpidos [...] Ensino e produção, formação e trabalho foram separados porque a teoria e o conhecimento estavam separados na prática — e o operário, separado dos meios de produção, da cultura e da sociedade civil. Eis por que numa perspectiva revolucioná-

Crítica, utopia e assalariamento

ria, a reunificação da educação e da produção, do trabalho e da cultura, é uma exigência essencial".[164]

Ao inserir o novo canteiro num contexto específico, o da produção de habitação social patrocinada pelo Estado numa sociedade em transição, apoiada por arquitetos "paulo-freirianos", feita de forma participativa e conscientizadora, onde os construtores são também autores e futuros moradores, Rodrigo estabelece um *sentido* e um desejo de *aplicação concreta*, dando *finalidade* e completude à crítica de Sérgio Ferro. Não é uma passagem tranquila, pois reduz horizontes, aceita condições presentes, se submete a necessidades, enfim, se contamina com a realidade. Só conduzida na prática poderíamos saber até que ponto manteria seus pressupostos críticos e o caráter pedagógico libertador.

Sérgio pintor e Rodrigo arquiteto-assalariado

Se é possível notar as diferenças e complementaridades nos trabalhos teóricos, pode-se dizer que as trajetórias profissionais de Sérgio e Rodrigo após a saída da prisão foram, a bem dizer, opostas, com a exceção do ensino, ao qual ambos se dedicaram intensamente.[165] Sérgio é demitido da FAU em 1971 por abandono de cargo — período em que estava preso pela ditadura — e decide sair do país no ano seguinte, passando a morar com mulher e filhos em Grenoble, França. Lá, além de professor na Escola de Arquitetura local e posteriormente na de Belas-Artes, dedica-se intensamente à pintura. Rodrigo, por sua vez, é contratado em 1972 por uma grande empresa de projetos, a Hidroservice,

---

[164] André Gorz, *op. cit.*, p. 276.

[165] As questões referentes ao *ensino* da arquitetura são fundamentais para o grupo e exigiriam uma pesquisa à parte. Cada um dos três desenvolveu uma metodologia pedagógica própria.

na qual trabalha como arquiteto assalariado até a sua trágica morte, na África, em 1984. Simultaneamente, em seu escritório, com Félix Araújo, permaneceu projetando casas, seguindo o que havia realizado nos anos 60. Como professor, volta a dar aulas na FAU-USP apenas em 1977, quando também se torna docente de Projeto na PUC de Campinas.

Assim que se muda para a França, Sérgio, ainda com a memória viva dos acontecimentos no Brasil, realiza uma exposição em homenagem aos presos políticos da ditadura. Num extenso mural em que apresenta a morte e ressurreição dos companheiros assassinados pelo regime militar, vê-se, sobre o fundo azul, o corpo castigado de um homem, cujo longo e fatigado braço surge atado a uma corda, desaparecer sob planos de acrílico, metamorfoseado em pássaros brancos que sobem aos céus. Na outra ponta do mural, um corpo estirado, o mesmo que utilizara anos antes para representar a morte de Marighella, flutua entre as nuvens. No meio, duas enormes letras "A". Na dedicatória: "A Marighella, Lamarca, Toledo, Iara, Gilberto... e todos os outros".

Como professor da Escola de Arquitetura de Grenoble, Sérgio criou um canteiro pedagógico experimental com os estudantes, o qual, reconhece, não tinha mais o mesmo caráter transformador das experiências anteriores no Brasil. "Era uma iniciativa pequenina, no canto da escola, não tinha impacto social nenhum", conta ele.[166] O passo seguinte foi tentar constituir um Centro de Experimentação em Arquitetura, este sim em grande escala, reunindo diversas escolas de arquitetura, belas-artes e engenharia, e com o objetivo de interferir na forma de produção da construção civil francesa. O primeiro programa do Centro foi elaborado por Sérgio, mas o Ministério da Construção, para aprovar e financiar o projeto, acabou alterando-o completamente, o que levou o arquiteto a pedir desligamento.

---

[166] Entrevista ao autor, *op. cit.*

Crítica, utopia e assalariamento

Mais recentemente, em 1986, Sérgio passou a coordenar um laboratório de pesquisa chamado *Dessin-Chantier* [Desenho--Canteiro], no qual estuda a história da arquitetura pelo ângulo do canteiro de obras, das relações de produção e da evolução na divisão do trabalho. "Começamos a pressentir e ver que a história é quase sempre inversa da que se conta: as grandes mudanças da arquitetura são, na realidade, respostas a grandes mudanças na divisão e na exploração do trabalho", diz Sérgio.[167] Assim, o Laboratório coloca de ponta-cabeça as explicações consagradas. Um exemplo: "A arquitetura moderna não é filha do vidro, do ferro e do concreto, como se conta; o concreto é filho de uma crise enorme no canteiro, uma resposta ao sindicalismo. No século XIX, o sindicato da construção civil na França, e especialmente o dos pedreiros, tinha uma força danada, parava a produção no país todo quando queria. O concreto é uma resposta a eles, um material que não precisa nem de pedreiros nem de carpinteiros. E o operariado, naquele período, não reclamava apenas maiores salários, férias, eles queriam gerir o canteiro e, sobretudo, saber por que estavam fazendo aquilo e para quem".[168]

Contudo, é à pintura que Sérgio dará cada vez mais importância. Apesar do seu ceticismo, na década de 60, quanto à Pintura Nova, em *O canteiro e o desenho* ele já a apresentará como o grande contraponto à arquitetura: enquanto esta é sempre um "desenho para a produção", aquela é antes de tudo "liberdade", "rebeldia" e acena para uma outra forma de trabalho. Na conclusão do livro, Sérgio, reforçando a distinção, recorre à oposição feita por Flávio Motta,[169] embora sem utilizar os mesmos termos, entre *design* e *drawing*: *design* é o desenho do arquiteto

---

[167] *Idem*. No livro *Arquitetura e trabalho livre* são apresentados textos e o método de pesquisa do laboratório.

[168] *Idem*. Sobre este assunto, ver o artigo de Sérgio Ferro, "O concreto como arma", revista *Projeto*, nº 111, 1988.

[169] Ver nota 4.

ou do projetista e *drawing*, o desenho do artista. O primeiro, brinca Sérgio, "é um assunto triste de uma tristeza triste demais", reprime as pulsões e cria a "sensação de impotência"; o segundo, ao contrário, permite a "libertação dos impulsos primários" e a realização de um "trabalho não alienado". Para ele, na História da Arte, foram poucos os artistas que, como Michelangelo, teriam sabido unir o *designer* ao *drawer*. Porém, feita a crítica ao desenho do arquiteto, Sérgio, de sua parte, não pretende reproduzir a ambivalência do mestre renascentista: opta pela pintura.

O posfácio a *O canteiro e o desenho* reabre o debate a partir dos próprios pintores. A título de exemplo, faz uma lista de artistas renascentistas que teriam pretendido desenhar um mundo reconciliado e ordenado, ao contrário de Michelangelo, para quem o mundo aparece como cindido e cheio de conflitos. Assim, por exemplo, Palladio produz, por simetria, "o fantasma do todo"; Rafael ordena a tela através do ponto de fuga; Correggio "tapeia", "tampa com nuvens e espalha anjinhos"; Bramante faz as linhas de força se cruzarem na hóstia; Bernini põe no eixo "o dedo do Papa"; Sansovino costura toda a Praça São Marcos. Michelangelo, entretanto, revela as cisões, como, por exemplo, na *Pietà Rondanini*, em que o Cristo e a Mãe compõem um só corpo, "mas sobra, pendente, o braço cortado do primeiro"; na Biblioteca de Florença, "cava valas para colunas que nada sustentam"; na Capela Sistina, reconta a "Bíblia ao contrário" e, no meio dela, põe "Jonas, o que foi comido pela baleia, o que voltou ao ventre, em postura que avança na *curvatura inversa da abóbada*, olhar horrorizado posto na *Separação*". Esta, a última frase do livro, é a única a fazer referência, mesmo que indireta, às abóbadas da Arquitetura Nova. Com a ironia da "curvatura inversa" e do "olhar horrorizado posto na Separação" (entre o canteiro e o desenho), Sérgio indica o seu caminho coerente mas "inverso" ao da arquitetura, através da crítica e da pintura.

Num livro cujo título já expressa a contradição explorada pelo pintor, *Futuro-anterior*, Sérgio explica o porquê de seu retorno a Michelangelo: o "novo não pode ser programado", o fazer

Crítica, utopia e assalariamento   145

outro deve nascer de variações sobre o velho — "des-fazer o que não se quis fazer, recusar e localizar bem o que não se quer mais, tentar conservar o que talvez poderá servir".[170] Para Sérgio, uma tal pintura teria "algum parentesco com a 'negação determinada'", ou seja, com a dialética. Assim, Michelangelo lhe interessa não só por encarnar o tipo puro do "artista genial", mas, sobretudo, por se situar no século XVI, no começo do capitalismo, no limite entre o mundo renascentista e o moderno (o clássico e o barroco). Por sua vez, o resultado nas telas de Sérgio "raspa o maneirismo", para utilizar uma expressão sua.

A "negação-variação" que pretende realizar sobre a obra do artista consiste em deixar aparecer as *marcas do fazer*: "Michelangelo sempre escondeu a preparação de suas obras (já que o gênio deve ser iluminado); queimou quase todos os estudos. Para nós, ao contrário, trata-se de sublinhar o encaminhar da obra e utilizar o *non-finito*, não como símbolo da transcendência da ideia, mas como índice do fazer". Para tanto, Sérgio, possivelmente ainda preservando a memória do artista *pop antipop* da década de 60, trabalha com colagens, tanto de materiais — pedaços de cordas, pregos, madeiras e até uma planta de arquitetura — como de citações. Faz com os torsos de Michelangelo, por exemplo, uma composição que combina referências de outras épocas, às vezes misturando temas atuais, inclusive o malandro brasileiro, numa fórmula claramente pós-moderna (classificação com a qual o pintor não simpatiza). Talvez, ao fazer suas composições-colagens, esteja antes de tudo pensando em Walter Benjamin, segundo o qual "as alegorias são no reino dos pensamentos [ou da arte] o que são as ruínas no reino das coisas". Embora se referisse ao drama barroco, Walter Benjamin tinha em mente a arte de seu tempo, onde

---

[170] "Por que variações em torno de Michelangelo?", em *Futuro-anterior* (livro-catálogo da exposição realizada no MASP). São Paulo: Nobel, 1989. O texto foi originalmente publicado em *Michelangelo: notas por Sérgio Ferro*. São Paulo: Palavra e Imagem, 1981.

a alegoria aparece como "uma forma de encarar de frente a crise mascarada pelo otimismo burguês do progresso".[171]

Sérgio retoma, pelo avesso, sua crítica à alienação do trabalho no canteiro de obras e para isso, em cada quadro, expõe didaticamente as etapas de execução, o seu percurso, do papel em branco à pintura acabada. Deixa à vista o "canteiro" da obra, suas idas e vindas, dúvidas e progressos. Indica, assim, como poderiam ser todos os outros trabalhos se também fossem livres, como no ideal de William Morris, quando tudo viraria arte. Entretanto, no mundo capitalista, "o trabalho livre é cada vez mais raro e, com isso, a arte tornou-se um tesouro excepcional: não apenas uma mercadoria, mas a mercadoria mais cara. Enquanto todos os trabalhos não forem livres, a arte apenas será o sinal trágico do que não pode ser universalizado. Mesmo assim, ela precisa ser preservada, custe o que custar, pois é o único lugar onde ainda irrompe a liberdade humana", afirma Sérgio Ferro.

Mais recentemente, no ano de 1999, Sérgio realiza uma série de desenhos para o MST (Movimento dos Trabalhadores Rurais Sem-Terra), reproduzida na agenda e calendário do movimento para o ano de 2001 e que passará a estar exposta permanentemente na Escola Nacional Florestan Fernandes do MST. O desafio é grande — retratar o principal movimento social do país para além de um simples testemunho — e tem motivado poucos mas importantes artistas brasileiros, como o fotógrafo Sebastião Salgado.

Tal incumbência introduziu uma tensão nova na pintura de Sérgio, em geral voltada para as questões universais da própria arte. Desenhando para o MST, Sérgio teve que dar forma plástica à luta do movimento sem-terra, expressá-la com clareza e em sua singularidade épica. Penetra, assim, no imaginário do movimento: uma multidão de chapéus, bandeiras ao vento, foices, mãos

---

[171] Comentário de Ismail Xavier sobre Walter Benjamin, em *Alegoria, modernidade, nacionalismo*. Rio de Janeiro: Funarte, 1985.

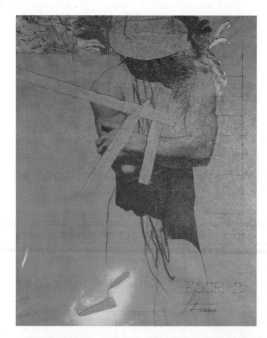

Sérgio Ferro, "Escravo II", s.d.

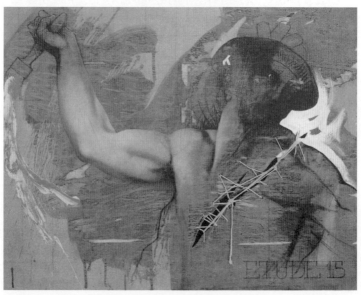

Sérgio Ferro, "Estudo nº 15", 1988.

Sérgio Ferro,
mural, s.d. (acima),
Grenoble.

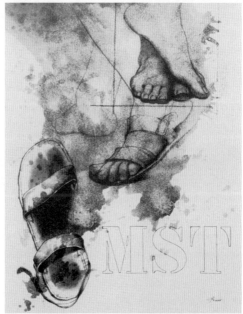

Sérgio Ferro,
estudo para agenda
e calendário do
MST, 2000.

que trabalham, amparam e se erguem, pés livres em marcha com suas frágeis sandálias, a cerca do latifúndio a ser rompida. As manchas de cor, mais imprecisas e violentas do que as anteriores, criam a espessura épica e mítica do tempo de enfrentamento.

Os corpos retratados por Sérgio modificam-se claramente. Se os compararmos, por exemplo, com a série dos "Escravos" (1989), é possível notar uma diferença no tratamento: nos desenhos para os sem-terra, ao mesmo tempo em que são representados personagens libertos ao invés de reprimidos, a representação do corpo não é mais idealizada como um modelo (de escravo) grego: surgem faces humanas marcadas, ásperas, sofridas, tipos de feições populares, a negra, mãos grossas, dedos curtos, pés robustos. O chapéu, os pássaros e a mão atada (agora se libertando) do mural em homenagem aos companheiros assassinados pelo regime militar reaparecem com força.

Mas a retórica do artista continua a mesma. Não há, para Sérgio, uma retomada da pintura política dos anos 60, pois ainda "conta mais que tudo a seriedade artesanal, a qualidade do ofício, a acumulação crítica do material — tudo o que subentende o conceito de trabalho livre".[172] A apropriação simbólica do imaginário do movimento não alterou sua concepção do fazer, ao contrário, reforçou-a, estabelecendo novas identidades. Segundo ele, seria na aproximação do trabalho livre do artista com a libertação dos trabalhadores que residiria o estímulo recíproco e a afinidade na luta pela transformação social.

O percurso profissional de Rodrigo Lefèvre foi, de certo ponto, oposto ao do Sérgio Ferro-artista. Quando sai da cadeia, em 1971, ele é contratado por uma grande empresa de projetos, a Hidroservice, de propriedade do milionário Henri Maksoud, que tinha como um de seus propósitos "reintegrar" socialmente presos políticos — uma vez que, sendo profissionais competentes,

---

[172] Depoimento ao autor, *op. cit.*

deveriam participar do esforço de modernização do país.[173] A novidade era que, saindo da prisão, Rodrigo deixava a condição de profissional liberal para ser arquiteto-assalariado, retrato do crescente processo de proletarização da profissão: o arquiteto passava também a vítima da alienação do trabalho.[174]

Nos anos 70, as grandes empresas de arquitetura e de planejamento eram um fenômeno novo, decorrente das necessidades de projeto instauradas pelas grandes obras públicas do regime militar: portos, estradas, barragens, usinas, pontes, aeroportos, hospitais, edifícios administrativos, conjuntos habitacionais, planos diretores, novas cidades etc. O "escritório-ateliê" de arquitetura do profissional liberal, que ainda era uma forma artesanal de produção de projetos, ficava, nessas condições, ultrapassado. As grandes empresas, ao contrário, estabeleciam uma nova racionalidade: compostas por centenas de profissionais, equipes multidisciplinares, elas otimizavam os processos de trabalho e davam uma resposta mais eficaz às novas demandas públicas.

Por estarem diretamente vinculadas à modernização conduzida pelo Estado, essas empresas terão, entretanto, vida curta: nascem e morrem com as grandes obras da década de 1970. A partir da crise dos anos 80 e especialmente dos 90, as demandas públicas começam a ser respondidas por formas mais flexíveis de produção, pulverizadas e terceirizadas em várias empresas menores, articuladas por gerenciadoras de projeto.

Na Hidroservice, onde trabalha de 1972 até sua morte em 1984, Rodrigo Lefèvre estará numa posição importante, coordenando diversos projetos:[175] o Edifício Sede do DNER em Brasília (1973), o Instituto dos Ambulatórios do Hospital das Clíni-

---

[173] Depoimento de Félix Araújo ao autor.

[174] Jorge Oseki, "Arquitetura (pós-)moderna em São Paulo ou por onde começar", revista *Sinopses*, nº 2, 1982.

[175] Segundo dados de Ana Paula Koury, *op. cit.*, "Lista de projetos e obras".

cas em São Paulo (1975), a Cozinha Industrial da Cosipa em Cubatão (1977), a Fábrica de Combustíveis da Nuclebrás (1978), o Terminal Rodoviário Tietê em São Paulo (1979), projetos na Nigéria (1980-1), a ampliação da Alcan em Taubaté (1982), e um projeto de ampliação do serviço de saúde na Guiné-Bissau, para onde vai em 1983.

Questionado por diversos colegas que ainda defendiam a prática profissional do arquiteto-artista, como se esta fosse mais livre do que a do arquiteto-assalariado, Rodrigo decide, em 1981, escrever um texto para a revista *Módulo*, no qual avalia "o problema do trabalho assalariado numa grande empresa de projetos".[176] Nele, refuta diversos argumentos de que o assalariamento representaria o fim da independência e da criatividade do arquiteto, e diz que a grande empresa lhe dá a oportunidade única de "trabalhar em equipe", com profissionais de diversas áreas colaborando para um mesmo projeto. Um processo de "criação coletiva" que é o oposto da criação genial e impenetrável do grande arquiteto e do artista. Para Rodrigo, a "proletarização" parece, assim, democratizar a profissão. As ações do arquiteto passam a ser ponderadas e discutidas com todo um grupo de profissionais das equipes multidisciplinares. Mesmo assim, ele permanece como o indivíduo responsável pela "grande 'bolada'" e pela integração das diversas colaborações, pois ainda é o único a ter "uma visão global e universalista".[177]

A grande empresa de projetos permite, para Rodrigo, "o desenvolvimento de uma tecnologia nacional de construção e de um conhecimento nacional sobre a realização de projetos". Isso significa constituir um corpo técnico suficientemente qualificado para responder a todos os problemas complexos colocados pelas demandas do Estado desenvolvimentista. Sem a constituição

---

[176] "O arquiteto assalariado", revista *Módulo*, nº 66, 1981, pp. 68-71.

[177] Entrevista a Renato Maia, em Ana Paula Koury, *op. cit.*, p. 200.

Rodrigo Lefèvre desenhando em sua mesa no escritório da Hidroservice.

Rodrigo Lefèvre e equipe da Hidroservice: Edifício Sede do DNER, Brasília, 1973; Instituto dos Ambulatórios do Hospital das Clínicas, São Paulo, 1975.

desse corpo técnico nas grandes empresas nacionais, lembra Rodrigo, estaríamos fadados a importar e adaptar projetos, fato que se intensifica na década de 1990 com o fechamento dessas empresas.

O entusiasmo de Rodrigo na Hidroservice deve-se também ao fato de voltar a sentir-se, em cada novo projeto, participante do processo de *construção do país*. Rodrigo não estava disposto, mesmo na situação adversa em que se encontrava, a abandonar essa *construção*, como fizeram Sérgio e Flávio. E não se trata de simples idealismo, mas da condição inerente de um arquiteto de esquerda num país subdesenvolvido: incansavelmente pensar em soluções para uma sociedade menos desigual, na qual "os que participam da sua construção" não sejam condenados a uma "conservação e reprodução de sua força de trabalho de uma maneira raquítica".[178]

Ao projetar um edifício como o novo ambulatório do Hospital das Clínicas, Rodrigo tem a oportunidade de pensar no usuário, no "povão". Por isso, sua preocupação não é, como a da empreiteira, apenas com a quantidade de metros cúbicos de terra e concreto que serão movimentados, mas em definir como o prédio pode atender aos usuários da melhor forma possível, como as técnicas empregadas podem permitir a maior durabilidade, como os profissionais que lá trabalham podem ter um espaço corretamente planejado para o desenvolvimento de suas atividades.

A democratização das decisões de projeto, entretanto, permaneceu restrita ao corpo técnico e não tinha como se estender ao canteiro de obras. A execução dessas grandes obras públicas, por sua vez, também modificou-se progressivamente, "com canteiros mais racionalizados, ainda que explorando brutalmente o trabalho".[179] Nos depoimentos de Rodrigo, ele não fala do can-

---

[178] Rodrigo Lefèvre, *Projeto de um acampamento de obra*. Dissertação de Mestrado, FAU-USP, 1981, p. 10.

[179] Jorge Oseki, *op. cit.*, p. 102.

teiro dessas obras, mas certamente deveria preocupar-se com as condições em que seriam realizadas. Em nenhum momento Rodrigo adota formas únicas, como as curvas de Niemeyer. Seus edifícios são sempre racionalizados, com elementos pré-fabricados e, de certo modo, restituem de maneira ampliada uma "poética da economia" e um respeito pelo trabalho.

Em 1983, Rodrigo embarca para a África. Seu objetivo é implantar um moderno sistema de saúde na ex-colônia portuguesa de Guiné-Bissau, mais um projeto sob sua coordenação na Hidroservice e vencedor de uma concorrência internacional. Ele parte como "missionário", disposto a construir naquele pequeno país tudo a partir do zero. No momento em que vai à Guiné, o grau de desenvolvimento ainda é mínimo, o país é basicamente rural e dividido em 3.600 aldeias tradicionais.[180]

Antonio Carlos Sant'Anna lembra que, em sua partida, Rodrigo estava "entusiasmado, cheio de expectativas, pleno de paixão" diante de "um novo país a construir".[181] Mas, "ao retornar de sua 1ª viagem exploratória à Guiné-Bissau, já no 2º semestre de 1983, Rodrigo, professor sempre, fazendo de sua própria experiência objeto de estudo, quis fazer com os alunos uma 'análise crítica' da 'pré-concepção' apresentada anteriormente". Sant'Anna conta que "o tom, dessa vez, era diferente. Havia um certo desalento que o seu infinito entusiasmo tentava encobrir — havia uma evidente redução de expectativas". Ter encontrado um país em condições absolutamente desfavoráveis, com a marca imprimida por cinco séculos de colonização, sem nenhum benefício trazido

---

[180] Guiné-Bissau foi uma das colônias portuguesas que, como Angola e Moçambique, libertou-se tardiamente, apenas em 1974, ano da Revolução dos Cravos em Portugal, depois de 14 anos de luta por independência. Durante os quatro séculos de escravidão no Brasil, Guiné foi uma importante base portuguesa de tráfico de escravos.

[181] "Desenho... ou sobre Rodrigo Lefèvre", revista *Arquitetura e Urbanismo*, nº 18, 1988, pp. 88-93.

Crítica, utopia e assalariamento

155

pela modernidade, era um difícil obstáculo a ser superado na implantação do programa hospitalar. Rodrigo volta à Guiné, retorna mais uma vez ao Brasil — "estava feliz, reuniu os amigos, se despediu e partiu" — e, de volta à África, morre num acidente de carro em junho de 1984.

FLÁVIO NOS ANOS 70

Enquanto Rodrigo e Sérgio seguiram nos anos 70 caminhos distintos mas com alguns contatos, a separação de Flávio foi completa. Como diz Fauzi Arap, com quem trabalhou nos anos seguintes, em 1970 Flávio deu uma "virada de 180 graus". Flávio não participara da luta armada como os dois companheiros, que são presos pelo regime no fim daquele ano. "Eu pensei que tinha ficado só", escreve Flávio num quadro de 1970 dedicado a Lina Bo Bardi e pintado num caixote de madeira, no qual aparece sob um céu negro uma triste figura amordaçada derramando sangue.

Flávio não aceita a confrontação suicida com a ditadura e escapa pelas suas brechas, recolhido no ateliê de pintor onde ainda há restos de liberdade. Em 1970, numa serigrafia sobre tecido, que muitos exilados levaram como lembrança para fora do Brasil, Flávio desenha um "Homem nu" flutuando sobre mares revoltos, dragões e serpentes, ao lado da inscrição "Tens a vontade e ela é livre". Mas onde estará a liberdade?

A "virada de 180 graus" em 1970 consuma-se com as atividades que realiza com o grupo norte-americano do Living Theatre, que vem ao Brasil a convite do Oficina. O Living era um grupo bastante irreverente — Fauzi Arap conta que "o comportamento deles, desde a forma de se vestir até a forma de convivência, não obedecia a padrões comuns" — e pretendia combinar experimentação teatral, vida comunitária e libertação criativa através de drogas, o que lhes rendeu uma ordem de prisão da polícia brasileira. A experiência do grupo, criando um mundo próprio que não compactua com o real, parecia uma resposta possível à sobrevivência em meio ao terror da ditadura brasileira. Fauzi brinca que o contato foi tão forte que "durante o período que o Living esteve aqui Flávio teve uma série de experiências paranormais [...] Onde ia parar o Flávio racional, respeitadíssimo?".[182]

O próprio Flávio conta como foi sua virada em 70: "Mergulhei fundo numa metafísica individual, meti a cara em vários terreiros, me coloquei muito tempo pai de santo, a ioga procurando acompanhar os meus mortos sumidos e consumidos com as guerras do mundo. Encontrei meu transe transido de pavor. E vi, juro que vi, embora tenha esquecido, coisas tão estranhas que ao voltar para o lado de cá, estranhei muito o meu mundo, que nunca tinha encarado bem de frente".[183]

Emergindo do transe, Flávio dedica-se intensamente às artes plásticas, pintura, desenho, serigrafia, em seu ateliê-refúgio na rua Monsenhor Passalacqua — "às vezes é papel, às vezes é pano, às vezes é madeira, às vezes é serigrafia, às vezes é desenho com a mão, às vezes pintura com recorte, às vezes é pintura com pincel".[184] Uma explosão de cores e imagens alegóricas, representando as esperanças de transformação: nas crianças ("Menino com o mundinho"), nos jovens músicos ("Doces Bárbaros"), nos negros ("Das Dores"), nos índios, na natureza exuberante (a sequência de ramas de palmeira, bananeiras e mangarás) etc.

Como no Tropicalismo, sua expressão alegórica da contradição entre o atraso e o moderno, o nacional e o estrangeiro, esbarra nos limites do *kitsch*. Diferentemente de Sérgio Ferro, onde a aparência *kitsch* é resultado da citação academicista, em Flávio ela é própria da plasticidade brasileira, que combina elemen-

---

[182] "Depoimento de Fauzi Arap", Sociedade Cultural Flávio Império, São Paulo, mimeo.

[183] "Depoimentos — Flávio Império", em *Flávio Império, op. cit.*, p. 47.

[184] Depoimento no vídeo de Cao Hamburger, *Flávio Império em tempo* (1997).

tos populares com a estética da indústria cultural, como na alusão de Flávio ao programa do Chacrinha (utilizado como exemplo em suas aulas). A partir da inflexão de 1970, o contato com o movimento tropicalista ocorre quando Flávio passa a realizar as cenografias para os shows dos baianos Gil, Caetano, Gal e especialmente Bethânia, com a qual realiza sete espetáculos e mantém, desde *Rosa dos Ventos* (1971), uma relação artística (e espiritual) intensa.

Flávio também começa a explorar as possibilidades da linguagem cinematográfica. Faz o roteiro do filme *Os Deuses e os Mortos* (1970) com Paulo José e Ruy Guerra; os cenários para os filmes *O Profeta da Fome* (1970), de Maurice Capovilla, e *A Porta do Céu* (1972), de Djalma Limongi Batista. A partir de 1975, com uma câmara super-8, realiza sozinho dois documentários. *Colhe, Carda, Fia, Urde, Tece* trata das tecelãs da região de Uberlândia e pretende registrar, antes que desapareça, uma "cultura popular em extinção". A câmara atenta de Flávio capta com reverência os gestos de pés, braços, mãos e dedos encantados das artesãs tecedeiras. No outro documentário, *A Pequena Ilha da Sicília*, sobre o Bexiga (bairro popular paulistano de negros e imigrantes italianos onde morava Flávio), examina o violento processo de urbanização de São Paulo, retratando cada casa e cada artesão do bairro para em seguida mostrar a sucessão de demolições e a irrupção de enormes torres de apartamentos e vias expressas — novamente um processo de extinção da cultura popular.

Sem ter se afastado da FAU nos anos mais violentos, Flávio permanece como professor até 1977. Suas aulas de "Pê Vê" — como dizia, "*pe*lo amor de Deus, *ve*ja!" — eram mais que simples aulas de desenho ("não sou um homem da prancheta, sou da prática"), eram aulas de experimentação sensorial e libertação da criatividade. Provavelmente inspirado nas oficinas do Living Theatre, mas colocando todos os problemas da expressividade brasileira em cena, Flávio propunha uma piração com método. Em 1977 ele solicita uma sala-laboratório para a direção da Faculdade; esta lhe nega e sugere que peça demissão.

Rompido o último laço que o amarrava ao pré-1970, Flávio embarca numa longa viagem de descoberta, e encontro, pelo Norte e Nordeste do Brasil.

Em carta à sua irmã, escrita de Natal, Flávio exclama: "Ave! Que achei o que buscava no Brasil".[185] Mais do que na liberdade da pintura ou das "comunidades alternativas", a sobrevivência ao terror estava lá, na simplicidade dos povoados sertanejos ou de pescadores e jangadeiros, nas habilidades e práticas tradicionais que resistiam à "civilização ocidental" e à ditadura. "Se sobrar alguma coisa desse rolo todo de fim de civilização autoritária, há de ser o que o povo como esse aqui conseguiu preservar, o conhecimento da natureza, o trabalho inteligente de sobrevivência junto a ela."[186]

A felicidade de Flávio é imensa. Ele reconhece a semelhança entre seu método de trabalho e o saber popular, no qual "existe, viva, uma inteligência prática que transforma a desgraça social numa forma viável de vida". O nordestino, escreve, "sabe trabalhar supereconomicamente o que pode dispor. E canta e dança e curte muito [...] Me identifiquei demais com esse tipo de inteligência prática. No teatro que fiz a gente aprendeu também a tirar leite de pedra e essa prática não é subdesenvolvimento, é um tipo de cultura pobre do ponto de vista do colonizador, mas muito rica do ponto de vista da realidade do mundo".[187]

Filmando a viagem em super-8, Flávio capta imagens das casas populares de sapé e pau a pique: "O leigo, o caboclo, o índio sabem melhor que o doutor em arquitetura como se abrigar". Está ali, de pé, com aquela beleza precária, instável, própria do Brasil, mas está lá, cuidadosamente construída. E faz um longo

---

[185] Carta a Amélia, 25/1/1978, Sociedade Cultural Flávio Império, São Paulo.

[186] *Idem.*

[187] *Idem.*

Crítica, utopia e assalariamento

poema em homenagem aos construtores anônimos,[188] cuja última estrofe é: "João de Barro ou da Silva,/ faz sua casa com a mão./ Ninguém diz que é arquiteto;/ é João".

Sua principal experiência artística no período em que esteve no Nordeste foram as serigrafias em "carne-seca". A carne-seca é um tecido vendido nos mercados como "pano manchado", refugo utilizado para limpar as máquinas de estamparia. A carne-seca, conta Flávio, comprada nos tabuleiros a baixo preço, é escolhida pelos que menos têm: "A carne-seca veste a miséria que se veste". Com esse material e impressões serigráficas, Flávio produziu uma série de bandeiras, "re-versões, re-invenções, re-lembranças" do carnaval e das festas populares quando delas os artistas participavam.[189]

De volta a São Paulo, Flávio passa a dar aulas na Faculdade de Belas-Artes e é chamado para executar a cenografia de uma peça, *A Patética* (1980). Ele hesita mas aceita o convite, embora a contragosto, pois o diretor Celso Nunes insiste no realismo e numa cenografia dominada pelo preto e branco, à qual Flávio se opõe. A solução inusitada é a divisão do cenário em dois andares: no andar de cima se passam as cenas realistas em preto e branco, a tortura e as projeções da morte do jornalista Vladimir Herzog; no andar de baixo, numa profusão de cores, Flávio monta um circo, mundo imaginário que nega o andar superior do terror. "Ficamos plenamente satisfeitos, eu com o meu circo e ele com o teatro dramático."[190]

---

[188] Sociedade Cultural Flávio Império, São Paulo, s.d., mimeo.

[189] "Escritos" em *Flávio Império, op. cit.*, pp. 258-9. Vale notar a semelhança (não só formal) dos panos de Flávio, resíduos construtivos de um outro país por se fazer, com a "trópicália" e os "parangolés" de Hélio Oiticica.

[190] "Depoimentos — Flávio Império", em *Flávio Império, op. cit.*, pp. 60-9.

Flávio Império em seu ateliê da rua Monsenhor Passalacqua, São Paulo.

Flávio conta que ficava muito incomodado com as cenas de tortura: "Não gosto de usar o teatro para fazer esse tipo de coisa. São coisas feitas em outros lugares e eu acho que não vale a pena evocar. Já é demais que existam". As cores, a natureza, a vida, estas sim devem ser sempre lembradas, por isso um circo, reino da liberdade imaginada. O "teatro teatral" de Flávio adquire nesse período um sentido novo, diferente do que possuía nos anos 60: pretende estimular em cada um a capacidade de ainda sonhar (e ter utopias), antes que a repressão acabe com tudo. Por isso, diz Flávio, naqueles anos de chumbo, "que se durma acordado no teatro é melhor do que chamar tanta atenção para a vida".[191]

A melhor imagem plástica do sonho, segundo Flávio, é o arco-íris, "que não é absolutamente nada, é a decomposição da luz branca. O arco-íris nunca aparece na verdade, a não ser quando pintado com tinta".[192]

Flávio morre em São Paulo no dia 7 de setembro de 1985.

[191] *Idem*, p. 68.

[192] *Idem*, p. 69.

6.
O FIO DA MEADA

A história da Arquitetura Nova não tem um final preciso, mas talvez possamos afirmar que ela se encerra no fim da década de 1970 com o livro de Sérgio — *O canteiro e o desenho* — e a tese de Rodrigo — *Projeto de um acampamento de obra: uma Utopia*. Nesses trabalhos teóricos, ambos foram capazes de levar a crítica ao limite e reconhecer os impasses e contradições que exigiriam, para sua superação, uma situação histórica nova. E, apesar de apontarem para a transformação possível, esta não estará mais em suas mãos, e sim nas das gerações seguintes.

Uma vez que a Arquitetura Nova não teve como objetivo constituir uma corrente ou "escola" de arquitetura, como a chamada Escola Paulista, e não possui discípulos, investigar qual a sua continuidade não é uma tarefa simples. A minha hipótese, já brevemente referida, é que as questões pertinentes à Arquitetura Nova tiveram certo desenvolvimento na experiência dos mutirões autogeridos a partir dos anos 80. Não são resquícios da Arquitetura Nova enquanto tal que encontraremos nos mutirões, mas a continuidade de sua problemática — mesmo porque os arquitetos que deles participam não se consideram propriamente seguidores de Sérgio, Flávio e Rodrigo.

Naquele final da década de 1970, o quadro de uma "sociedade em transição" começava a ficar mais evidente e abria perspectivas para a superação dos impasses colocados pelos três arquitetos. Tratava-se de uma dupla transição: para uma sociedade democrática e para uma sociedade eminentemente urbana. A confluência entre o crescimento vertiginoso das cidades e a luta pela democratização produzirá novos atores sociais: os movimentos urbanos, o novo sindicalismo e o Partido dos Trabalhadores, sujeitos que poderiam conduzir essa transição a caminhos mais radicais.

Novos personagens entram em cena

Em 1964, o contato que mal se iniciara entre intelectuais e povo fora cortado. No caso da arquitetura, como se viu, nem chegara a existir de fato, mas a intenção de que viesse a acontecer motivara as pesquisas de Flávio, Sérgio e Rodrigo. A surpresa foi que, após o golpe, a habitação de interesse social tornou-se uma das bandeiras do regime. Enquanto os três arquitetos imaginavam uma solução para o problema da moradia correndo por fora, o Estado montava o BNH e estabelecia uma intervenção habitacional em escala inédita. Dela, como se viu, participou Artigas, com diversos conjuntos projetados para o CECAP.

O que antes do golpe parecia ser uma investigação progressista, tendo em vista a quase ausência de iniciativas públicas, ganha outro sentido. Em carta a Castello Branco, Sandra Cavalcanti, futura presidente do BNH, revela quais as intenções que movem o Estado: "Achamos que a revolução vai necessitar agir vigorosamente junto às massas. Elas estão órfãs e magoadas, de modo que vamos ter que nos esforçar para devolver a elas uma certa alegria. Penso que a solução do problema da moradia, pelo menos nos grandes centros, atuará de forma amenizadora e balsâmica sobre suas feridas cívicas".[193]

Apesar da construção em massa de 4 milhões de unidades durante os vinte anos de sua existência, o BNH destinou apenas 18% dos recursos às famílias que ganhavam menos de cinco salá-

---

[193] Citada em Ermínia Maricato, *Habitação e cidade*. São Paulo: Atual Editora, 1997, p. 49.

rios mínimos e que representavam três quartos da população.[194] Como se sabe, o dinheiro do Banco vinha do Fundo de Garantia dos Trabalhadores e foi pensado como uma poupança que retornaria a eles em forma de habitação, sem que o governo tivesse que despender recursos públicos. Entretanto, nem isso chegou a acontecer, uma vez que não foram os trabalhadores os grandes beneficiários do programa, mas a classe média e as empreiteiras, ambas importantes apoiadoras do regime.

A grande maioria dos trabalhadores continuou resolvendo o problema da falta de moradia através da autoconstrução em loteamentos clandestinos na periferia, modelo que se configurou desde a Lei do Inquilinato de Getúlio Vargas.[195] Essa "solução", contudo, foi se esgotando ao longo da década de 70, na medida em que as terras escasseavam e encareciam e o Estado instituía a Lei Lehman contra loteamentos clandestinos. O acesso à terra, que funcionara até então como um mercado informal, passa a ser feito cada vez mais através de invasões de áreas públicas e de preservação ambiental, com a formação de favelas. No início dos anos 80, a crise do BNH e do SFH (Sistema Financeiro de Habitação) esgota, por sua vez, o que ainda existia de alternativa pública de provisão de habitações.

Ao mesmo tempo, durante a ditadura vão surgindo novas formas de ação popular, especialmente o que se convencionou chamar de "movimentos sociais urbanos".[196] Segundo a interpretação de Vinícius Caldeira Brant, o regime, ao bloquear os canais

---

[194] Dados em Gabriel Bolaffi, "Os mitos sobre o problema da habitação", revista *Espaço & Debates*, nº 17, 1986.

[195] Nabil Bonduki, *Origens da habitação no Brasil, op. cit.*

[196] Cf. Eder Sader, *Quando novos personagens entram em cena* (São Paulo: Paz e Terra, 1988) e Paul Singer e Vinícius Caldeira Brant, *São Paulo: o povo em movimento* (Petrópolis: Vozes, 1980). Os próprios movimentos preferem autodenominar-se "populares" e não "sociais", que é a terminologia acadêmica.

institucionais de representação popular através de uma brutal repressão aos sindicatos, acabou estimulando involuntariamente formas de união fora do espaço de trabalho, nos bairros e vizinhanças da periferia. Com o apoio das Comunidades Eclesiais de Base da Igreja Católica, a população começa a reivindicar saneamento básico, educação, saúde, habitação, enfim, a resolução de problemas que afetam seu dia a dia. O *espaço do cotidiano* torna-se então um novo lugar para a política e, não por acaso, as mulheres terão aí participação fundamental.

Pode-se dizer que, da mesma forma que o governo desloca o enfrentamento entre classes para fora da questão salarial através da repressão a sindicatos e da promessa da casa própria, os movimentos sociais, numa ação paralela mas de certa forma oposta, deslocam a discussão para o âmbito dos *direitos da cidadania* e das *políticas públicas*. Os trabalhadores urbanos, de forma mais ou menos organizada, percebem que num país de capitalismo baseado em baixos salários é importante ampliar o embate político para além da relação salarial, sem, é claro, abandoná-la, como se viu com o surgimento do novo sindicalismo no ABC.

O distanciamento entre trabalhadores e Estado, como não poderia deixar de ser, é crescente, produzindo uma desidentificação oposta à simbiose do populismo. Um governo militar que chegou à repressão sistemática como política de Estado não tinha mais para a classe trabalhadora as mesmas ambiguidades do pacto social anterior e, por isso, ela procurará libertar-se da sua tutela. Como explica Eder Sader, haverá um "questionamento do Estado como lugar e instrumento privilegiado das mudanças sociais".[197]

Entretanto, o estabelecimento dessa autonomia esbarra em diversas dificuldades. As novas reivindicações muitas vezes permanecem restritas a demandas específicas e momentâneas e acabam capturadas pela política tradicional da troca de favores, im-

---

[197] Eder Sader, *op. cit.*, p. 33.

pedindo sua expansão como luta pela universalização dos direitos. A inexistência de uma cultura democrática no país dificulta a organização popular autônoma e representativa, favorecendo as práticas clientelistas e religiosas. E isso ocorre inclusive no campo da esquerda.

Nessa tensão entre a luta por direitos sociais e as reivindicações isoladas, entre a transformação do Estado e sua assimilação pela política tradicional, os movimentos sociais oscilam entre ruptura ou submissão à ordem, daí seu duplo caráter e sua ambiguidade diante da transformação social.

A combinação de "povo organizado",[198] por um lado, e esgotamento do BNH e do modelo de autoprovisão de habitação, por outro, acaba dando origem a diversos focos de "movimentos de moradia" ou "sem-teto". O Estado, desde Getúlio e especialmente após 1964, criou o "mito da casa própria", promessa que agora era cobrada em ocupações de terra e manifestações. Para isso colaborava a crise que o país vivia desde o fim do "milagre" e se acentuava no início da década de 80, devido à dívida externa acumulada e às mudanças no capitalismo mundial.

De junho de 1981 a maio de 1984 ocorreram 61 ocupações de terra na cidade de São Paulo, envolvendo 10 mil famílias, a mais importante delas na fazenda Itupu.[199] As ocupações principiaram de forma precária, com pessoas querendo repartir lotes e já mon-

---

[198] Não há uma definição de classe social precisa para os movimentos urbanos, mesmo porque seu caráter é distinto das organizações originárias do mundo do trabalho. Os movimentos congregam diferentes grupos sociais — trabalhadores sindicalizados, donas de casa, desempregados, estudantes etc. — e, em sociedades cujas estruturas de classe ainda são incipientes, a expressão "povo" parece ser a mais adequada para definir seus integrantes.

[199] Cf. Nabil Bonduki, *Construindo territórios da utopia*. Dissertação de Mestrado, FAU-USP, 1986.

O fio da meada

tar barracos, mas as lideranças, apoiadas pelas pastorais, conferiram o caráter de atos políticos. De lá para cá as ocupações foram sendo cada vez mais planejadas, com crachás de identificação, barracões e cozinhas coletivas. Prédios públicos e Secretarias chegaram a ser alvo das investidas e, mais recentemente, diversos edifícios vazios no centro de São Paulo foram ocupados pelos movimentos de cortiços.

A tática da ocupação é baseada na ideia de publicização da luta popular. Rompe-se a cerca da repressão e da propriedade privada como manifestação de que as desigualdades seculares da sociedade brasileira não foram resolvidas e sequer enfrentadas. E não se arreda pé de uma determinada ocupação enquanto não for negociada uma solução para aquelas famílias, em geral dentro de uma política pública. O Estado, entretanto, muitas vezes obstrui as negociações e faz uso da violência para retirar, em nome da lei e pela polícia, os manifestantes do local.

Nesse processo de luta e ocupações, os movimentos de moradia trouxeram a público o problema da reforma urbana e da falta de habitação adequada para todos. Se até então os trabalhadores resolviam a questão da habitação na clandestinidade e no anonimato, construindo na periferia com poupança e trabalho próprios, as ocupações, passeatas e manifestações, noticiadas nos jornais e televisões, rompiam o "círculo de ferro" que isolava a classe trabalhadora: sua reprodução social precisava ser debatida publicamente e não podia mais ser escondida.

Os movimentos de moradia atuam, assim, por meio do confronto, inclusive produzido espetacularmente, mas com o pressuposto da possibilidade de negociação. É preciso pois produzir um enfrentamento e, ao mesmo tempo, entrar em "acordo", daí a sua dubiedade: fazer oposição porque quer integração. Sua radicalidade, por isso mesmo, numa situação de desigualdade extrema como a brasileira, não consiste na crítica à propriedade privada em si mas na exigência de sua universalização como "direito de todos". Numa sociedade de senhores e escravos, isso é uma revolução.

Movimento de moradia, São Paulo: acima, ocupação de terras no início dos anos 1980; abaixo, ato no centro da cidade, 2000.

As primeiras experiências de produção de casas pelos movimentos de moradia ocorreram no início da década de 80. Não por acaso foi adotada a forma mais tradicional de cooperação popular: o mutirão.[200] A novidade era realizá-lo não mais como forma de autoprovisão com economia própria, mas com terra e financiamento estatais, reivindicando uma parcela do fundo público e a universalização do direito à moradia. Ao ser politizado pelo movimento social, assessorado por arquitetos independentes e realizado com recursos públicos, o mutirão irá superar sua condição de forma arcaica de cooperação, como se verá. Nesse contexto de questionamento das políticas públicas, o atraso passava a estar representado, paradoxalmente, pelos grandes conjuntos "modernistas" construídos pelas empreiteiras, verdadeiros elefantes brancos nas periferias da cidade. Evitando a intermediação de uma construtora capitalista, que impõe sua forma de organização e expropriação do trabalho, o mutirão organizado pelos movimentos vai permitir o controle das decisões e a administração dos recursos pelos próprios construtores e futuros moradores. De outro lado, a participação dos novos arquitetos será fundamental: porque substitui os técnicos do governo e das construtoras, questiona seu "discurso competente",[201] e estabelece uma outra prática e uma base técnica inovadora que sustentam o poder de organização do movimento.

As ambiguidades e contradições que cercam o mutirão, entretanto, não são pequenas. Com a crise da modernização latino-americana no final dos anos 70, o mutirão e a autoconstrução passaram a ser "práticas recomendadas" pelo Banco Mundial e por outras agências internacionais como a Habitat-ONU e o BID

---

[200] Uma imprescindível descrição do mutirão rural e suas formas de solidariedade é feita por Antonio Candido em *Os parceiros do Rio Bonito* (1964). São Paulo: Duas Cidades/Editora 34, 2001, 9ª ed.

[201] Cf. Marilena Chaui, "O discurso competente", em *Cultura e democracia*. São Paulo: Moderna, 1981.

(Banco Interamericano de Desenvolvimento). Estas agências sustentavam que, diante da crise dos Estados latino-americanos, o problema da habitação deveria ser enfrentado com políticas "alternativas" mais baratas e específicas para o Terceiro Mundo. Na virada de 1970 para 80, o Estado brasileiro decidira dar apoio à autoconstrução, institucionalizando-a como política pública. Um exemplo é o programa, de nome revelador, "João-de-Barro", no qual os terrenos eram fornecidos pelo poder público e cada família recebia um empréstimo individual para compra de materiais de construção com os quais se cobriria, como no ninho do pássaro. Essa e outras experiências de autoconstrução institucionalizadas foram, entretanto, muito pequenas se comparadas à produção tradicional de grandes conjuntos habitacionais pelas empreiteiras.[202]

A inusitada convergência entre o mutirão dos movimentos sociais e a institucionalização da autoconstrução pelo Estado é apenas aparente.[203] Uma importante liderança do movimento de moradia de São Paulo, Paulo Conforto, distingue os dois da seguinte maneira: o mutirão do governo continua querendo tutelar o povo, impedir sua autonomia, trocar favor, funcionar dentro da lógica clientelista brasileira, enquanto o mutirão do movimento social pretende criar um espaço popular próprio e por isso é baseado na ideia de "autogestão" e na desidentificação com o Estado.[204]

É só devido a essa possibilidade de autonomia que o mutirão pode ser o lugar da democratização e da conscientização, co-

---

[202] Céline Sachs, "Rumo à institucionalização da autoconstrução: o João-de-Barro", capítulo do livro *São Paulo: políticas públicas e habitação popular*. São Paulo: Edusp, 1999.

[203] Cf., a respeito dessa discussão, Joel Felipe, *Mutirão e autogestão no Jardim São Francisco (1989-1992): movimento de moradia, lugar do arquiteto*. Dissertação de Mestrado, EESC-USP, São Carlos, 1997.

[204] Entrevista a Ana Amélia da Silva na revista *Polis*, nº 20: *Moradia e cidadania: um debate em movimento*, 1994.

mo pensou Rodrigo Lefèvre. Caso contrário, será apenas uma forma barata e atrasada de produção habitacional diante da crise do Estado e da impossibilidade do Terceiro Mundo de reproduzir as alternativas de provisão de moradias dos países centrais e seu Estado de bem-estar social. A autoconstrução institucionalizada, mais do que a superação do modelo anterior de produção, é um sinal de que o Estado na periferia do capitalismo tornou-se incapaz de dar respostas positivas no enfrentamento do déficit habitacional.

No caso dos mutirões geridos pelos movimentos sociais, apesar de um conflito permanente com o Estado, existe um esboço de controle popular sobre todo o processo de produção. É o movimento que, ao fazer ocupações, indica os terrenos; escolhe a "demanda" de cada projeto em função de critérios claramente estabelecidos, impedindo a prática fisiológica; decide como serão as casas e a organização do trabalho no canteiro; contrata trabalhadores; escolhe fornecedores; forma comissões de compra; escala coordenadores; faz assembleias; aprende a negociar com o governo e empresas. Um processo único de organização política e produtiva nas periferias de São Paulo e, ao mesmo tempo, uma modernização das "comunidades" originais. Isso não quer dizer que seja imune às contradições da formação social brasileira e, por isso, é grande o risco de sucumbir a formas tradicionais de autoritarismo e clientelismo.

Para distinguir o mutirão a que me refiro dos mutirões oficiais e tutelados, utilizarei a designação "mutirão autogerido". As primeiras experiências desse tipo ocorrem em São Paulo na primeira metade da década de 80, consolidando-se como alternativa de política pública apenas na administração municipal do Partido dos Trabalhadores de 1989 a 1992.[205] Defini-los como "auto-

---

[205] Especificamente sobre os mutirões do Funaps-Comunitário, o programa petista, ver Reginaldo Ronconi, *Habitações construídas com o gerenciamento dos usuários, com organização da força de trabalho em regime de*

geridos"[206] não significa que neles exista autogestão plena, uma superação da heteronomia, mesmo porque isso é irrealizável dentro do capitalismo. Como veremos, é possível apenas vislumbrar alguns momentos de uma nova organização social e da produção, situações latentes dentro das contradições próprias dos movimentos e das determinações históricas mais amplas.

ARQUITETOS NA CONTRAMÃO

Na segunda metade da década de 70, o clima de terror que dominava a Universidade começa a dar espaço para o surgimento de novas formas de ação política. Depois de centenas de estudantes e professores presos, torturados e alguns assassinados, a luta pela democratização tomava um rumo diverso da luta armada e seu rastro trágico. O período de confrontação suicida com o regime militar parecia ter passado.

Nesse contexto, e graças a alguns estudantes e professores que militavam nas periferias da cidade, ocorre uma injeção críti-

---

mutirão (Dissertação de Mestrado, EESC-USP, São Carlos, 1995); e Nabil Bonduki, *Arquitetura e habitação social em São Paulo: 1989-1992* (São Carlos: EESC-USP, 1993). Os mutirões autogeridos também aconteceram em outros governos, mas sempre na contramão.

[206] Para quem estiver interessado em autogestão, ver Proudhon (cf. Fernando Motta, *Burocracia e autogestão: a proposta de Proudhon*. São Paulo: Brasiliense, 1981) e outros anarquistas como Bakunin e Kropotkin. Experiências autogeridas importantes foram realizadas pelos socialistas utópicos, como Owen, Fourier, Buchez e Blanc. A respeito de autogestão urbana, ver a história da Comuna de Paris contada em Marx, *Guerra civil na França* (várias edições), e citada em Henri Lefebvre, *O direito à cidade* (São Paulo: Documentos, 1969). O tema é atualizado por João Bernardo, em *A economia dos conflitos sociais* (São Paulo: Cortez, 1991), e por Michael Albert e outros, em *Autogestão hoje: teorias e práticas contemporâneas* (São Paulo: Faísca, 2004). Entre os latino-americanos, ver, em especial, os textos de Maurício Tragtenberg e de Raul Zibechi.

O fio da meada

ca na FAU. Grupos novos, como os trotskistas, os católicos ligados às comunidades de base e a Libelu (Liberdade e Luta), da qual um dos principais núcleos encontrava-se na FAU, optavam por ações mais próximas às organizações populares, ao mesmo tempo em que procuraram preservar a integridade física dos seus participantes. A emergência dos movimentos sociais urbanos e do novo sindicalismo abriam uma nova perspectiva para o engajamento dos intelectuais e jovens de classe média; na verdade, a retomada do contato inicial que ocorrera às vésperas do golpe de 1964.

Na Faculdade, diferindo do racha de 1968 — cuja disputa se dava em torno do significado do desenho — e diante da acelerada urbanização brasileira, a questão crucial passava a ser a compreensão do que eram nossas cidades e, especialmente, a "cidade oculta" aos arquitetos e urbanistas: as imensas periferias autoconstruídas. Nesse caso, era preciso tanto entender como ocorria aquela forma de produção do espaço quanto o significado político da nova mobilização popular.[207]

Diversos professores e estudantes procuravam nesse momento desvendar os mecanismos de produção da cidade capitalista. Para isso lia-se de Marx — especialmente o livro três d'O *Capital*, que trata da renda da terra — à sociologia francesa contemporânea (como Lojkine, Topalov, Lipietz, Lefebvre etc.). São temas investigados nesse período: a questão da renda fundiária, o promotor imobiliário, a contradição entre produção e especulação, a provisão habitacional, a formação das periferias e o significado da autoconstrução. Uma amostra do que se estudava na Faculdade nesse momento está no livro *A produção capitalista da casa (e da cidade) no Brasil industrial*, de 1979, organizado por Ermínia

---

[207] Os pioneiros no estudo da periferia e da autoconstrução em São Paulo foram Carlos Lemos e Maria Ruth Sampaio no final dos anos 60. A sua pesquisa, citada por Sérgio Ferro em "A casa popular", entretanto, só foi publicada em 1976, com o título "Evolução formal da casa popular paulistana", Departamento de Publicações da FAU-USP.

Maricato. Neste livro, Rodrigo Lefèvre participa com o texto "Notas sobre o papel dos preços e dos terrenos em negócios imobiliários de apartamentos e escritórios na cidade de São Paulo".

É preciso lembrar que essa produção crítica ocorria num momento do qual faziam parte diversos esforços de interpretação da questão urbana no Brasil e na América Latina. No início dos anos 70, acontecia um importante debate entre diversos intelectuais latino-americanos com o objetivo de constituir uma teoria própria a respeito da urbanização na periferia do capitalismo, tal como a Cepal fizera para os processos de industrialização.[208] O debate girava em torno das relações entre urbanização e as novas questões levantadas pela Cepal e seus críticos, tais como: subdesenvolvimento, dependência, marginalidade, imperialismo, movimentos sociais, relações entre centro e periferia, modernização e atraso etc. Um livro que registra esse debate é *Imperialismo e urbanização na América Latina*, de 1973, organizado por Manuel Castells. Entre os brasileiros que nele escrevem estão Paul Singer, Milton Santos, Fernando Henrique Cardoso, Lúcio Kowarick e Cândido Procópio Ferreira de Camargo. Em 1975, esse mesmo grupo e mais alguns colaboradores, como Vinícius Caldeira Brant, publicam o conhecido livro *São Paulo, 1975: crescimento e pobreza*, no qual pretendem interpretar a cidade que mais cresce na América Latina e explicar por que nela instaura-se simultaneamente desenvolvimento e exclusão, riqueza e pobreza, modernidade e atraso.

---

[208] A Cepal (Comissão Econômica para a América Latina e o Caribe), criada em 1948, formulou uma importante teoria da relação entre centro e periferia para explicar o subdesenvolvimento na América Latina. Seu rebatimento nos esforços para compreender a urbanização no subdesenvolvimento teve como um de seus mais importantes capítulos a produção crítica dos marxistas paulistas agrupados em torno do Cebrap e da FAU-USP. Sobre isso, ver o resumo que faço do debate: "Em busca do urbano: marxistas e a cidade de São Paulo nos anos 1970", revista *Novos Estudos Cebrap*, n° 83, 2009.

O fio da meada

No contexto dessa movimentação crítica, Rodrigo Lefèvre retorna à FAU em 1977, após um ano em Grenoble com Sérgio Ferro. Além de constituir um grupo de estudos sobre Marx, Rodrigo participa de uma iniciativa importante de transformação do ensino na Faculdade: o Curso Integrado de Projeto e Desenho Industrial do primeiro ano. Inaugurado em 1977 sob sua coordenação, o curso aglutinava diversos dos novos arquitetos-militantes-pesquisadores e pretendia, ao levar ao desconhecido mundo das periferias o estudante recém-chegado à faculdade, formar um profissional com um outro nível de preocupações sociais.[209] O curso conduzia o estudante à periferia não apenas como militante e pesquisador, mas como sujeito produtor de projetos, arquiteto capaz de imaginar alternativas de intervenção. Nesse contato, é claro, o "grande desenho" ainda hegemônico na Faculdade seria questionado, abrindo espaço para o surgimento de algo novo.

Tanto os professores de Projeto quanto de Desenho Industrial que participavam do curso integrado davam grande ênfase à técnica, vista, entretanto, de maneira modificadora, como na Arquitetura Nova. O objetivo do grupo era inventar "tecnologias alternativas" que fossem apropriáveis pelos construtores e permitissem seu aprendizado pelas comunidades. Essa era uma questão nova para o Desenho Industrial: não se tratava de pensar a produção em massa, cujo conhecimento estava concentrado nas mãos de poucos agentes inovadores, mas a construção conjunta do conhecimento e tecnologia adequados à população da periferia. Isso alterava a qualidade da atuação do arquiteto, cujo desenho precisava ser democratizado. Não por acaso os estudantes começaram a realizar desenhos dos processos produtivos, chegando até a projetar novas ferramentas. Nos termos de Sérgio Ferro,

---

[209] No primeiro ano do curso, os professores de Projeto eram Rodrigo Lefèvre, Siegbert Zanettini, Félix Araújo, Dario Montesano e Eideval Bolanho; e de Desenho Industrial, Ermínia Maricato, Telmo Pamplona, Yvonne Mautner, Percival Brosig e Walter Ono.

estava se constituindo um desenho *da* produção e não *para* a produção, negando a dominação do trabalho.

O projeto da Igreja de Puebla, de Walter Ono, um dos professores da disciplina, é um bom exemplo do que se pretendia e das afinidades com a problemática da Arquitetura Nova. Tratava-se de uma igreja projetada em estrutura tubular de aço e painéis sextavados em estuque para uma Comunidade Eclesial de Base — da nova corrente progressista do clero brasileiro —, em Parelheiros, bairro da periferia sul de São Paulo.[210] O projeto de Walter Ono procurava dinamizar o processo de autoconstrução, que demorava meses e até anos, utilizando uma técnica de execução rápida capaz de erguer o edifício em poucos dias. Se o estuque era conhecido, não ocorria o mesmo com a estrutura tubular em aço, mas Ono imaginava uma fácil assimilação pelos serralheiros e soldadores da região, uma vez que sua lógica clara exigia apenas a repetição constante de procedimentos simples. A escolha do aço e de operários metalúrgicos para a execução da obra não era casual: tratava-se do grupo mais avançado do sindicalismo brasileiro naquele momento. O resultado formal da Igreja de Puebla, totalmente díspar do entorno de casinhas autoconstruídas, sinalizava, ao mesmo tempo, a chegada mais comprometida do desenho do arquiteto à periferia, exibindo "as possibilidades de uma nova arquitetura que pode ser criativa mesmo em situações de recursos limitados e totalmente fora da esfera do poder institucional".[211]

Nesse momento, as iniciativas partiam de pressupostos claramente antiestatais e mesmo anarquistas, com a defesa da autogestão e do poder popular. A relação entre arquitetos e o povo era direta, baseada em laços políticos e de solidariedade não mediados pelo poder público. Nascia uma reflexão nova sobre tec-

---

[210] O projeto está publicado junto com o artigo de Ermínia Maricato, "Loteamentos clandestinos", na revista *Módulo*, nº 60, 1980, p. 94.

[211] *Idem.*

O fio da meada

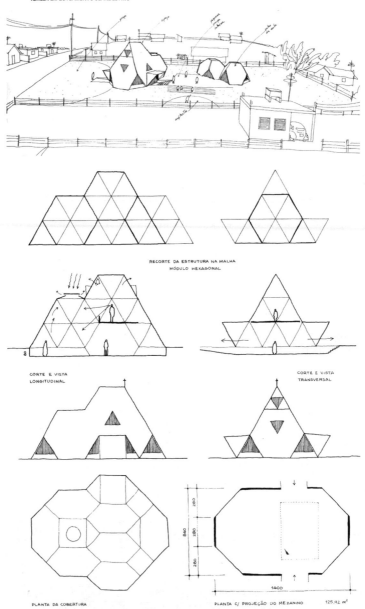

Walter Ono, Igreja de Puebla, São Paulo, 1980.

nologia, desenho e a relação entre o arquiteto e a população das periferias da cidade. Durante a década de 80 e graças às primeiras vitórias do PT, como a conquista da prefeitura de Diadema, a ação desses arquitetos, ou ao menos de uma parcela, irá ter como nova perspectiva a atuação dentro do Estado, formulando políticas públicas coerentes com o projeto democrático-popular.

No início da década de 80, os professores da disciplina integrada e diversos estudantes da Faculdade, que participaram da fundação do Partido dos Trabalhadores, configuram um núcleo claramente distinto da ainda resistente hegemonia do PCB na FAU. Uma década depois, esse grupo, no qual destacavam-se Ermínia Maricato e Mayumi Watanabe de Souza Lima, estará dirigindo as políticas urbanas, de habitação e de obras públicas em São Paulo, na gestão do PT de 1989 a 1992.

No início dos anos 80, o foco de experimentação e contestação expande-se da FAU para a Faculdade de Belas-Artes de São Paulo, onde também lecionavam Flávio Império e Rodrigo Lefèvre. Na Belas-Artes forma-se, em 1982, um Laboratório de Habitação coordenado por jovens professores, muitos deles vindos da própria FAU.[212] O Laboratório funcionava em moldes semelhantes à disciplina integrada do primeiro ano e, por outro lado, era inspirado na Cooperativa do Sindicato de Arquitetos de São Paulo (que também dava apoio a grupos de sem-teto) e no cooperativismo uruguaio, tendo, assim, objetivos mais ambiciosos: implementar concretamente suas iniciativas e interferir na política habitacional da cidade.[213] Rapidamente o Laboratório constituiu-se num importante espaço de renovação do ensino de Arquitetura e

---

[212] O Laboratório era formado pelos seguintes professores: Joan Villà, Yves de Freitas, Antonio Carlos Sant'Anna, Mauro Bondi, Antônio Sérgio Bergamin, Jorge Caron, Carlos Roberto Monteiro de Andrade, Nabil Bonduki, Vitor Lotufo e João Marcos Lopes.

[213] A história do Laboratório é contada na dissertação de Nabil Bonduki, *Construindo territórios da utopia, op. cit.*

O fio da meada

formou um grupo significativo de profissionais que iriam depois participar de diversas administrações do PT e de assessorias técnicas aos movimentos de moradia.

No Laboratório da Belas-Artes, ocorreu novamente a combinação entre ida à periferia, colaboração com organizações populares e uso de tecnologias alternativas. Só que, neste caso, como as experiências foram efetivadas na prática, surgiram contradições e conflitos novos com os quais a disciplina integrada da FAU não chegara a se deparar. Um exemplo foi a dificuldade que os arquitetos do Laboratório encontraram para introduzir tecnologias alternativas numa favela, o Recanto da Alegria. O choque cultural foi grande a ponto de uma casa projetada para ser executada em solo-cimento não ter saído das fundações: sem estar convencida de que valia a pena misturar terra e cimento, a população apenas observava incrédula os "doutores" cavando buraco e socando a terra de volta — o restante da casa teve que ser erguido com blocos de concreto como qualquer autoconstrução. Determinados a realizar alguma intervenção barata e diferente, os arquitetos, numa segunda tentativa, decidiram construir um centro comunitário em cúpula de tijolos. Inicialmente a população participou, mas aos poucos apenas professores e estudantes viram-se assentando blocos. Quando a cúpula ainda estava na metade, ela começou a ser depredada pelos moradores e utilizada como banheiro público. No fim acabou sendo demolida, ao que os arquitetos não se opuseram.[214]

A iniciativa da constituição de uma cultura arquitetônica comum, entre arquitetos e a população, é um dos desafios para o novo desenho, como veremos. Apesar dessas e de outras dificuldades que enfrentou, o Laboratório foi um sucesso enquanto renovação do ensino — o que acabou não sendo bem-visto pela diretoria da escola. Em 1986 o Laboratório foi fechado violenta-

---

[214] Os dois episódios são relatados por João Marcos Lopes em "Tecnologia apropriável", s.d., mimeo.

mente e todos os professores, demitidos. A experiência continuou, em parte, no Laboratório da Unicamp, com Joan Villà e outros companheiros da Belas-Artes, além de inspirar iniciativas como os Laboratórios da FAU-Santos e da PUC de Campinas.[215]

Outras experiências pioneiras, não vinculadas ao grupo originário da FAU, merecem ser citadas: os mutirões da Vila Nova Cachoeirinha, da Vila Comunitária de São Bernardo e do Valo Velho.[216] A mais representativa parece ter sido a história do Vila

---

[215] A história do ensino crítico de Arquitetura, que pretendeu questionar a atuação profissional hegemônica e estabelecer uma nova relação com a realidade, com a técnica e com as necessidades da maioria da população, formulando para isso uma pedagogia própria, ainda precisa ser escrita. É certo que ela foi muito combatida e quase todas as experiências acabaram violentamente interrompidas. Essa história começa, ao menos, em 1962, na UnB, com Mayumi Watanabe e Sérgio de Souza Lima organizando o curso de Arquitetura a convite de Darcy Ribeiro. Após o golpe, a Universidade sofre intervenção militar e o curso é fechado. Sérgio e Mayumi transferem-se para a FAU-Santos e junto com Sérgio Ferro e Francisco de Oliveira, entre outros, elaboram uma nova estrutura de ensino — outra iniciativa abruptamente encerrada. Mayumi segue para São José dos Campos, formando, no início dos anos 70, com Siegbert Zanettini, Dalton de Lucca e outros colegas, o Instituto de Artes, Arquitetura e Comunicação, que também é fechado, em 1976, quando Rodrigo Lefèvre também era professor da escola. O Laboratório da Belas-Artes não foge a essa regra e, mais recentemente, em 2000, a Unitau (Universidade de Taubaté) demitiu sumariamente um grupo de professores que pretendia realizar transformação semelhante no ensino. Outras iniciativas ainda resistem, como o projeto Universidade Aberta em Santos, e esperamos que sobrevivam.

[216] A história do mutirão Vila Nova Cachoeirinha é contada por Aluízia Lima, *O arquiteto pau-de-arara* (Dissertação de Mestrado, FAU-USP, 1989); e por Ros Mari Kaupatez, *Ajuda-mútua: a participação da população no processo de produção de moradias* (Dissertação de Mestrado, FFLCH-USP, 1985). A história da Vila Comunitária de São Bernardo é contada por Maria da Glória Gohn em capítulo da sua tese de livre-docência, *Lutas pela moradia popular em São Paulo* (FAU-USP, 1987). A do mutirão Valo Velho, por Jeanne Bisilliat-Gardet, *Mutirão: utopia e necessidade* (São Paulo: CNPq/Orstom, 1990); e por Zulmara Salvador, *Mulheres, vida e obra: a par-*

Nova Cachoeirinha, o primeiro mutirão que procurou introduzir a experiência das cooperativas uruguaias de habitação no Brasil. As cooperativas uruguaias, organizadas em torno da FUCVAM (Federación Uruguaya de Construcción de Viviendas por Ayuda-Mutua) e assessoradas pelo CCU (Centro Cooperativista Uruguayo), acabaram se tornando o principal modelo de organização dos mutirões autogeridos dos movimentos de moradia de São Paulo. Tendo conquistado uma legislação própria para o cooperativismo habitacional em 1968, a FUCVAM produziu mais de trezentos conjuntos habitacionais por mutirão, muitos deles baseados na propriedade coletiva da terra e estendendo a autogestão para além da obra, na administração de todos os equipamentos comunitários e institucionais. Além disso, as cooperativas constituíram-se no principal espaço de resistência no período da ditadura no Uruguai.

A história do Vila Nova Cachoeirinha destaca-se pela iniciativa de um jovem engenheiro da Poli, Guilherme Coelho, que já trabalhava com os movimentos de moradia de São Paulo quando, em 1980, decide ir a Montevidéu para fazer um filme sobre as cooperativas. De volta a São Paulo, Guilherme começa a percorrer diversos núcleos dos movimentos de moradia projetando o filme, cujo apelo visual acabou criando no imaginário popular a ideia de que aquele tipo de iniciativa poderia ser repetida aqui. Guilherme acaba assessorando, com o apoio de três assistentes sociais da prefeitura, um grupo de sem-teto da Zona Norte de São Paulo, com o qual procura seguir as formas de discussão de projeto, organização social e do canteiro das cooperativas uruguaias.

Os mutirantes contam como ele trabalhava: "O Guilherme ia de rua afora em passeata com a gente. Ele capinou o terreno junto com nós, ele ficava sem camisa, de sandália japonesa, trabalhando com a gente, carregando barraco, pintando rua. A cabeça

---

ticipação feminina num mutirão de São Paulo (Dissertação de Mestrado, FFLCH-USP, 1993).

dele era como a nossa, totalmente diferente. Era do lado do povo [...] Na hora de fazer o projeto, o Guilherme tinha uma maquetezinha que trouxe da Faculdade. Era um bauzinho, uma caixinha daquela de metal. Ele armava. Então quando foi pra discutir, ele sentava ali no chão, e ia formando as paredes. As paredes era tudo os pedacinhos de madeira. Colocava madeirinha por madeirinha, formava um sobradinho com tudo! O projeto foi bem discutido por nós. O Guilherme fez reunião com todos os grupos levando aquelas maquetes [...]".[217]

Depois de uma longa batalha pela terra e pelo início do projeto, o jovem engenheiro falece num acidente de carro em agosto de 1981, no primeiro dia de demarcação dos lotes na área.[218] Mesmo assim, uma casa modelo seguindo os projetos de Guilherme é construída a partir de diversas doações. Apenas nesse momento a Cohab — Companhia Metropolitana de Habitação de São Paulo — decide financiar a obra, mas os engenheiros e arquitetos da prefeitura que passaram a conduzi-la o fizeram de forma autoritária, contra os princípios da autogestão e, ao fim, contratando uma empreiteira.[219] Segundo os mutirantes, ao contrário de Guilherme, os técnicos da prefeitura tratavam "nós como se fosse um bando de máquina escavadeira".[220]

Em 1987, foi realizado em São Paulo o primeiro encontro dos arquitetos e técnicos que trabalhavam com os movimentos de moradia. Além da troca de experiências, esse encontro serviu para

---

[217] Para quem estiver interessado, uma série de excelentes depoimentos de mutirantes que participaram dessa experiência foi registrada na tese de Aluízia Lima, *O arquiteto pau-de-arara*, *op. cit.*

[218] Depoimento de Maria Inês Beltrão concedido ao autor.

[219] Assim conta Aluízia Lima a partir de depoimentos dos mutirantes, contrariando a versão positiva e sem conflitos narrada pelo técnico da prefeitura Henrique Reinach em "Projeto Vila Nova Cachoeirinha — construção habitacional por ajuda-mútua", revista *Espaço & Debates*, nº 14, 1984.

[220] Em Aluízia Lima, *op. cit.*

O fio da meada

Habitações populares das cooperativas uruguaias (acima e à esquerda).

Maquete utilizada na discussão do projeto no movimento de moradia em São Paulo.

criar uma identidade comum entre esses arquitetos. Foi um momento de avaliação dos problemas até ali enfrentados e da forma de atuação profissional que instituíram nos últimos anos: fazendo frente ao discurso dos técnicos do Estado, participando das negociações, produzindo estudos independentes sobre a viabilidade das obras, discutindo com os mutirantes como seriam as casas e a forma de construção, debatendo as táticas do movimento e de cada associação, ajudando na organização interna (como fazer assembleias, tomar decisões coletivas etc.). Finalmente, os arquitetos pareciam ter "encontrado o povo", completando o que fora esboçado nos anos anteriores ao golpe e alterando sua tradicional ligação com a classe dominante. Maria da Glória Gohn compara esses arquitetos com os "intelectuais orgânicos" da classe operária, utilizando o conceito de Gramsci.[221]

Mas não se tratava simplesmente de estar ao lado do povo. Num primeiro momento, até se acreditou que bastava acompanhá-lo, ser um instrumento técnico em suas mãos, pois da classe operária nasceria o caminho das transformações sociais. Aos poucos, viu-se que não era bem assim e que os movimentos urbanos posicionavam-se de maneira ambígua diante das possibilidades de mudanças mais profundas, satisfazendo-se muitas vezes com o atendimento de reivindicações isoladas. Em se tratando dos movimentos de moradia, cuja reivindicação é um bem privado (a casa própria) e não a melhoria de um serviço público (educação ou saúde), a moderação política é ainda maior, alimentada pela expectativa da pequena propriedade. Daí a necessidade de sujeitos que colaborem para restituir a política, a consciência de classe, ajudem a problematizar a vontade de integração e reprodução ideológica, e que não sejam apenas as tradicionais lideranças, mas também, a seu modo, os arquitetos que assessoram os movimentos. O papel do pedagogo e, no nosso caso, do arquiteto, não é,

---

[221] Maria da Glória Gohn, *Lutas pela moradia popular em São Paulo*, *op. cit.*

segundo Paulo Freire, repetir o que o povo diz, mas atuar como uma "contradição não antagônica", questionando ideias preconcebidas, instaurando dúvidas e abrindo possibilidades sem, entretanto, se opor, antagonizar, uma vez que também é "participante" na luta pela mesma causa[222] — guardadas, obviamente, as diferenças entre a alfabetização e a produção de casas.

Essa, aliás, é uma diferença fundamental, pois pode representar a negação da possível relação orgânica entre arquiteto e trabalhadores. Ao contrário do pedagogo e da liderança, o arquiteto relaciona-se com o movimento através da dimensão técnica, mais do que estética ou pedagógica, envolvida no seu trabalho. O controle sobre a técnica de execução é ao mesmo tempo o motivo que justifica sua presença e o perigo que ela representa, como possibilidade de dominação do trabalho intelectual sobre o manual. Essa tendência é bastante forte pois a maioria dos arquitetos ainda acredita que o problema da habitação possa ser resolvido através da técnica, seja pela industrialização ou por meio de "tecnologias alternativas".

A forma de atuação desses arquitetos-militantes ligados aos movimentos de moradia iria alterar-se substancialmente a partir de 1989, com a eleição de Luiza Erundina (PT) para a prefeitura de São Paulo. Muitos dos que haviam participado como professores ou estudantes da disciplina integrada da FAU, dos laboratórios e das primeiras experiências de mutirão, participam na gestão petista da constituição de uma política habitacional progressista, seja por meio da administração pública ou das assessorias técnicas aos movimentos sociais. Com a esquerda no governo, as iniciativas dos mutirões poderiam ocorrer apoiadas pelo Estado e não mais contra ele, apesar dos inúmeros e legítimos conflitos que aconteceram entre os movimentos e a administração.

A Secretaria de Habitação, antes dominada por uma tecnocracia alienada dos problemas reais da cidade e comandada por

---

[222] Paulo Freire, *A pedagogia do oprimido, op. cit.*

escalões aliciados por construtoras e políticos clientelistas, era, agora, administrada por uma professora da FAU, Ermínia Maricato. As novas diretrizes do governo e da Secretaria segundo Ermínia eram: a inversão de prioridades, a democratização e transparência da gestão, a universalização da lei, o reconhecimento da cidade ilegal, a regularização fundiária e a urbanização de favelas.[223] Isso significava gerir a cidade de uma forma absolutamente nova, inclusive no que diz respeito à relação com os movimentos sociais. Estes, ao mesmo tempo que se identificavam com o governo, inclusive exigindo cargos, cobravam com mais veemência uma resposta a demandas acumuladas durante anos de administrações conservadoras.

A Superintendência de Habitação Popular, dirigida por um ex-aluno da FAU, coordenador do Laboratório da Belas-Artes e professor da EESC-USP (Escola de Engenharia de São Carlos), Nabil Bonduki, produziu o novo programa de mutirões autogeridos, o Funaps-Comunitário.[224] O programa instituía os mutirões como a principal forma de produção habitacional na cidade e possuía mecanismos para resguardar a autonomia dos construtores em relação ao Estado. Para isso, transferia toda a gestão dos recursos para os mutirantes e regulamentava a atuação dos arquitetos militantes. Estes agora passavam a ser legalmente reconhecidos e remunerados pelo trabalho que exerciam de acompa-

---

[223] Ermínia Maricato, *Enfrentando desafios: a política desenvolvida pela Secretaria de Habitação e Desenvolvimento Urbano da Prefeitura de São Paulo*. Tese de Livre-Docência, FAU-USP, 1997.

[224] Este programa é analisado na dissertação de mestrado de Reginaldo Ronconi (*Habitações construídas com o gerenciamento dos usuários...*, *op. cit.*), arquiteto que também participou do Laboratório da Belas-Artes e da elaboração do Funaps-Comunitário. Além de Ronconi, estiveram presentes no Funaps, entre outros, a assistente social Maria Inês Beltrão, que participou do mutirão Vila Nova Cachoeirinha com Guilherme Coelho, a arquiteta Ângela Amaral e Leonardo Pessina, arquiteto uruguaio que atuou na também pioneira Vila Comunitária de São Bernardo.

O fio da meada

nhamento das associações, discussão e elaboração de projetos e desenvolvimento da obra. Para isso, precisavam constituir-se como "organizações não governamentais", o que deu aos escritórios de arquitetura que trabalhavam com os movimentos um novo caráter, mais profissional, e novas ambiguidades, relacionadas à emergência do chamado Terceiro Setor.[225]

Durante a administração petista foram iniciados 100 mutirões e cerca de 11 mil unidades habitacionais. Destas, apenas 2 mil foram finalizadas ainda naquela gestão e 9 mil passaram para a administração seguinte. Com a eleição do candidato de ultradireita Paulo Maluf (PPB), em 1992, todos os mutirões foram interrompidos e as obras, suspensas. A secretária de Habitação e o superintendente de Habitação Popular sofreram processos administrativos e houve todo tipo de retaliação. Os mutirões interrompidos constituíram um Fórum de luta para a retomada das obras, o Fórum dos Mutirões, mas só alcançaram seus primeiros resultados na gestão seguinte, também conservadora, de Celso Pitta (PPB, 1997-2000). Apenas em 2001, depois de uma nova vitória eleitoral do PT, esses mutirões foram definitivamente retomados para que as obras fossem concluídas.

Se, durante os oito anos de administração da direita no município, os mutirões autogeridos foram alvo de retaliação, os movimentos conseguiram obter algumas conquistas com os governos estaduais do PMDB e PSDB. Em 1990, seguindo o programa Funaps-Comunitário, a União de Movimentos de Moradia obteve do governo Fleury um programa de mutirões autogeridos. O programa foi mantido no Governo Covas com outra denominação e acabou sendo progressivamente alterado, de forma a atrelar as associações de mutirantes que dele participavam aos interesses do partido, na tentativa de formar uma base popular de susten-

---

[225] Sobre os dilemas da atuação numa ONG, ver o texto de Paulo Arantes, "Esquerda e direita no espelho das ONGs", em *ONGs: identidade e desafios atuais*, revista *Cadernos Abong*, nº 27, 2000.

tação ao PSDB. Entretanto, o programa de mutirões deixou de ser priorizado em benefício das obras realizadas por empreiteiras sob uma nova modalidade: conjugava-se a construção de habitações com a intermediação das construtoras na compra e venda de terras — um negócio e tanto, que culminou no ano 2000 com o escândalo e a queda do presidente da CDHU (Companhia de Desenvolvimento Habitacional e Urbano do Estado, antigo CECAP), o senhor Goro Hama.

Deixando de lado a sequência dramática dada pelo conservadorismo político à história dos mutirões autogeridos em São Paulo, entremos um pouco mais no canteiro e no desenho que deles surgiram.

O CANTEIRO E O DESENHO
NO MUTIRÃO AUTOGERIDO

Em *O canteiro e o desenho*, Sérgio Ferro descreve a produção da arquitetura como um processo no qual o trabalho é submetido a um *desencontro* programado, numa dupla violência: separado e reunido, alienado e re-totalizado pelo capital, tendo o desenho como *mediação necessária*. Tal desencontro estende-se também para além da produção, quando a mercadoria se autonomiza e vira um fetiche. Do trabalho não sobra nada, nem mesmo a história.

Na autoconstrução, o processo é diferente, a começar pela ausência de desenho (e de patrão). É o próprio morador quem constrói, seguindo uma intenção muitas vezes apenas rabiscada no terreno. Mesmo em se tratando de trabalho não pago e ampliação da mais-valia relativa,[226] a casa autoconstruída é uma

---

[226] Esta crítica foi feita por Sérgio Ferro (1969) e depois por Francisco de Oliveira (1973). Muitos autores a têm reproduzido para questionar

mercadoria diferente pois é feita para consumo próprio e não para ser posta no mercado, ao menos imediatamente. Ao contrário da fábrica onde vende sua força de trabalho, aqui o trabalhador está produzindo para sua família um "valor de uso" — é assim um tempo empregado em seu proveito.

Entretanto, a autoconstrução produz um bem precário, muitas vezes insalubre e inadequado. No seu texto "A casa popular", de 1969, Sérgio Ferro afirma que se trata de um *reencontro amargo* do trabalhador com sua obra. Isso porque a falta de recursos e a urgência na construção impedem a oportunidade para ousar uma invenção. A técnica não é aprendida, mas "vivida", como um joão-de-barro construindo a sua casa, daí o caráter pré-histórico desse trabalho. O resultado é a imagem da contradição: "A precisão imposta pela economia na produção ressurge como precisão no produto, precisão amarga não resultado de engenho programado e escolhido, mas depósito obrigatório de infinitas carências". A autoconstrução, assim, torna-se uma *antipoética da economia*: extraindo do mínimo apenas o mínimo para a sobrevivência.

Na história narrada por Artigas, viu-se que as transformações introduzidas no canteiro de obras pelo desenho moderno levaram os trabalhadores da construção civil a perder seu saber e sua autodeterminação relativa. Mas isso não aconteceu só na construção, que é um dos lugares mais evidentes. Com a nova organização capitalista do trabalho, houve uma perda generalizada do saber fazer popular. Lúcio Costa, por exemplo, em 1951, já afirmava que ocorrera uma regressão do "povo artesão" para o "po-

---

nos mutirões a sobre-exploração do trabalho e o rebaixamento dos salários. Entretanto, é bom lembrar que a crítica original, feita por Engels em *A questão da habitação*, não faz distinção entre formas de produção de moradia, ao contrário, segundo ele qualquer forma de provisão de habitações para a classe trabalhadora (pelo Estado, pelo capitalista, por associações operárias etc.), ao suprimir o aluguel, diminui o custo de reprodução da força de trabalho, o que ocasiona uma queda correspondente nos salários.

vo proletário", destituído do conhecimento do ofício.[227] A questão que se coloca, portanto, é: sem imaginar retornar ao estágio anterior, como restituir um certo saber fazer e produzir um encontro menos amargo do produtor com a obra? Ou, nos termos de Flávio Império: como extrair do "mau artesão" uma expressividade que nos seja própria, enquanto solução criativa para a nossa inescapável falta de recursos materiais?

Tal como a autoconstrução, o mutirão autogerido é reencontro, uma vez que o mutirante é ao mesmo tempo autor, produtor e futuro usuário, mas pretende ser um reencontro diferente. Primeiro, como já vimos, por introduzir a política e romper o "círculo de ferro" que isolava a reprodução da classe trabalhadora. Segundo, porque estabelece uma nova relação de produção, com trabalhadores associados, sem patrões. Terceiro, porque, auxiliado por arquitetos, quer restituir um saber e uma técnica, permitir o "engenho programado e escolhido" e assim uma "poética da economia" que extraia dos poucos recursos o máximo arquitetônico. Nesse caso, o desenho volta a ser fundamental, não como mediação alienadora, mas como instrumento de um *projeto coletivo*.

Ao contrário da autoprovisão de moradia e da venda do trabalho, que são simples manifestações do reino das necessidades, o mutirão pode deixar de ser mera construção para virar arquitetura, como diz Artigas, "atividade superior da sociedade". O seu desenho tem a possibilidade de ser pensado como *desígnio*, como ação coletiva deliberada, diferenciando-se tanto da alienação do trabalho assalariado no canteiro quanto do trabalho destituído de invenção da autoconstrução.

Sem a pretensão de teorizar ou construir modelos, faço um comentário brevíssimo do canteiro e do desenho nos mutirões

---

[227] Lúcio Costa, "Muita construção, alguma arquitetura e um milagre" (1951), em *Registro de uma vivência*. São Paulo: Empresa das Artes, 1995.

O fio da meada

autogeridos, especialmente da forma como se configuraram a partir da gestão municipal petista de 1989 a 1992:[228]

1.

O canteiro do mutirão autogerido começa com a "entrada na terra", quando é levantado um barracão de obras, muitas vezes com economias das próprias famílias. Com a liberação das primeiras parcelas do financiamento, dá-se início ao movimento de terra e às fundações, e logo é erguido o "centro comunitário", onde são instalados o galpão de assembleias, a cozinha coletiva, os vestiários e a administração da obra. Este edifício é especialmente significativo para o grupo de mutirantes, pois é o primeiro fruto do trabalho coletivo e, ao contrário das habitações, que serão apropriadas individualmente, é um espaço de todos, de festa e encontro. É ali que o mutirante vai para ter informações da obra, participar das decisões, almoçar, conversar e registrar sua presença quando chega e vai embora.

Nas assembleias que antecedem o início efetivo da obra, é redigido coletivamente um "Regulamento de obras". Este documento fundamental irá definir a relação que os mutirantes estabelecerão entre si para a consecução de seu objetivo comum: a construção de casas para todos. Nos mutirões rurais feitos através de laços de solidariedade, como o descrito por Antonio Candido em *Os parceiros do Rio Bonito*, um regulamento como esse não é necessário, pois existem regras socialmente preestabelecidas que são naturalmente respeitadas por todos. Na cidade, submetidos às exigências de um financiamento público e já destituídos da memória da organização rural, o regulamento do mutirão, enquanto estabelecimento de regras precisas e penas no caso de seu descumprimento, faz-se necessário. Este define, por exemplo,

---

[228] Além das informações dos textos e dissertações citados, devo muito do que será descrito a conversas com Reginaldo Ronconi, João Marcos Lopes, Joana Barros, Wagner Germano, Joel Felipe, Evaniza Rodrigues e Jorge Oseki.

a formação de equipes de trabalho com coordenadores, horários de entrada e saída, necessidade de uso de equipamentos de segurança, respeito pelos companheiros, cumprimento do que está determinado em projeto, cuidado com os materiais e ferramentas, proíbe o consumo de bebidas alcoólicas e cria uma Comissão de Ética. O regulamento também estabelece o controle das horas trabalhadas, com as formas de reposição e justificação de faltas, questão fundamental para o funcionamento da obra. É apenas porque cada mutirante está igualmente cumprindo suas tarefas e o mesmo número de horas dos demais que o canteiro de um mutirão mantém-se como um lugar de produção sem um desentendimento generalizado.

Alguns movimentos adotam também um sistema de "pontuação" para cada família mutirante, que inclui não apenas as horas de canteiro, mas a presença em assembleias, manifestações e ocupações de terra, além da contribuição financeira mensal para um fundo comum da associação. A pontuação, na verdade, começa antes da obra, quando a família entra num "grupo de origem", em geral ligado à pastoral da Igreja Católica em cada bairro. Quanto mais participação ela tiver, mais pontos terá e assim será escolhida primeiro como "demanda" do movimento para os novos mutirões. Esse sistema é tanto uma garantia contra o clientelismo e o favor, pois avalia o empenho de cada um e não dá margem a apadrinhamentos, quanto uma forma de garantir a militância no movimento. No fim da obra, os mutirantes com mais "pontos" serão os primeiros a escolher suas casas, sentindo-se assim recompensados pelo esforço que exerceram durante todo o processo.

Ao começar a obra, são estabelecidas equipes para a execução dos diversos trabalhos: os do canteiro propriamente dito (alvenaria, laje, argamassa, elétrica, hidráulica, carpintaria, ferragem e serralheria, pré-fabricação, manutenção e limpeza), os de administração (apontadoria, almoxarifado, comissão de compras, coordenação financeira) e os de apoio (enfermaria, segurança, prevenção de acidentes, cozinha comunitária, comunicação e eventos). Na maioria das vezes, os coordenadores são indicados pelas próprias equipes e são responsáveis pelo andamento do canteiro. Em alguns mutirões, essas equipes se revezam, de forma que se aprenda a fazer de tudo. Cada equipe deve respeitar a outra e entender que a concatenação entre os diversos trabalhos é o pressuposto fundamental do avanço da obra. A equipe da alvenaria, por exemplo, sabe que precisa deixar os furos do bloco estrutural alinhados e limpos, de maneira que, quando chegar a equipe da elétrica, o conduíte passe com facilidade pelo interior da parede. Se o conduíte emperrar é porque não houve cuidado necessário da primeira equipe, e então há uma cobrança de um grupo pelo outro.

Nos mutirões autogeridos, a construção tende a ser muito limpa e econômica, pois, em geral, estão todos preocupados em evitar o desperdício e em cuidar dos equipamentos. Andando pela obra não se veem entulhos, blocos quebrados, madeira desperdiçada, mesmo porque não são utilizadas fôrmas de concretagem e andaimes. Uma visita ao almoxarifado é suficiente para ver o grau de cuidado com que tudo é estocado. É ali que cada mutirante retira seus instrumentos e deve devolvê-los limpos no fim do dia. A economia final é significativa, pois, numa obra comum, muito material é perdido durante a construção.

Como se trata de um trabalho sem patrões nem capatazes e no qual os arquitetos estão do mesmo lado dos trabalhadores, seria possível comparar o mutirão assim gerido com uma forma de trabalho diferenciada, como as cooperativas uruguaias (apesar de não assumir a forma de cooperativas) ou as brigadas cubanas (mesmo sem o regime socialista). O controle do mutirão não é feito pelo capitalista ou por sua gerência científica, mas definido em assembleias e comissões. O grupo estipula os seus limites, decide as táticas de cobrança do governo, cumpre um acordo entre iguais. Utilizando os termos de Sérgio Ferro, seria possível afirmar que ali encontramos uma *forma de produção sem a dominação correspondente*. A separação e a re-totalização são uma ação voluntária dos trabalhadores e o produto por eles realizado não é alienado. Sem o constrangimento da heteronomia do desenho e da violência do capataz, o grupo pode então estabelecer uma "iniciativa coletiva máxima". Como se verá, no mutirão não é possível aumentar a produtividade através da ampliação da exploração, com precarização, horas extras, demissões, mas somente através da invenção de novos procedimentos e técnicas construtivas.

Entretanto, esse canteiro certamente não escapa à reprodução de parte das relações de produção e dominação capitalistas. Há uma tendência das lideranças, dos coordenadores e dos arquitetos em repor hierarquias e autoridades de mando, reproduzindo, por um lado, um canteiro tradicional e, por outro, a vontade dos mutirantes de receber ordens e não ter responsabilidades. O cronograma deve ser cumprido e as famílias fazem pressão para acelerar a obra, o que acaba resultando num fortalecimento das estruturas de comando. As conversas paralelas não são mais permitidas, os questionamentos abreviados, os encaminhamentos atropelados, pondo a perder grande parte do processo democrático esboçado.

A autogestão e o aprendizado exigem tempos e ritmos diferentes da produtividade e rapidez do canteiro. A obra não pode ser simplesmente "tocada", embora muitas vezes o seja. Não há dúvida de que assim ela avança mais rapidamente e o movimento termina, por isso, aceitando essa maneira mais "eficiente" de produção em detrimento das idas e vindas da gestão coletiva. Entretanto, o canteiro do mutirão não pode e não tem como competir com o canteiro de uma empresa privada. Primeiro, porque não possui condições técnicas, profissionais e materiais para isso, e segundo, porque a defesa da eficácia da empresa privada representa uma regressão a formas heterônomas e muitas vezes violentas de exploração e trabalho, atrofiando a autogestão.

Vários mutirões têm adotado um sistema misto, contratando pequenas empreiteiras ou mesmo cooperativas de construção civil para trabalharem na obra durante a semana. O canteiro torna-se assim mutirão nos fins de semana e uma obra mais convencional durante a semana. Um avanço no que diz respeito à diminuição no desgaste das famílias mutirantes, mas um possível retrocesso na elaboração de formas e relações de trabalho menos mercantis e hierarquizadas. Os trabalhadores contratados pelos mutirantes são muitas vezes tidos como simples empregados, restituindo-se uma relação de dominação que o mutirão procurava evitar. Os movimentos, por sua vez, não se dispuseram até agora a questionar a crescente reprodução das formas capitalistas de relações de trabalho que são introduzidas por essas contratações. Quais laços de solidariedade, participação e democracia devem ser definidos entre mutirantes e trabalhadores contratados? Se este trabalho pago não for também reinventado, a defesa de "mais autogestão e menos mutirão" feita por algumas lideranças e arquitetos irá progressivamente apagar o sentido transformador do canteiro do mutirão.

Além disso, a autogestão não pode ser facilmente separada da prática do mutirão, como se a primeira fosse em si emancipadora e a segunda uma falta de opção e sinal de atraso. Como seria a autogestão sem se realizar também no trabalho da obra? Restringi-la ao âmbito da administração acabaria por privilegiar uns — os que possuem maior formação educacional e desenvoltura com a palavra falada e escrita — em detrimento de outros. O momento da obra restitui novos valores: aqueles ligados ao trabalho manual, ao corpo, à solidariedade, à invenção. A autogestão não pode ser apenas oral e escrita, pois a expressão privilegiada da organização popular ainda é o trabalho manual. Nele, manifesta-se uma forma de colaboração diferente daquela que ocorre na administração da obra, subvertendo inclusive a posição privilegiada dos que discursam melhor nas assembleias, controlam as contas e exercem um domínio sobre o grupo. O trabalho coletivo democratiza as relações entre os indivíduos e, por isso, é parte fundamental da autogestão popular.

Retornando à tese de Rodrigo Lefèvre do canteiro como escola paulo-freiriana, não se pode deixar o mito da produtividade destruir o que o canteiro autogerido contém de pedagogia para a libertação. Isso, inclusive, no que diz respeito à redescoberta do trabalho humano, desmercantilizado, produtor de uma obra que a todos pertence e na qual se reconhecem. Possibilidade que se deve, em muito, à natureza outra do trabalho no mutirão, fundada na ideia de *amadorismo*. E é justamente porque se trata de um trabalho "amador", por oposição ao "profissional", assalariado, que ele pode ser feito com certo prazer. O trabalho amador no mutirão começa pelo fato de que quase ninguém é pedreiro profissional nem pretende se profissionalizar. Em levantamento feito num grande mutirão, constatou-se que, antes da obra, menos de 5% dos trabalhadores tinha vínculos com a construção civil, e, cinco anos depois, esse número subiu para apenas 7%.[229] Isso significa que não há um sentido de escola profissionalizante no mutirão, com vistas a uma futura incorporação à construção civil, possibilidade que chega, contraditoriamente, a ser vislumbrada por Rodrigo Lefèvre no seu *acampamento de obra*.

O sentido profissional é secundário também porque o aprendizado das tarefas é rápido e simples. É como entrar numa roda de samba e aos poucos aprender a fazer a sua parte, tocar surdo ou agogô. Não se pode mitificar a técnica da construção, a sua artesania perdida, pois ela não tem mais os mesmos mistérios. Enquanto Sérgio Ferro fazia a analogia do seu canteiro com o jazz, o canteiro do mutirão é comparado por outros arquitetos a uma escola de samba, com suas diversas equipes compondo o enredo da obra. Cada mutirante, em sua ala-equipe de trabalho, desempenha com simplicidade e coordenação suas funções e coreografias, e faz a escola-canteiro progredir na construção. Como na escola de samba, com exceção de alguns poucos sambistas profissionais, como os mestres de obras e os arquitetos, o seu corpo é constituído por dançarinos amadores, não por isso menos caprichosos nos seus passos.

O trabalho amador no canteiro de obras é também a forma como melhor se manifesta a ideia de esforço coletivo. Isso signi-

---

[229] Joel Felipe, *op. cit.*

fica que, sendo todos amadores, pode-se igualar um mutirante que virou o "bambambã" de assentar blocos com uma senhora que apenas leva água para os outros beberem — "cada um segundo suas possibilidades". Num canteiro tradicional, haveria uma hierarquia e remunerações diferenciadas, enquanto no mutirão todos os trabalhos valem o mesmo. Isso não significa que as diferenças não sejam percebidas, mas passam a ser entendidas não segundo hierarquias mas segundo uma cadeia de ações coletivas onde todas são vistas como necessárias e meritórias.

Dentro do trabalho amador e superando os seus limites está o *trabalho feminino*. Como se sabe, a construção civil é um universo exclusivamente masculino. Entretanto, vimos que nos movimentos sociais, cujo espaço privilegiado é o do bairro e da cidade e não o da fábrica, as mulheres são maioria e têm papel de destaque. Enquanto se negocia com o governo, elas são aceitas, inclusive por serem mais atentas e articuladas, muitas delas virando importantes lideranças. Como explica Zulmara Salvador, o problema começa na obra propriamente dita, quando os homens irão tentar pôr as mulheres nas funções exteriores ao canteiro, primeiro "no seu lugar", ou seja, na cozinha e na creche, e, depois, "mais ou menos no seu lugar", na apontadoria, na administração e no controle do almoxarifado.[230] As primeiras funções não chegam nem a ser consideradas "trabalho" pelos homens, uma vez que apenas reproduzem a naturalidade da esfera doméstica.

Acontece que elas ainda formam um número maior do que o exigido por essas tarefas. Então começam a entrar no canteiro, inicialmente em trabalhos braçais e totalmente desqualificados, como o carregamento de material e a limpeza do terreno, até assumirem trabalhos "fora do seu lugar", como a ferragem, a concretagem, a alvenaria e instalações. Não possuindo preconceitos em relação a nenhum trabalho, elas aceitam fazer qualquer tarefa e,

---

[230] Zulmara Salvador, *Mulheres: vida e obra, op. cit.* Um resumo da dissertação foi publicado pela autora na revista *Polis*, nº 20, 1994.

ao contrário dos homens, que acreditam saber tudo de antemão, elas querem aprender direitinho. Aos poucos vão revelando uma habilidade surpreendente, deixando muitos homens para trás.

Como conta a mutirante Jacira, do Vila Nova Cachoeirinha: "Eu nunca trabalhei antes em construção. Foi a primeira vez. Nem em sonho eu nunca pensei que fosse mexer com construção civil e não achei difícil. Acho que qualquer pessoa aprende. Porque foi rápido, comecei ajudando e fui vendo. Correu a primeira fiada de tijolo, a segunda, e eu fui vendo o trabalho, fui pegando a colher de pedreiro, fui pedindo para o meu colega ir ensinando. Começamos a sentar o bloco. Quando foi com três dias nós já estava levantando parede sozinha, um grupo de mulheres. Nós já sabia pôr no nível, no prumo. E o engenheiro ficava encantado, bobo. [...] Quando terminou toda a parte de alvenaria, aprendi a assentar canaleta, concretar e fomos aprendendo tudo [...] Todo probleminha que dava a gente pensava em resolver".[231] E outra mutirante: "Olha, o que atrapalha aqui são os homens. Eles encostam, não fazem nada e atrapalham muito o serviço. As mulheres dão muito mais de si. Não troco a mulher que sou por três homens desses aí. O trabalho vai bem quando não tem esses lesmas".[232]

Por não sofrer qualquer pressão social para ser um pedreiro, a mulher é a melhor encarnação da ideia de trabalho amador. E, em geral, não há trabalho feminino "matado" ou "feito nas coxas". Seu trabalho tem uma outra dimensão que poderíamos identificar como "capricho" — que não é o mero cuidado com o objeto fabricado que vai tornar-se mercadoria e beneficiar o patrão. O "capricho" é algo especial: é o esmero com a casa que irá abrigar sua família. Assim a mulher, no canteiro, restitui um "trabalho com amor", desmercantilizado.

Com o trabalho das mulheres na obra, há uma expansão do mundo doméstico e familiar, não no sentido do *óikos* de Hannah

---

[231] Depoimento em Aluízia Lima, *op. cit.*

[232] Depoimento em Zulmara Salvador, *op. cit.*

Arendt, mas da expansão do mundo afetivo.[233] A presença das mulheres se contrapõe à tendência de reprodução das relações capitalistas pois a vida doméstica ainda guarda um resíduo não mercantilizado. Com ela, os homens acabam aprendendo e redescobrindo o prazer no trabalho. Entretanto, isso não quer dizer que elas não sejam vítimas do machismo e de violências. Ao contrário, a opressão está sempre presente. Na coordenação das equipes, por exemplo, o "mando" continua do homem. Mas essa experiência no trabalho coletivo acaba colaborando para que elas se libertem da opressão doméstica e, muitas vezes, dos próprios maridos.

São elas também as responsáveis pela rede de conversas dentro da obra, como conta Aluízia Lima: "O assunto começava a ser aquecido entre as mulheres, sobretudo as mais idosas. Elas se utilizavam dos caminhos que eram obrigadas a percorrer, carregando material de construção (ou água e café). E neste percurso, este rosário de mulheres iniciavam as discussões. Os temas de maior interesse tinham, no canteiro, um encaminhamento físico. Na hora do encontro, vinha a síntese. Esta, repassada para cada equipe pelo mesmo rosário de mulheres, que, aos poucos, formulavam um conceito. Os temas conversados eram os mais variados. Abrangiam desde o melhor chá para a dor de estômago até a prestação da casa, a política do Governo, a técnica construtiva, os materiais de construção. A maneira mais correta de assentar um bloco era discutida junto com o tratamento mais eficaz contra piolho ou o preço do feijão. Os questionamentos fluíam em conjunto, sem a distinção que a metodologia dá. Uma dúvida levava à outra".

O trabalho amador e, dentro dele, o feminino, pode indicar como seria um outro trabalho, mais livre, em oposição à infelicidade congênita do trabalho no capitalismo. No mutirão, não se trata de pessoas "condenadas ao sobretrabalho", como denunciam alguns de dedo em riste acreditando na normalidade do assa-

---

[233] Ver Robert Kurz, "O eterno sexo frágil", em *Folha de S. Paulo*, 9/1/2000, Caderno Mais!, pp. 12-3.

Mulheres trabalhando na construção de
moradias em mutirão autogerido.

lariamento, mas sim de uma valorização e um reconhecimento, uma espécie de desrecalque — o resultado é uma recompensa prazerosa. Vários mutirantes contam como seus outros cinco dias de trabalho na "firma" são de verdadeira solidão. São esses dias que precisam ser combatidos e não o fim de semana em que se faz junto a casa e a festa.

2.

Na sua crítica ao Desenho na produção capitalista, Sérgio Ferro afirma que ele aliena tanto o operário que o obedece quanto o arquiteto que o realiza. Isso porque a "forma da forma-mercadoria", podendo ser qualquer, tornou o desenho intransitivo. Talvez um dos melhores exemplos de uma *forma de "tipo-zero"*, na expressão de Lévi-Strauss utilizada por Sérgio para descrever este fenômeno, sejam os grandes conjuntos habitacionais: paralelepípedos iguais repetidos milhares de vezes, dispostos em grandes platôs que violentam a topografia dos terrenos, tornando os espaços que os rodeiam meros retalhos de terra — os arquitetos assim obedecem à racionalidade da economia acreditando que esta é a mesma do homem e da natureza, e não sua negação.

Efeito duplamente perverso, pois como se viu no Conjunto Zezinho Magalhães, mesmo planejado pelos arquitetos dentro da racionalidade econômica de uma obra industrializada, esbarrou no atraso da construção civil brasileira, cuja oferta permanente de mão de obra barata não estimula a adoção de máquinas e técnicas que economizem trabalho. A esperança que os arquitetos depositaram em nossos industriais mostrou-se infundada e não se materializou em formas mais modernas de produção — até hoje, nem mesmo a normalização das dimensões dos elementos construtivos mais banais, como portas e janelas, foi integralmente alcançada.

A democratização do desenho nos mutirões autogeridos, trinta anos depois da experiência das Casas Boris Fausto e Bernardo Issler, acabou seguindo o mesmo caminho: a racionalização das técnicas populares. "Invenção lúcida com materiais simples", como na Arquitetura Nova, mas com muito menos recursos, uma vez que se trata efetivamente de habitação popular. Os materiais empregados na maioria dos mutirões são os mais comuns — tijolos, vigotas, blocos furados e caibros — e o uso de concreto e ferragem é reduzido ao mínimo, como nas abóbadas. Estas, entretanto, não podem mais ser adotadas como solução, pois o preço da terra em São Paulo tornou-se tão elevado em relação aos salários que obrigou os mutirões a atingirem uma alta densidade, através de sobrados geminados ou edifícios.

Apesar dos paralelos aqui traçados, os arquitetos dos mutirões não foram diretamente influenciados pela arquitetura de Sérgio, Flávio e Rodrigo e menos ainda por Artigas. Não estão filiados a nenhuma escola e combinam referências que vão do vernacular ao *high-tech*: a arquitetura de abóbadas e cúpulas núbias de Nova Gurna, do arquiteto egípcio Hassan Fathy, descritos no livro *Architecture for the poor (Construindo com o povo)*; a arquitetura de Gaudí e seus artesãos, como o ladrilhador Jujol, e seu "canteiro participativo"; John Turner, com os livros *Freedom to build* [Liberdade para construir] e *Housing by people* [Todo poder aos usuários]; Rudofsky e a descoberta do mediterrâneo vernacular em *Architecture without architects*; Gil Borsoi e a arquitetura de taipa; o seminário de tijolos e abóbodas dos padres claretianos em Batatais, projeto de Affonso Risi e José Mário Nogueira; Johan van Lengen com os *Arquitetos de pés descalços no Tibá*; e por fim, Frei Otto e Buckminster Fuller, do Instituto de Estruturas Leves de Stuttgart.[234]

Na verdade, a combinação de arquitetura terceiro-mundista, participativa ou vernacular, com as estruturas de aço de Otto e Fuller, revelam uma vontade de encontrar uma expressão arquitetônica que seja ao mesmo tempo popular e moderna, semelhante às abóbadas da Arquitetura Nova. Como na igreja de Walter Ono,

---

[234] Segundo depoimentos de Wagner Germano, João Marcos Lopes, Reginaldo Ronconi e Joel Felipe.

o objetivo era, mais do que uma questão estética, alcançar soluções técnicas relativamente sofisticadas mas realizáveis dentro das condições de precariedade enfrentadas na periferia. Contudo, enquanto a experiência "novista" alcançou uma síntese estética possível, no caso dos novos arquitetos, a junção pretendida entre o vernacular e as estruturas leves é pouco visível nas obras dos mutirões: foram raríssimas as experiências que conseguiram essa fusão, sendo talvez as mais significativas os centros comunitários do Pôr-do-Sol (Oficina de Habitação), do São Francisco VIII (Ação Direta) e do 26 de Julho (Usina).

A grande novidade em relação à Arquitetura Nova, como não poderia deixar de ser, são as consequências para o desenho do "encontro com o povo". Na década de 1960, esse encontro foi apenas imaginado enquanto, na realidade, continuava-se construindo casas burguesas. Agora a situação é diferente: é preciso desenhar "cara a cara" com a população. E isso traz uma série de imprevistos. Como já supunha Rodrigo em sua tese, haverá um confronto entre as culturas do técnico e do mutirante. Enquanto na casa burguesa o arquiteto move-se no mesmo universo do morador, agora ele se aproxima de uma outra classe social, com perspectivas estéticas e maneiras de morar muitas vezes conflitantes com a sua. Entretanto, essa oposição não pode mais ser resumida ao confronto entre cultura erudita e popular, como imaginava Rodrigo, pensando nos migrantes rurais que ainda preservavam sua cultura original. As famílias que participam dos mutirões não guardam referências tão fortes e estão há anos submetidas à cultura de massa da cidade grande. Assim, os arquitetos, que muitas vezes ainda idealizam o "vernacular", esbarram, de fato, numa cultura arquitetônica própria da periferia urbana: restos de memória rural, padrões de gosto promovidos pela indústria cultural, materiais de estética e qualidade duvidosas vendidos nos depósitos de periferia, cópias barateadas de elementos da casa burguesa (como os balaústres), técnicas precárias, padrão de organização da planta determinado pelo lote estreito, e muitas grades de pro-

Centro comunitário Pôr-do-Sol (Oficina de Habitação).

Centro comunitário São Francisco VIII (AD).

Centro comunitário 26 de Julho (Usina).

teção na entrada das casas resguardando-as da barbárie que reina em volta.

Ao mesmo tempo, essa expressividade proletarizada da autoconstrução, uma "antipoética da economia", não deve ser simplesmente apagada. Este é justamente o ponto de partida (e não de chegada...) dos arquitetos dos mutirões. Entretanto, se a autoconstrução precisa ser superada, já que é antes uma manifestação das necessidades do que uma invenção do espírito, não basta uma solução imaginada exclusivamente pelo arquiteto, como vimos na experiência do Recanto da Alegria — é preciso encontrar um modo de realizá-la coletivamente. Isso não significa que o arquiteto deva abandonar suas habilitações, ao contrário, deve apresentá-las da forma mais estimulante possível a uma população que nunca teve acesso à arquitetura e, por outro lado, democraticamente expor o processo por meio do qual formula suas propostas, evitando a impenetrabilidade da criação genial.

Diferentemente do desenho emancipador imaginado por Sérgio, a ser realizado no canteiro com a contribuição individual e coletiva dos operários, em se tratando de habitação popular, seja por sua escala e custo, seja pelas necessidades de aprovação da planta, o desenho precisa ser definido antes do início da obra. Definição que ocorre com os mutirantes encarnando mais a condição de futuros moradores do que de produtores. Os operários que são contratados para dar apoio à obra, por exemplo, ainda não foram convidados a participar das discussões de projeto. A eles, o desenho do mutirão chega predefinido.

Para discutir os projetos com os mutirantes, os arquitetos inventaram algumas metodologias. Cito três das mais exemplares. A primeira utiliza um modelo tridimensional, o "maquetomóvel", uma maquete desmontável e remontável. Trata-se de uma base reticulada com sulcos, onde cada quadrado representa um módulo de área múltiplo do elemento construtivo, e cada filete de parede, com porta e janela, disposto verticalmente, pode ser organizado pelos mutirantes segundo suas vontades, desde que respeitando a área construída estabelecida pelo grupo em função do financiamento. A discussão da maquete é feita em grupo ou com uma família de cada vez e o resultado é analisado pelos arquitetos. Feitas tabelas e matrizes, volta-se com propostas comuns a todos e, na assembleia, são definidas as tipologias que serão executadas.

A segunda metodologia entrega ao mutirante o controle do processo. Os mutirantes recebem material de desenho para que esbocem livremente como imaginam suas casas, sem regras preestabelecidas. Com isso novos elementos podem então surgir, como janelas, portas e telhados de tipo diferente dos predeterminados pelo kit de montar da maquete, e ainda varandas, jardins, edículas, garagens etc. Os arquitetos, nesse caso, trabalham apenas como leitores dos desenhos, os quais levam para o escritório e avaliam. A interpretação agora é mais complexa e subjetiva, pois além dos cômodos e suas articulações, há informações novas e muitas vezes divergentes. Ao fim, os arquitetos trazem o resultado comum da interpretação, que é avaliado e aprovado em reunião.

A terceira alternativa, cética em relação à ação direta dos mutirantes desenhando ou modelando suas próprias casas, reivindica um papel mais ativo ao arquiteto no processo de projeto. Após atividades de ativação da memória dos mutirantes, tanto a respeito de suas casas fora de São Paulo quanto na cidade grande, inicia-se a discussão de projeto. Em assembleia, o arquiteto apresenta em grandes pranchas elementos que representam usos domésticos: um fogão indicando a cozinha, um sofá a sala, e assim por diante. Cada cômodo, seu tamanho e articulação, são discutidos coletivamente, chegando-se a alternativas comuns que o arquiteto desenha nas pranchas. Ao contrário de apenas receber as informações, o arquiteto debate com os mutirantes e conduz o processo, põe janelas no canto e não no meio, faz recuos e recortes que jamais seriam propostos, tentando fazer aparecer o seu desenho e explicando suas motivações.

Este último método de discussão, ao mesmo tempo que restitui o desenho ao arquiteto, perdido nos dois primeiros exemplos, explicita os limites entre a ação do profissional e a participação dos mutirantes. Até que ponto o arquiteto deve aceitar as vonta-

Discussão dos projetos de habitação popular.

des de cada família e, de certa maneira, repetir os padrões da autoconstrução, ou interferir no projeto e propor um desenho cuja qualidade acredite ser superior? Ao invés de transferir sua função aos mutirantes, não seria mais importante saber interpretar as necessidades e desejos das famílias, as condicionantes financeiras, técnicas e geográficas e, criticamente, traçar a melhor resposta arquitetônica possível? Esse dilema crucial estabelece os limites da constituição de um processo coletivo de criação, que não pode ser regressivo, com a negação do ofício do arquiteto, nem autoritário, com sua sobrevalorização. Se os arquitetos estiverem motivados a construir obras com invenção e não apenas reproduzir com correção técnica a autoconstrução, quais argumentos devem utilizar, por exemplo, para rechaçar os balaústres ou as janelas arqueadas coloniais? Para isso o arquiteto não pode apenas lançar mão de sua razão técnica, afirmando, por exemplo, que são elementos construtivos antieconômicos, pois estaria assim impedindo o diálogo franco e restituindo sua "autoridade" inquestionável de técnico de nível superior. Se é preciso criar *uma cultura arquitetônica comum* entre arquitetos e mutirantes, ela deve ser francamente debatida e experimentada até consolidar um novo imaginário do que seja o *habitat popular* numa grande cidade.

É comum visitar mutirões em que casas térreas ou sobrados acabaram ampliados pelos moradores sem nenhuma preocupação em seguir o que fora anteriormente discutido e executado coletivamente. Se é insensato imaginar essas casinhas como obras de arquitetura que mereçam ser respeitadas e preservadas — e por isso seu destino mais feliz é a apropriação completa pelo morador alterando sua feição original —, resta-nos perguntar, então, qual foi o sentido da intervenção do arquiteto naquela situação? Ou bem se constitui uma proposta comum do que deva ser o ato de construir, o caráter de invenção, suas regras e possibilidades — ou tudo voltará a ser como antes: uma paisagem cinza indistinta de qualquer colina ocupada da periferia de São Paulo.

Talvez a experiência mais feliz de participação coletiva no desenho resultando em boa arquitetura seja o conjunto União da

O fio da meada

Tipologias dos conjuntos São Francisco VIII
(Co-opera-ativa) e Sônia Ingá (Gamha).

Juta, de 1991, o primeiro projeto aprovado no programa de mutirões do governo do estado e permanente referência para os movimentos de moradia. O conjunto também é o primeiro com edifícios de quatro pavimentos na Fazenda da Juta, em São Mateus, local que concentra o maior número de mutirões de São Paulo. Na União da Juta, os arquitetos realizaram diversas reuniões para elaboração do projeto, resultando na definição de três tipologias diferentes que atendiam às expectativas variadas das famílias. As três tipologias, contudo, não representaram uma diversidade exagerada de soluções na obra, pois são compostas a partir de cômodos e módulos hidráulicos idênticos recombinados a cada planta. Os edifícios articulam-se entre si, formando espaços ora mais privativos, como pequenas vilas de acesso, ora mais abertos, criando uma urbanidade pouco encontrada em conjuntos habitacionais. Os blocos cerâmicos aparentes dão à massa construída o tom vermelho que se tornou característico das obras em mutirão. Entre o térreo elevado meio nível e as ruas e praças, platôs com jardins começam a mesclar o verde ao vermelho das paredes. Entre os blocos, as torres metálicas das escadas formam passagens permeáveis ao percurso dos moradores, que podem atravessar uma sequência de edifícios e vilas internas de um lado ao outro do conjunto. Na entrada principal, encontra-se um conjunto de equipamentos comunitários construído no início da obra, dentre eles uma creche que atende crianças da região e, nos finais de semana de trabalho, os filhos dos mutirantes. Esses equipamentos que servem ao bairro — além da creche, há uma padaria comunitária, um sacolão e salas para diversos cursos —, junto com as festas ali realizadas e que agitam a vizinhança, consolidaram a União da Juta não apenas como centralidade para os mutirantes mas para todos os moradores do entorno. Esse papel irradiador permanece mais forte do que nunca, com o centro comunitário expandindo-se e abrigando cada vez mais atividades. A escalada da violência e da pobreza nas periferias de São Paulo, entretanto, produziu uma consequência perversa e contrária ao caráter aglutinador do conjunto: o confronto com o tráfico e o crime da região obrigou a

O fio da meada

Conjunto habitacional União da Juta, em São Mateus, São Paulo (Usina). Abaixo, padaria comunitária do conjunto.

uma demarcação de territórios, o que levou a União da Jutá a construir um muro à sua volta.

Experiências como a desse mutirão, entretanto, são exceções — tanto no que diz respeito à organização popular quanto ao resultado arquitetônico. O momento da discussão do projeto, da constituição de um desenho coletivo, que não seja autoconstrução nem arquitetura de autor, precisa ainda avançar. De um lado, a maioria dos mutirões não conseguiu uma qualidade espacial e arquitetônica muito superior à autoconstrução racionalizada e aos conjuntos do governo; de outro, quando se encontra arquitetura como invenção, não se sabe até que ponto ela foi uma construção democrática. Entretanto, o aprofundamento da produção coletiva do projeto depende também do interesse dos movimentos e mutirantes em realizá-lo. Muitas vezes o caráter de urgência ou a necessidade de dedicar mais atenção às negociações com o governo tem levado à redução do tempo destinado ao debate de arquitetura. Contudo, se os mutirões não constituírem uma qualidade arquitetônica própria, na qual se encontre engenho e criação, continuarão presos ao reino das necessidades, com trabalhadores empilhando blocos sem produzir algo gratificante. A autogestão será assim amarga: apenas uma forma barata de fazer habitações.

Como já referimos, além da democratização do desenho, existe um canteiro autogerido no qual é possível uma produção sem dominação. Isso leva os arquitetos a pensarem o aumento de produtividade não pela ampliação da exploração ou pela redução da qualidade da obra, como acontece no canteiro tradicional, mas por um enorme esforço de racionalização das técnicas populares, e algumas vezes, no sentido da valorização de uma "técnica modificadora", nos termos de Sérgio Ferro.

Como forma de racionalização, em alguns canteiros têm sido instaladas pequenas usinas de pré-moldados em argamassa armada. Nas usinas são fabricados painéis de laje, "jacarés" e degraus das escadas, o peitoril das janelas e outras peças. Tudo é feito seguindo as exigências técnicas mais rigorosas, o traço adequado, o posicionamento das telas de armadura com espaçadores especiais e a cura submersa — procedimentos técnicos fora do alcance da autoconstrução tradicional.[235] As peças são produzidas com grande qualidade e economia, sendo transportadas e montadas rapidamente nas casas, algumas vezes com o auxílio de gruas. Esse tipo de usina é um dos exemplos da industrialização possível na construção habitacional.

Como vimos, a ideia de técnica modificadora para Sérgio Ferro vai além da mera racionalização. Ela implica uma invenção construtiva capaz de permitir a mudança qualitativa da obra, tanto no que diz respeito ao resultado estético quanto ao processo de trabalho. Na Arquitetura Nova foi esse o caso das abóbadas, do sistema de caixilhos com caibros e da sobreposição das instalações elétricas e hidráulicas nas paredes. No caso dos mutirões, o principal exemplo de técnica modificadora surgiu como resposta ao desafio da verticalização. Como construir prédios sem submeter os mutirantes a riscos de acidentes em altura ou no transporte vertical de materiais? Os que consideravam o mutirão uma forma atrasada de produção, pensavam ser impossível realizar a construção de edifícios. Uma das soluções surgiu na obra da Associação Pró-Moradia de Osasco, o Copromo, em 1990, com a adoção de um sistema construtivo baseado em blocos estruturais de alta resistência, que dispensam andaimes e fôrmas para concretagem. A execução é simples, como se estivesse sendo construída uma casa térrea sobre a outra, com uma cinta de amarração sustentando a laje pré-moldada de cada andar superior. O único momento em que era necessário o uso de fôrmas e um trabalho mais especializado de carpintaria, na concretagem da laje, acabou sendo evitado a partir da invenção de um bloco em "J" que dava o fechamento e solidarizava a laje na alvenaria. Esse novo elemento acabou entrando no catálogo das fábricas de blocos e foi adotado em diversas outras obras. Mas a principal no-

---

[235] O processo é descrito por Reginaldo Ronconi, *op. cit.*

Exemplo de pré-fabricação adotada pelos movimentos populares.

Sistema construtivo misto com alvenaria cerâmica estrutural e torres de escada em aço.

Vistas do conjunto da Associação Pró-Moradia de Osasco, Copromo (Usina).

vidade do Copromo foram as torres de escada em aço instaladas logo que ficavam prontas as fundações. As escadas poderiam ser executadas na obra ou vir montadas da fábrica e permitiam aos mutirantes subir, descer e transportar materiais com segurança. Ao mesmo tempo, devido ao seu esquadro rigoroso, as torres de aço serviam de prumo para as paredes do edifício que crescia à sua volta.

As torres das escadas, ao serem erguidas em segundos pelos guindastes e plantadas sobre as fundações, despontavam imponentes no canteiro e eram facilmente vistas por todo o entorno. O estranhamento produzido por essas estruturas de 15 metros de altura em meio ao mar de casinhas autoconstruídas da periferia era a demonstração de que os movimentos de moradia e seus arquitetos não estavam dispostos a simplesmente reproduzir "precariedades", mas, ao contrário, concentravam seus esforços à procura de soluções modernas, utilizando ao máximo possível os meios técnicos da civilização contemporânea. É dessa forma que disputam a qualidade e a tecnologia na produção habitacional, sendo até agora seus principais agentes inovadores.

No Copromo, as torres de escada foram projetadas com circulações de acesso aos apartamentos que não eram apenas concebidas como espaços funcionais de passagem. As circulações alargavam na entrada dos apartamentos, tornando-se amplas varandas coletivas, onde os vizinhos põem suas cadeiras e sentam para conversar e admirar a obra que construíram. Em dia de festa as varandas são todas decoradas, com bandeirinhas ou luzes de Natal. Assim, superam o chamado "espaço mínimo" e ultrafuncional da habitação popular, criando uma espacialidade nova e generosa que é logo apropriada.

São esses exemplos que nos levam a crer que o mutirão autogerido não é apenas uma alternativa para os sem-teto, mas um espaço excepcional para a experimentação do que pode vir a ser um *desenho emancipado*.

Lá

O mutirão autogerido é um lugar diferenciado dentro da produção capitalista do espaço. Esse pequeno e minoritário momento na construção da cidade é um vislumbre do que poderia (poderá?) ser uma outra forma de produção. O canteiro autônomo, ao mesmo tempo que indica o vir a ser, ilumina as contradições das relações sociais capitalistas, cuja violência e alienação impostas ao trabalho passam a ser questionadas por outra prática. Sem pretender que toda a intervenção arquitetônica se dê por esta forma, o mutirão autogerido certamente constituiu-se num dos mais importantes lugares de atuação para o arquiteto disposto a realizar a crítica ao canteiro e ao desenho e tomar parte na invenção de novas relações de produção. E, como lembra Sérgio Ferro, por ser a construção uma manufatura, processo mais simples do que o industrial, é um excelente laboratório para os trabalhadores exercitarem o controle da produção, se preparando para, quem sabe, grandes transformações.

Infelizmente, a ausência de políticas públicas continuadas que favoreçam os mutirões autogeridos diminuiu muito o impacto da experiência. Ao contrário do ocorrido no Uruguai, onde desde 1968, e resistindo ao período da ditadura, as cooperativas constituíram-se numa alternativa importante de produção habitacional, aqui os mutirões sofreram reveses fortíssimos. Isso significa que os movimentos, as assessorias e as cooperativas de construção civil têm enfrentado dificuldades imensas para sobreviver. Se a política de mutirões tivesse tido continuidade desde a gestão de 1989-92, certamente estaríamos noutro patamar, consolidando mais espaços de negação da construção civil capitalista.

Mesmo assim, como vimos, o canteiro e o desenho no mutirão autogerido produziram um paradoxo que merece reflexão. Os arquitetos modernos sempre acreditaram que as empresas capitalistas nos levariam à industrialização da construção — aos nossos industriais estava reservada esta tarefa histórica. Entretanto, a construção civil no Brasil permaneceu como um dos setores mais

O fio da meada

atrasados da economia. Alguns dos motivos desse atraso já foram mencionados por Sérgio Ferro, como a utilização de um enorme contingente de trabalhadores empregados por baixos salários e submetidos a todos os tipos de violência, ao invés da mecanização e da inovação. O aumento da produtividade, nesse caso, não se faz por economia de trabalho, mas por aumento da exploração. O mutirão, por sua vez, considerado uma forma pré-moderna de produção, cujas origens remontam ao mundo rural, quando organizado de modo autogerido, com o apoio de arquitetos e engenheiros independentes e tendo acesso aos fundos públicos, foi capaz de introduzir mais inovações técnicas e assegurar mais segurança ao trabalhador do que as obras de empreiteiras.

Resumindo, o paradoxo pode ser apresentado nos seguintes termos: no Brasil, uma produção aparentemente arcaica, como o mutirão, aponta para o avanço técnico, e uma produção capitalista, ou seja, moderna, aponta para a manutenção do arcaico.[236]

Não por acaso, as obras realizadas em mutirão autogerido que se beneficiaram de um financiamento constante e puderam, assim, ser completadas dentro do planejamento inicial, têm sido utilizadas como referência para contestar as planilhas e padrões construtivos dos programas habitacionais executados por empreiteiras. Mesmo acrescentado o valor das horas trabalhadas pelos mutirantes, a economia ainda é grande e deve-se à aplicação de técnicas racionalizadas e à gestão democrática da obra, ausência de lucro, corrupção e desperdício. É por esse motivo, por exemplo, que os mutirões tiveram apoio da ABCI (Associação Brasileira de Construção Industrializada) e foram criticados pelas empresas de construção com as quais concorriam pelos recursos públicos.[237]

Isso não é tudo. Como forma de expansão do canteiro autogerido para além da produção habitacional, a relação entre mo-

---

[236] Ermínia Maricato, *Enfrentando desafios...*, *op. cit.*, p. 61.

[237] *Idem*, p. 61.

vimentos de moradia e sindicatos dos trabalhadores da construção civil pode ser frutífera. A experiência dos mestres de obras e mutirantes dos movimentos sociais somada à dos trabalhadores da construção civil pode levar à formação de cooperativas. Estas, por sua vez, trabalhariam nas mais diversas obras, instaurando novas relações de trabalho e novos padrões de construção. Grupos autogeridos de trabalhadores como estes estariam mais próximos do que fora imaginado por Sérgio Ferro. À medida que tal experiência ganhe escala, poderá se contrapor com maior veemência à hegemonia das construtoras capitalistas. Cabe aos arquitetos fortalecer os grupos cooperativos que surjam, contratando-os para todos os tipos de obra e, a partir daí, democratizar a arquitetura ao máximo, imaginando novos tempos.

Ultrapassando as fronteiras do canteiro e do desenho, o mutirão autogerido ainda enfrenta o desafio de prolongar a organização popular para depois da conquista da terra, do financiamento e da construção. As dificuldades são imensas. Após o término das obras, há uma regressão visível na organização popular, os mutirantes escolhem suas casas e recolhem-se nelas. Atualmente, apenas uma minoria dos que participaram dos mutirões ainda permanece ativa nos movimentos ou ingressando nos diversos conselhos de representantes na cidade. Mas, além dessas lideranças, parece ser possível motivar a retomada da mobilização de parte importante dos mutirantes com o objetivo de dar continuidade à autogestão, por meio da organização de espaços comuns como creches, praças, centros de juventude e de cultura, padarias comunitárias, escolas profissionalizantes, cooperativas de produção, o que começa lentamente a acontecer.

Com a retomada da organização popular depois da conclusão das obras, os mais de cem mutirões autogeridos da cidade de São Paulo poderão estabelecer uma rede de espaços de resistência à desintegração social nas periferias de São Paulo. Trata-se de uma etapa qualitativamente diferente para os movimentos urbanos: eles têm em suas mãos parcelas da cidade que construíram e terão a liberdade de imaginar como serão organizadas. Algumas zonas que concentram diversos mutirões num mesmo espaço, como a Fazenda da Juta, o São Francisco e a Vila Nova Cachoeirinha, já formam trechos inteiros de bairros cujo controle e gestão poderiam estar com os movimentos de moradia. São espaços residuais dentro da cidade capitalista, não mercantilizados e sob apropriação popular, possíveis paradigmas do que pode vir a ser um outro espaço urbano. Se esses contraespaços forem efetivamente organizados como contraprojetos políticos — *implantes de uma nova ordem social e urbana* —, os mutirões autogeridos terão um importante papel a cumprir na transformação social do Brasil.

Comparados aos assentamentos do MST, os mutirões, entretanto, ainda possuem a limitação de estarem restritos à produção de um bem de consumo, o local de moradia. Depois de encerrado o grande momento produtivo do canteiro, a esfera do trabalho distancia-se do espaço do mutirão, que se torna um dormitório de trabalhadores submetidos à lógica capitalista do assalariamento. No caso dos assentamentos do MST, novas formas de trabalho, educação e cultura estão sendo experimentadas permanentemente e com autonomia. Ali, quem sabe, já será possível vislumbrar uma alternativa mais ampla de transformação social. Cabe imaginar junto com os movimentos urbanos como essa experiência pode acontecer nas cidades, qual a relação dos espaços de produção e educação com a moradia.

Por sua vez, a passagem do mutirão à cidade ainda é um desafio. Afinal, se o grande mérito dos mutirões tem sido até agora o de formarem ilhas de invenção social, nisso reside sua maior limitação: o caráter confinado da experiência. O mutirão autogerido tem dificuldades em expandir-se para além das próprias fronteiras e, por isso mesmo, ainda não se constituiu numa referência para futuras transformações no âmbito da cidade. Poderiam os equipamentos gerais da sociedade e os serviços urbanos funcionar de maneira igualmente autogerida? Ou trata-se de um projeto efetivamente restrito a pequenos implantes, sem efeito propagador?

Esta é certamente uma história que apenas começa a ser escrita: a da gestão democrática e socialmente justa das cidades brasileiras. Restam, portanto, muitas perguntas a serem respondidas. Para além do canteiro e do desenho nos mutirões autogeridos, o que seria uma outra produção do espaço nas cidades brasileiras? Diante do impacto social devastador produzido pelo ajuste econômico neoliberal dos países latino-americanos, como resistir à desintegração e restituir um projeto de desenvolvimento urbano com distribuição de renda e investimentos públicos nas áreas mais pobres? É possível, dentro do âmbito local das cidades, efetivamente se contrapor às políticas macroeconômicas que vêm destruindo a base social e produtiva de países inteiros? Diversas iniciativas que partiram das administrações municipais progressistas durante as décadas de 1980 e 90 apresentam alternativas para uma gestão democrática das cidades que têm, entretanto, consequências limitadas na reversão do quadro atual.

A passagem do mutirão autogerido à cidade democrática não é simples. Como sair da esfera da luta comunitária para a esfera pública da cidade? Como ultrapassar o limite da reivindicação isolada na direção de algo como uma consciência *urbana* de classe? Certamente a formação do Partido dos Trabalhadores, a conquista de diversas administrações importantes e de parcelas do Fundo Público são vitórias notáveis. Mas a gestão democrática nas cidades administradas por governos progressistas ainda precisa questionar mais claramente as promessas da modernização na periferia do capitalismo: em vez de pretender realizar uma modernização mimética que mantém perversamente nossas elites sempre atualizadas em relação aos padrões de consumo do Primeiro Mundo, enquanto o restante da população passa fome, deveria concentrar todos os recursos e esforços para superar efetivamente o que há de arcaico em nossa sociedade: a pobreza, a falta de saneamento, de habitação, de saúde, de educação, de oportunidades sociais etc. E daí seguir adiante por caminhos mais radicais.

O fio da meada

Por outro lado, enquanto a definição do destino das cidades estiver exclusivamente nas mãos de urbanistas ou do capital imobiliário e das construtoras, não será possível uma gestão efetivamente democrática. O urbanismo não é um instrumento neutro, e muitas vezes está associado às estratégias do capital na produção do espaço. É preciso tirar o debate deste círculo fechado e ampliá-lo a toda a população. Apenas assim será restituído o sentido político e histórico das cidades, no qual o conflito e o dissenso tornam-se legítimos.

No Brasil, o direito a um outro projeto de sociedade nunca existiu, pois as elites sempre souberam cooptar ou reprimir seus opositores. Por isso, sem restituir a fala à maioria, não haverá mudança possível. Contudo, para que um povo oprimido por séculos saiba expressar a transformação social, é preciso inventar uma pedagogia que ainda ensine que o impossível é possível. Apenas assim continuaremos perseguindo o *lá* para onde os nossos companheiros da Arquitetura Nova um dia apontaram.

POSFÁCIO

*Roberto Schwarz**

Caro Pedro, quero cumprimentá-lo pelo seu trabalho de fim de curso, que é notável por muitas razões, especialmente pelo grau de consequência. Você tirou as suas conclusões a respeito da situação de classe da arquitetura em países como o nosso, tomou posição prática em função delas, indo trabalhar junto aos movimentos de moradia, e tratou de estabelecer o histórico do problema, de modo a esclarecer o quadro em que estamos. O resultado é uma história concisa, mas muito articulada, do impasse da arquitetura brasileira, de esquerda e moderna, diante das questões da habitação popular.

Essa história tem interesse nela mesma, pelo peso das dificuldades que envolve, pela inteligência e ousadia dos arquitetos que tentaram soluções, e também, por enquanto, pelo tamanho do fracasso. Ela tem interesse igualmente como parte da história mais ampla do impasse social da própria modernização, no Brasil e no mundo. Neste sentido, são problemas radicais e da maior relevância.

Eu sou leigo em arquitetura, e boa parte do que você expõe eu não saberia avaliar com independência. Vou me limitar a dar impressões e fazer algumas perguntas.

---

* Trata-se da arguição do Trabalho de Conclusão de Curso, apresentado na FAU-USP em fevereiro de 2000, e que deu origem ao presente livro. Acredito que algumas das questões levantadas por Roberto estejam respondidas na versão atual. Aproveito para agradecer-lhe por me ter alertado para elas.

O seu trabalho poderia ser comentado como uma coleção de viravoltas, ou de ironias históricas: tudo dá no contrário, como aliás você mesmo assinalou na sua exposição inicial. Desse ponto de vista, o retrato de Artigas é extraordinário, e poderia ser uma peça de ficção. Aí está um homem que apostou a fundo no funcionalismo dos arquitetos como metodologia para chegar a uma sociedade justa. Quais os resultados? Curiosamente, ou dialeticamente, a primeira vitória que o novo padrão moderno e vanguardista lhe proporcionou teve como vítima os trabalhadores, cuja competência tradicional ficava desqualificada. Na mesma direção, a racionalidade que deveria conduzir à sociedade sem classes assumia como a sua tarefa inicial reeducar — logo quem? — a burguesia, e convertê-la à sobriedade das casas de concreto, sem ornamentação. Essa ideia de ensinar sobriedade e rigor estético à burguesia valeu o que valeu, mas agora, virada a página, certamente deixou de prometer um mundo novo. Algo de mesma ordem afetou a aposta na industrialização, com a arquitetura se ligando cheia de esperança ao *design* e a suas implicações educativas. O *design* pouco existia na época, mas quase em seguida começou a funcionar como uma espécie de marca registrada de privilégio, ao contrário da vocação democrática, voltada para as massas, que postulava. Como não podia deixar de ser, a estrutura de classes brasileira se impôs, redefinindo em seus termos as aspirações vanguardistas europeias. Mas as inversões não terminaram aí.

Com o golpe de 64 o projeto dos desenvolvimentistas de esquerda aparentemente ficava inviabilizado, fora e dentro da arquitetura. Tanto que Artigas foi preso e passou pelo exílio. Pouco tempo depois, entretanto, desmentindo a expectativa, o modernismo arquitetônico parecia contar com mais chances do que antes. Os arquitetos eram bem aceitos na nova situação, e uma parte do programa da casa popular foi posta em prática, ao mesmo tempo que a industrialização da construção avançava um pouco. Desse ângulo, que por isso mesmo requer discussão, 64 pareceria ter tido os seus méritos.

A primeira reação de Artigas ao Golpe veio com a Casa

Berquó. Uma casa bem pouco funcionalista, cujo comentário me pareceu um dos pontos altos de seu trabalho. Você nota que, abalado pela derrota histórica da esquerda, o arquiteto naquele projeto e naquele momento admitiu a hipótese de ver todo o seu passado como uma espécie de fantasia, que poderia ser tratada em termos *pop*. A incerteza foi breve e logo ele retomava as coordenadas anteriores, do racionalismo progressista dogmático, para chegar à conclusão final de que tudo é desenvolvimento, desde que haja progresso de alguma espécie que seja. Mal ou bem, este último justificava tudo, o que no momento da ditadura não deixava de ser uma posição complicada.

No capítulo seguinte entram em cena Flávio, Sérgio e Rodrigo, os discípulos do professor, que logo passam a discordar dele, sobretudo quanto ao caráter simples e linear da certeza progressista, que Artigas compartia com o Partido Comunista. Depois de alguma hesitação, Artigas havia entendido o golpe de 64 como confirmação de suas convicções: nem mesmo os militares seriam capazes de deter o curso do desenvolvimento e, com ele, a missão da arquitetura funcionalista. O rumo da história era inelutável.

Outros setores da esquerda, ao contrário, influenciados pela heterodoxia dos anos 60, passavam a entender o desenvolvimentismo como uma bandeira que se mostrara duvidosa e ambígua e que podia muito bem servir à direita, precisando urgentemente ser analisada e especificada em seu conteúdo de classe. Flávio, Sérgio e Rodrigo entraram por essa linha e lhe deram continuidade no âmbito da arquitetura, esboçando um redirecionamento que chamariam de "Arquitetura Nova". Será mesmo certo que funcionalismo, espírito crítico, revolução social, fortalecimento do Estado, anti-imperialismo, defesa do campo socialista etc. sejam quase que a mesma coisa, tudo sob o signo da Razão? Onde Artigas negava a existência de uma crise, os seus discípulos passavam a estudá-la.

Sérgio responderia à questão através de uma análise crítica das relações sociais e de poder no canteiro de obras, a cuja luz o mundo moderno e limpo das convicções funcionalistas faz uma figura pouco edificante, de ideologia da autoridade, encobridora de um imenso campo de irracionalidades e de abjeções, com pouco a ver com o curso real do processo da construção. Assim, embora fosse difícil de pôr em prática, a busca de um processo produtivo democrático trazia um ganho teórico e crítico palpável. Em decorrência desse avanço conceitual, os três — pela ironia das coisas — foram deixando de ser arquitetos. Um foi mais para o teatro, outro para a pintura, e todos para a luta política direta, a qual levou Sérgio e Rodrigo a um longo período de cadeia. Sérgio saiu dela para o exílio, onde procurou teorizar a experiência anterior. É claro que esses paradoxos, os encadeamentos reflexivos e práticos que tornam substancioso o debate arquitetônico, podem ser vistos também como parte — e parte interessante — de uma história mais ampla, dos desencontros da experiência de esquerda no século XX. Em fim de contas, as contradições com que o progresso vem surpreendendo os seus adeptos socialistas são a substância de nossa experiência contemporânea e a matéria em relação à qual é preciso progredir.

No passo seguinte, que é o lance central de seu trabalho, você observa que a partir dos anos 80 os movimentos de moradia estão recolocando na prática o problema com que se havia debatido o grupo da Arquitetura Nova. Há uma questão importante aqui, pois, como você assinala, a parte da deliberação e da consciência nessa continuidade foi pequena. O que houve foi a persistência da questão objetiva. O impasse quase absoluto a que os arquitetos haviam chegado, quando insistiram no abismo entre as condições de trabalho realmente existentes e as postulações do funcionalismo, não era um fim de linha. Ou melhor, foi um fim de linha no plano pessoal de cada um, mas o problema era real e continuou vivo, ressurgindo com outros arquitetos e a partir de outras posições, mesmo que sem maior consciência da continuidade histórica. O que foi fim de linha para uns será começo para outros. A sua tese contribui para estabelecer essas ligações, que aprofundam a nossa compreensão histórica do presente.

Para o leitor de minha geração naturalmente é um tônico ver que a experiência daquele tempo, dada como morta e encerrada, reencontra a vida e tem o que dizer aos mais moços. Suponho que também para a sua geração seja interessante saber que um problema que parece ter nascido agora, rente à prática, tem uma história longa, com seu currículo de sofrimentos, cadeia e elaborações teóricas. É fato que uma das ideologias da fase em que estamos, no Brasil e no mundo, afirma a descontinuidade entre o presente e as categorias e os enfrentamentos da história anterior do capitalismo, com objetivo de desonerar e desculpabilizar a ordem atual, que seria um marco zero. Daí que uma das tarefas críticas de nosso momento seja trabalhar na direção contrária, tratando de reencontrar no presente a conexão com as contradições antigas e irresolvidas.

Com feições de modéstia — se não for dogmatismo invertido — há ousadia política e espírito crítico no ângulo que os jovens arquitetos de agora adotaram e que você sublinha. Como o Sérgio, pensam que têm mais que aprender que ensinar, ou que a verdadeira lição está no que o movimento popular pela moradia possa dizer sobre a atividade de projeto, e não vice-versa. A perspectiva inesperada e crucial para entender as contradições do progresso é esta, e não a contrária, que entretanto pareceria representar o caminho natural das Luzes. É claro que intuitivamente tudo leva o arquiteto de esquerda a valorizar as consequências de seu saber para o movimento popular: a missão do especialista é fazer, acontecer, dirigir etc., ao passo que o lado de lá aprende com ele. Agora você e os novos arquitetos, muito democraticamente, dizem: não, vamos tomar a relação pelo outro polo, vamos ver as implicações e as consequências do movimento popular para a atividade do arquiteto, tal como o sistema das atividades burguesas a configurou. A desconfiança em relação à autoridade e à distância social embutidas na atividade de projetar, que é talvez a intuição central do Sérgio, aí está de volta.

O Projeto, assim com p maiúsculo, é concebido pelo Sérgio como uma espécie de matriz, no âmbito da arquitetura, da cisão moderna entre trabalho manual e trabalho intelectual, entre trabalho com sentido e trabalho alienado. É uma tese histórica inci-

Posfácio

siva, cuja discussão exige conhecimento especializado, de que eu não tenho nem os rudimentos. Não obstante, para efeitos de debate, quero duvidar dela e dar a minha impressão de que o Sérgio atribuiu ao Projeto as divisões sociais causadas pelo Capital. Dizendo de outro modo, ele talvez não distinguisse o bastante entre a divisão social do trabalho e a divisão da sociedade em classes, de modo que a luta contra a segunda implicava, por assim dizer, na luta pela abolição da primeira. O Sérgio, que tinha uma aversão moral violenta contra a ordem burguesa, e contra o burguês que mais ou menos todos trazemos dentro de nós, procurou reinventar a atividade de arquiteto em termos que escapassem às atrocidades da dominação capitalista, nem que fosse ao preço de abrir mão de conquistas decisivas, tais como a capacidade de projetar e de abstrair, sem as quais é difícil imaginar soluções para o mundo moderno e os seus grandes números. Dito isso, a complementaridade entre os grandes projetos e a ordem do capital, com a sua disposição sobre massas de trabalho abstrato, existe e é preciso ter consciência crítica a respeito.

Mas vamos voltar aos ensinamentos inesperados que o movimento pela moradia pode proporcionar sobre o desenho arquitetônico. Quanto ao Artigas, o efeito da inversão da perspectiva é duro, pois deixa muito clara a dimensão de autoridade, bem como de abstração das condições reais, envolvida em sua concepção de projeto. É o exemplo perfeito para as intuições críticas do Sérgio. Quanto às soluções tentadas pelos três arquitetos, a questão fica parada no ar, pois, como você observa, eles no essencial construíram casas para a burguesia, ainda que buscando soluções e critérios cuja aplicação plena só apareceria na construção de casas populares. Também o experimento com a democratização do canteiro não pôde ir longe.

Em suma, a experiência que eles tiveram em mente começou a se dar de maneira real agora, na geração de vocês, em ligação com os movimentos de moradia. Essa combinação do movimento de moradia com os arquitetos de esquerda monta um quadro extremamente radical, pois não só coloca em jogo a definição convencional da profissão, como movimenta a relação, ou a falta de relação, dos despossuídos com a arquitetura, com as vantagens da civilização contemporânea de modo geral, e com a ciência. São as grandes questões recalcadas de nosso mundo, que fazem ver a própria civilização como problema. Nesse sentido, o mutirão autogerido com assistência de arquitetos é, além de uma saída prática, uma metáfora poderosa e chamativa de saídas eventuais para o mundo contemporâneo, que naturalmente envolvem problemas por sua vez. Você observa, por exemplo, que nesses mutirões autogeridos a cisão entre trabalho e capital — o pecado básico da sociedade moderna — deixou de existir. Esta é a promessa digamos socialista da situação que você estuda e valoriza. Entretanto, não seria razoável imaginar que no caso a cisão apenas mudou de lugar, e que se ela não está *dentro* do processo de trabalho, ela agora está na distância entre o movimento de moradia e o conjunto dos meios técnicos da civilização contemporânea? A alienação moderna muda de face mas não desaparece por decisão heroica, e a própria tentativa de solucionar o problema coletivo da moradia sem recurso aos meios próprios da economia e da técnica modernas não deixa de representar uma limitação drástica, que não tem cabimento idealizar. A privação não pode ser tomada como positiva e é certo que por alguma janela o lado negativo dela volta.

Em linha com esse argumento, acho que faltou em seu trabalho um pouco de exame histórico-sociológico desse encontro entre povo mutirante e arquitetos. Na falta dessa análise, você corre o risco de imaginar uma autorregeneração algo mítica e a baixo custo da franja mais prejudicada de nossa sociedade, sem que houvesse maior transformação da sociedade abrangente. Você mesmo nota os maus-tratos envolvidos na situação de povo da periferia, o bombardeio devastador da mídia e da cultura de massas. São relações destrutivas que o ilhamento no mutirão pode atenuar, em certo sentido, mas não suprimir. Seria o caso de analisar a colaboração entre mutirantes e arquitetos de esquerda como uma aliança de classe no quadro da sociedade global e do padrão

Posfácio

técnico e cultural moderno, sem o que a problemática política e cultural não se torna concreta.

Na mesma ordem de dúvidas, me ocorrem problemas óbvios, que você conhece melhor do que eu e que deveriam estar no seu trabalho. Qual a relação entre o mutirão autogerido e os equipamentos gerais da sociedade, que não podem funcionar segundo os termos apartados do processo que você está propondo? Como vão funcionar a eletricidade, os grandes encanamentos, enfim, os serviços gerais da cidade que não podem ser estabelecidos com os recursos dos mutirantes? É uma questão política importante, cuja discussão explícita ajudaria a dar mais realidade à visão do processo.

Para terminar, como estou entre arquitetos, quero fazer uma observação geral de literato. Não sou um leitor assíduo de estudos de arquitetura e urbanismo, mas, como tenho amigos nessa área, alguma coisa sempre acabo lendo. A impressão que me fica é que o *mix* de reflexões com que o arquiteto de esquerda se debate, envolvendo estética, tecnologia, luta de classes voluntária e involuntária, finança, corrupção, política, demagogia, especulação imobiliária, planejamento, cegueira, enganação grossa, utopia etc., tem uma relevância notável, e que, a despeito da grossura escancarada, ou por causa dela, ele é como que o modelo para um debate estético realmente vivo. A diversidade, o peso e a incongruência atroz dos fatores que o debate dos arquitetos ambiciona harmonizar, naturalmente sem conseguir, são algo único. É o campo talvez em que a discussão estética de nosso tempo encontra, ou poderia encontrar, a sua expressão mais densa e propícia. Sem perder as proporções, acho que o seu trabalho se beneficia da maré alta dessa sua matéria, razão pela qual ele se lê não só como uma informação interessante sobre as lutas em nossa história recente, mas também como um questionamento da civilização e da problemática estética de nosso tempo.

COMENTÁRIOS À 3ª EDIÇÃO

Pedro Fiori Arantes

Passados quase dez anos da publicação da primeira edição deste livro é possível olhá-lo sob um novo ângulo. Nesse período o Partido dos Trabalhadores assumiu a Presidência da República, instituiu o Ministério das Cidades e lançou um programa que, em suas duas primeiras etapas, previa a construção de três milhões de casas; eu passei essa década trabalhando na Usina como assessor técnico dos movimentos populares em projetos e canteiros de obras habitacionais autogeridos, vivendo suas potencialidades e contradições; Sérgio Ferro reapareceu publicamente no Brasil, em palestras, aulas e livros, exercendo uma renovada influência sobre uma geração mais jovem; por fim, meu orientador da pesquisa que resultou nesse livro, e também de doutoramento, o professor Jorge Oseki, faleceu precocemente, deixando um legado de crítica, autonomia e combatividade que infelizmente é pouco conhecido. Creio que esta terceira edição de *Arquitetura Nova* pode ser uma boa oportunidade para comentar esses temas e prestar uma pequena homenagem ao professor Jorge.

O GOVERNO LULA E O PROBLEMA DA HABITAÇÃO

Quando Lula foi eleito, em 2002, a despeito dos sinais em contrário — e que já eram evidentes há algum tempo — era quase impossível para quem militava no PT e nos movimentos sociais deixar de acreditar que aquele não fosse o momento de reversão das políticas neoliberais e da implantação do "programa democrático-popular", ainda que não o dos anos 1980. O PT, até então limitado às administrações locais, agora, no governo federal, poderia levar a cabo as reformas de base (aquelas que nunca se completaram no Brasil): as reformas agrária e urbana, na educação e saúde — além de exercer um controle sobre o mercado desregulado da década neoliberal, fortalecer uma máquina governamental pelo menos republicana e transparente, qualificar os serviços de atendimento das maiorias e atuar para reduzir nossa gigantesca desigualdade social (não apenas entre os assalariados, mas entre capital e trabalho). Contudo, o que se viu de lá para cá, em grande medida, ficou distante do que se esperava — apesar de alguns avanços.

Logo após a vitória nas urnas e a festa nas ruas, foi instituída a equipe de transição que iria, entre outras ações, propor a formação do Ministério das Cidades, que unificaria as políticas de habitação, saneamento, transportes e desenvolvimento urbano, processo que seria conduzido por meio de participação da sociedade civil em fundos, conselhos e conferências, com o objetivo de implementar as políticas tão esperadas e necessárias. Todo um novo sistema pós-neoliberal de políticas urbanas e habitacionais estava sendo traçado, com a coordenação da professora Ermínia Maricato, da FAU-USP, e que havia sido a Secretária de Habitação da gestão Luiza Erundina (PT, 1989-1992), em São Paulo. Fato que reforçava a esperança de que algo das energias utópicas do PT dos anos 1980 e do governo Erundina poderia renascer em um novo contexto.

Os dois primeiros anos do Ministério foram, basicamente, de montagem da sua estrutura física operacional, instituição dos fundos e conselhos nacionais, a realização de conferências das cidades e a reestruturação da Caixa Econômica Federal e dos fluxos de recursos para a habitação (sobretudo a destinação do subsídio do FGTS) para a realização de uma política habitacional de grande porte, como esboçada no Instituto Cidadania,[1] no seu

---

[1] O Instituto Cidadania foi formado nos anos 1990, sob a coordena-

Projeto Moradia.[2] Várias peças do quebra-cabeça para reconstruir um Sistema Nacional de Habitação estavam sendo montadas, após duas décadas de ausência de políticas federais para moradia, desde o fim do BNH dos militares.

Mas a manutenção da política monetária ortodoxa, do superávit primário e dos juros altos limitava a capacidade de investimento público, ainda mais de um Ministério recém-criado e ainda encontrando dificuldades para operar junto a estados e municípios em frangalhos, após anos de desmanche e nos quais prevaleciam, muitas vezes, as velhas relações patrimonialistas de poder. Nada próximo ao programa de "ação direta" da gestão Luiza Erundina, que nos primeiros meses de governo já pilotava ela mesma uma máquina de terraplanagem na Zona Leste de São Paulo para abrir espaço aos primeiros mutirões autogeridos — não por acaso, comparava-se a São Paulo daqueles anos pós-ditadura à "Viena Vermelha" da década de 1920.

A distância física, administrativa e simbólica de Brasília em relação às massas urbanas e aos problemas que afligem seu dia a dia, a burocracia que respondia à inércia gerencial dos anos anteriores e, sobretudo, a impossibilidade (ou renúncia) do PT em cumprir as tarefas históricas a que estava a princípio destinado, levaram as políticas de reforma urbana a um quadro cada vez mais

---

ção de Luiz Inácio Lula da Silva, com o objetivo de realizar projetos e programas para o Partido dos Trabalhadores tendo em vista uma futura vitória nas eleições presidenciais.

[2] O Projeto Moradia foi um dos programas setoriais desenvolvidos no Instituto e apresentado publicamente no ano 2000. Ele tinha como proposta central a criação de um sistema nacional de habitação, que articulava diversas fontes de recursos (OGU, FGTS, SBPE), definia uma nova estrutura institucional, na qual tinham destaque conselhos e conferências como forma de ampliação do controle social e participação da sociedade civil. Participaram da sua elaboração Clara Ant, André de Souza, Ermínia Maricato, Evaniza Rodrigues, Iara Bernardi, Lúcio Kowarick, Nabil Bonduki, Pedro Paulo Martoni Branco e Tomás Moreira.

legalista e inócuo, dada a dificuldade de sua implementação. De um lado, a profusão de planos, conferências, leis, processos participativos, todos com pouca operacionalidade e sem fundos públicos à altura dos desafios; de outro, uma política de provisão habitacional que seguia o conservadorismo de seu agente operador, a Caixa Econômica Federal, privilegiando a produção por construtoras ou linhas de microcrédito para aquisição de materiais de construção.

As disputas entre a equipe do Ministério das Cidades e da Fazenda eram constantes. Um exemplo foi a queda de braço para a aprovação do novo marco legal para o saneamento, proposto de forma a manter o controle e investimento público na área, quando Palocci e equipe cobravam a privatização. Alguns desses embates eram por vezes relatados pela própria professora Ermínia, em meio à orientação do mestrado, no qual eu estudava justamente as políticas de "ajuste urbano" formuladas pelo Banco Mundial e pelo BID.[3]

O golpe fatal na equipe do Ministério das Cidades foi dado em 2005, com a demissão de Olívio Dutra, a saída de Ermínia Maricato e colaboradores mais próximos, e as progressivas substituições nos cargos mais importantes. Naquele momento, o Ministério foi entregue ao Partido Popular, o PP de Maluf e Delfim, como moeda de troca em meio ao "mensalão" e ao "mensalinho" do deputado Severino Cavalcante. A Secretaria de Habitação do Ministério, por pressão dos movimentos sociais, conseguiu manter-se relativamente íntegra, mas sem muitos recursos para inves-

---

[3] *O ajuste urbano: as políticas do Banco Mundial e do BID para as cidades latino-americanas* (Dissertação de Mestrado, FAU-USP, 2004). Dois artigos resumem os argumentos da dissertação: "As políticas urbanas do Banco Mundial e do BID: coerção, consentimento e internalização da dominação", em *Cidade: impasses e perspectivas* (São Paulo: FAU-USP/Annablume/Fupam, 2007), e "O ajuste urbano: as políticas do Banco Mundial e do BID para as cidades", em *Pós — Revista do Programa de Pós-Graduação em Arquitetura e Urbanismo da FAU-USP*, nº 20, 2006, pp. 60-75.

timento e com baixa capacidade operacional. De outro lado, a produção habitacional de mercado, e agora no segmento "supereconômico",[4] mostrava-se cada vez mais lucrativa, estimulada por novos recursos subsidiados do FGTS e do SBPE.[5] Enquanto os projetos dos movimentos tinham dificuldades para sair do papel, o país começou a viver um *boom* do mercado imobiliário, em parte graças à reengenharia de fundos e da legislação promovida pela primeira equipe do Ministério das Cidades. As empresas imobiliárias cresceram de tamanho, abriram capital nas bolsas, compraram terras a rodo e viveram um momento de euforia, abarrotando os mercados das classes A e B e de olho na emergente classe C.[6] Evidentemente, esse crescimento não foi acompanhado de uma reforma urbana, mas de uma mercantilização e inviabilização crescente das cidades. De um lado, políticas de remoção de assentamentos populares — em geral em nome de obras públicas e da preservação ambiental —, de outro, empreendedores turbinados adquirindo terras periféricas e mesmo rurais, estimulando um espraiamento urbano por loteamentos e condomínios segregados, insustentável do ponto de vista ambiental, social e de mobilidade urbana. Ou seja, uma reforma urbana às avessas.

O *boom* imobiliário especulativo já mostrava limites mesmo antes da crise mundial de 2008, mas a crise foi o mote para que as principais empresas do setor imobiliário e da construção, parte delas já internacionalizada por operações de venda de ações, se apoderassem de novos fundos públicos para se salvarem da

---

[4] Denominação dada pelo mercado para produtos imobiliários de até 120 mil reais.

[5] Ver a tese de doutorado de Luciana Royer, *Financeirização da política habitacional: limites e perspectivas* (FAU-USP, 2009).

[6] Ver sobre isso as dissertações de Beatriz Tone, *Notas sobre a valorização imobiliária em São Paulo na era do capital fictício* (FAU-USP, 2010) e Lúcia Shimbo, *Habitação social, habitação de mercado: a confluência entre Estado, empresas construtoras e capital financeiro* (EESC-USP, 2010).

bancarrota. Num primeiro momento, o governo acenou com a possibilidade de comprar participações em empresas em dificuldades, isto é, autorizar a estatização parcial do setor, ao que o mercado reagiu contrariamente.[7] O resultado de conciliação foi o programa elaborado pela Casa Civil e a Fazenda (e não pelo Ministério das Cidades) para produção de um milhão de novas moradias, o Minha Casa, Minha Vida, com a injeção de 60 bilhões de reais para afastar a crise do setor imobiliário.[8] A condição imposta pelo governo era produzir moradia para a faixa de zero a dez salários mínimos de renda familiar. A produção passaria a ser feita por oferta privada e não por licitação pública, isto é, as empresas decidem onde e como construir e cabe aos órgãos públicos, amparados por exigências mínimas (como casas de 32 m^2 de área útil), aprovar a provisão de mercado. Trata-se, de fato, da privatização da política habitacional, seguindo a cartilha do Banco Mundial, já implantada no México. O subsídio aos mais pobres, contudo, é grande o suficiente para que o caráter de "política social" prevaleça na propaganda em detrimento da avaliação crítica do modelo de provisão habitacional e crescimento urbano. O espaço para as práticas autogeridas, por meio de associações e cooperativas, é mínimo (a estas são destinados apenas 3% do total de subsídio público) e novamente cheio de entraves — o

---

[7] No final de 2008 o governo anunciou a criação da Caixa Participações (Caixa-Par), com o objetivo de adquirir a participação acionária de construtoras em dificuldades. A Caixa-Par injetaria recursos para finalizar as obras, com recursos do FGTS e da Poupança, de modo a garantir a entrega das unidades habitacionais, tornando-se acionista das empresas e podendo chegar, no limite, à sua estatização.

[8] Para a crítica por extenso ao programa, ver, de Mariana Fix e Pedro Fiori Arantes, "Como o governo Lula pretende resolver o problema da habitação: alguns comentários sobre o pacote habitacional Minha Casa, Minha Vida", em www.correiocidadania.com.br/content/blogcategory/66/171/. A versão resumida foi publicada em *Direitos humanos no Brasil* (São Paulo: Rede Social de Justiça e Direitos Humanos, 2009).

maior deles, a impossibilidade de repasse de terra pública para essas obras, o que dificulta um circuito politizador de reforma urbana, ação dos movimentos sociais e obras por autogestão.

Impressiona, no pacote do governo Lula, a capacidade de articular um problema social real, a falta de moradias, à mobilização conformista do imaginário popular, o que já lhe trouxe dividendos políticos e eleitorais (com a eleição de Dilma Rousseff, por exemplo), assim como aos interesses capitalistas — seja nos ganhos especulativos com a renda fundiária, seja na produção do valor, em um setor abundante em mais-valia absoluta. O circuito imobiliário é rico em combinações de diferentes modalidades de acumulação, rentismo, expropriação, captura de fundos públicos e espoliação urbana. Ele integra diversos meios, lícitos e ilícitos, de se obter dividendos: superfaturamento de obras; modificação na legislação em benefício próprio (sempre em detrimento do planejamento urbano); licitações fraudadas; corrupção; redução da fiscalização; financiamento de campanhas eleitorais; baixa taxação e regulação da renda fundiária; uso de fundos públicos, semipúblicos e financiamentos subsidiados; predação ambiental; apoio à remoção de assentamentos populares e à expulsão de pobres e moradores de rua; produção de territórios antiurbanos em enclaves fortificados (condomínios fechados); estímulo à compra por campanhas de marketing (o sonho da "casa própria", o desejo de status social etc.); baixos investimentos nas forças produtivas (em pré-fabricação, máquinas e capital fixo); superexploração nos canteiros de obra etc. A capacidade de gerir espaços caóticos e precarizados de produção para extrair o máximo de rentabilidade faz com que nossas construtoras exportem tecnologia de gestão para outros setores da economia,[9] como uma espécie de vanguarda da flexibilização produtiva. Por sua

---

[9] A afirmação é do engenheiro Nilton Vargas, um ex-marxista que se tornou assessor em gestão e planejamento estratégico de grandes empresas de construção civil.

Comentários à 3ª edição

vez, o circuito imobiliário é igualmente uma das conexões fundamentais da financeirização da economia e do capital fictício (em suas várias formas e, agora, na de ações de empresas imobiliárias S.A.) com a base real da produção do valor e de acumulação física de riqueza no território, aliada a formas de "acumulação por despossessão",[10] de privatização de fundos públicos e da riqueza social.

A eleição em 2010 de Dilma Rousseff, do PT, apresentada como "mãe" (sic) do programa Minha Casa, Minha Vida, e a promessa de sua segunda etapa, com mais dois milhões de moradias, mantém a produção habitacional no centro das políticas públicas. Os movimentos sociais, que apoiaram sua eleição, cobram maior participação e o fortalecimento da modalidade com autogestão. Não há dúvida de que esta continuará a ser uma linha marginal do programa, mas o fluxo de recursos já é suficiente para fazer crer que nos encontramos em um novo ciclo de projetos habitacionais autogeridos de iniciativa das organizações populares como não ocorria desde o início dos anos 1990. Várias assessorias técnicas já estão na casa de milhares de unidades habitacionais em projetos e obras, enquanto o principal movimento nacional de luta de moradia já obteve algumas centenas de milhões de reais em repasses públicos para seus projetos.

É possível, sem dúvida, afirmar que se trata de uma compensação com viés de cooptação, e que a maioria das organizações populares agora só pensa em captar recursos e gerir obras ao invés de fazer luta política. Mas não desprezemos o aprendizado político que nasce na organização do trabalho para a produção coletiva da casa e da cidade por estas associações de trabalhadores e seus técnicos. Se uma parcela desses projetos for bem-sucedida na sua qualidade urbana e arquitetônica, no emprego de tecnologias

---

[10] Termo empregado por David Harvey para apontar a atualidade das formas de pilhagem e acumulação primitiva (tidas como superadas) na fase atual do capitalismo. Ver O novo imperialismo (São Paulo: Loyola, 2004).

sociais e na gestão da obra pelos trabalhadores, ela poderá ainda demonstrar o que seria a viabilidade de uma política habitacional se esta fosse mais largamente apoiada na capacidade da organização popular e não apenas das empresas capitalistas.

Não há dúvida, contudo, que o significado histórico dessa nova mobilização produtiva das forças populares urbanas está dissociado de um programa e uma prática de reforma urbana — para não dizer da própria luta socialista. Passados vinte anos do ciclo que se iniciou na gestão Erundina, o contexto em que se realiza essa retomada encontra os movimentos populares em uma posição de menos confronto e mais pragmática, pois a luta pela transformação social mais ampla saiu de pauta. Nesse quadro, a conquista de novos projetos habitacionais parece ter se desvinculado do que foi um dia o desenho e o canteiro autogeridos como alegorias de um Brasil possível, como descrevo neste livro. Mas esse descompasso histórico não deve nos impedir de ainda atuar ao lado dos movimentos populares, testando e acumulando conhecimento em novos projetos e processos produtivos, para um momento em que se recompusessem as práticas autogeridas e a mobilização geral por um outro futuro. A própria ascensão de massas, quando vier, dependerá não apenas do aprofundamento da crise capitalista mas, em grande medida, desse fortalecimento organizacional e da capacidade transformadora acumulada em cada assentamento, mutirão, escola e ocupação dos movimentos sociais.

Dez anos na trincheira dos mutirões

Pois é nesse cenário adverso e controverso, associado à aliança PSDB-DEM em São Paulo, ao malufismo e à decepcionante gestão de Marta Suplicy (PT, 2001-2004), que estou há mais de uma década trabalhando como assessor técnico dos movimentos populares junto ao coletivo da Usina. Das experiências que descrevo neste livro, baseadas sobretudo na gestão de Luiza Erundina (PT, 1989-1992), muita coisa mudou. O momento de apogeu da autogestão nos canteiros habitacionais durou do final dos anos 1980 até metade dos 1990. Uma das obras símbolo dessa época, o mutirão União da Juta, foi inaugurada em 1998, pouco antes que eu iniciasse a pesquisa que resultou neste livro. Naquele momento já estávamos vivendo uma inversão do sentido histórico dessas experiências, associada à crise programática da esquerda e ao novo *modus operandi* do PT, mas ainda era muito cedo para avaliar o tamanho da derrota que viria e do esvaziamento do potencial contestador.

Quando redigi o capítulo final deste livro, eu havia acabado de ingressar na Usina e acompanhava o início de um grupo de mutirão, a Associação Paulo Freire, que apenas em 2010 teve sua obra finalizada. Também estava envolvido na construção da primeira "cidade de reforma agrária", promovida pelo MST em Rio Bonito do Iguaçu, na Vila Velha barrageira do assentamento Ireno Alves, no Paraná — mais uma experiência truncada e interrompida brutalmente pelas forças conservadoras locais.[11] Aquele foi o início de anos muito adversos para quem se aventurava a acreditar nesse tipo de trabalho, mas também tempo necessário para manter a formação daquela nova e pequeníssima geração de arquitetos-militantes que se seguia ao primeiro tempo das energias transformadoras da redemocratização nos anos 1980.

Hoje eu daria outra redação a esse último capítulo, mas não alteraria o essencial. A esperança que impregna a descrição que ali fiz, de fato, estava no ar no final dos anos 1990, com a ascen-

---

[11] Sobre essa experiência inusitada e mesmo incrível, ver, de João Marcos Lopes, "O dorso da cidade: os sem-terra e a concepção de uma outra cidade", em Boaventura de Sousa Santos (org.), *Produzir para viver: os caminhos da produção não capitalista* (Rio de Janeiro: Civilização Brasileira, 2002); Pedro Fiori Arantes, Joana Barros e Cibele Rizek, "Cidade e território: o relato de uma experiência em um assentamento do MST", em *Ética, planejamento e construção democrática do espaço* (Rio de Janeiro: IPPUR/UFRJ, 2001); e meu depoimento a Graziela Kunsch, na revista *Urbania*, nº 4, no prelo (disponível no site da Usina, http://www.usinactah.org.br).

são das lutas populares — o aumento das ações do MST, a construção de centros de formação, incluindo a Escola Nacional Florestan Fernandes, e as inúmeras ocupações de prédios vazios pelos sem-teto no centro de São Paulo, para citar alguns exemplos. Era, assim, uma narrativa mais que plausível naquele momento em que, sob o neoliberalismo, o povo organizado não tinha sucumbido e seguia em combate, mesmo com poucas vitórias. Apesar do momento adverso atual, o que escrevi neste livro ainda resume diversas das ideias e práticas que defendo. A principal delas: a da necessária aliança dos universitários com os trabalhadores organizados, conhecendo suas condições de vida, participando de suas lutas, colaborando para construir seus territórios, urbanos e rurais.

Se a *forma-mutirão* dos anos 1980-90 se esgotou nos anos 2000 e foi, sobretudo, derrotada, é preciso definir em que termos as práticas autogestionárias deverão se estruturar no momento atual — no qual uma parcela (mínima, mas não insignificante) das três milhões de moradias será executada por movimentos populares, cooperativas e seus parceiros técnicos. De minha parte, não pretendo abandonar a trincheira de arquiteto que atua ao lado das organizações populares e procura fortalecer suas lutas. Em cada obra creio ser possível indicar, nos pequenos exemplos ali projetados e construídos coletivamente, as possibilidades de uma outra cidade e de um outro futuro. São testes isolados, feitos à contracorrente, e contra todas as possibilidades de que deem certo, mas seguem sendo investigados e avaliados, inclusive em seus fracassos ou em seus lampejos de emancipação.

Ao contrário do que uma certa leitura dos mutirões deu a entender, ao descrevê-los como parte do fenômeno mais amplo da autoconstrução da moradia pelos trabalhadores[12] — e a mui-

---

[12] São repercussões e desdobramentos do argumento que ficou famoso na versão dada por Francisco de Oliveira em *Crítica à razão dualista* e reafirmadas pelo sociólogo em "O vício da virtude", em *Novos Estudos*

Comentários à 3ª edição

tos convenceu —, essas experiências autogeridas estão longe de ser a regra na política habitacional a ponto de colaborar com a queda dos salários. Elas são a exceção e sequer participam de um momento de miniascensão das massas, como foi a gestão Erundina. São experiências de resistência, que mantém vivo o pensamento oposicionista na produção do território, em organizações que queiram conceber a cidade sem subjugar o trabalhador (seja na condição miserável de trabalho, seja nos apartamentos inabitáveis que lhes são entregues).

Há diferenças fundamentais, que este livro já deixa claras, entre a autoconstrução e o mutirão autogerido. Acho que não é demais relembrar: enquanto a autoconstrução é uma forma de "solução natural" do problema da moradia, feita individualmente, por um núcleo familiar, com poupança própria, trabalho compulsório e acesso ilegal à terra (compra de terrenos em loteamentos clandestinos ou simples invasões de terra, em geral, em áreas inadequadas à construção e protegidas ambientalmente), num processo que envolve milhões de trabalhadores em todos os centros urbanos, o mutirão autogerido, ao contrário, pressupõe a existência de movimentos organizados, políticas públicas, fundos subsidiados, acesso formal à terra — o que pode ocorrer em um contexto favorável à reforma urbana —, além da gestão direta pelos trabalhadores dos projetos e obras. Ou seja, trata-se de uma ação que ocorre contra aquela forma "natural" de reprodução social dos trabalhadores nos grandes centros urbanos e, ao mesmo tempo, contra a solução tradicional da construção de conjuntos habitacionais por empreiteiras. Por ser contra-hegemônica, excepcional e coletivista, ainda que necessariamente enquadrada por políticas públicas, ela não pode ser interpretada pelo mesmo esque-

---

Cebrap, nº 74, 2006. Ver, por exemplo, Cibele Rizek, Marta Bergamin e Joana Barros, "A política de produção habitacional por mutirões autogeridos: construindo algumas questões", na revista *Estudos Urbanos e Regionais*, Anpur, vol. 5, 2003; e Caio Santamore Carvalho, "O mutirão por dentro", em *Cidade: impasses e perspectivas, op. cit.*

ma que explica a autoconstrução e sua funcionalidade sistêmica ao setor capitalista moderno. Se assim for feito, o que já é um equívoco do ponto de vista do próprio significado econômico dessas experiências, isoladas e minoritárias, ainda por cima se subestimaria o fato de que são, sobretudo, campos de resistência que articulam práticas políticas, territoriais, produtivas e de sobrevivência com o objetivo de encontrar possibilidades novas de organização dos trabalhadores e das cidades, bem como a formação de profissionais de novo tipo.

Não há dúvida de que existem limites e contradições no mutirão autogerido, por ser uma forma histórica híbrida, de transição para estágios superiores de produção coletiva da vida e da cidade. A crítica deve ser feita reconhecendo essa condição própria, que não é a mera reprodução das formas tradicionais de sobrevivência dos pobres nas cidades. O ponto de partida de uma associação de sem-teto que opta por gerir a construção das suas moradias é muito simples: os trabalhadores decidem que estão interessados em receber diretamente do Estado, por meio de suas políticas e programas, recursos públicos (que são fiscalizados intensamente, às vezes até o limite da inoperância) para projetar e executar as obras e, por isso, se organizam como um coletivo de produtores com vistas a substituir e dispensar o capitalista e seus intermediários — o que é totalmente possível na produção da arquitetura, por ser esta uma manufatura relativamente simples, se comparada à complexidade produtiva da grande indústria. Qual capitalista poderia aceitar que essa disposição se disseminasse? Basta ver o quanto as práticas autogestionárias foram combatidas pelos governos conservadores e suas coalizões de poder, que incluem empresas de construção que disputam recursos diretamente com as organizações populares e as políticas de mutirão. Se estas fossem tão inofensivas ou funcionais ao sistema, como afirmam alguns, elas proliferariam ao invés de serem sufocadas e marginalizadas.

De outro lado, para quem lê e respeita as ideias dos arquitetos apresentados neste livro, é impossível aceitar a normalida-

Comentários à 3ª edição

de do trabalho na construção civil capitalista e do seu sistema de depredação dos trabalhadores e da cidade. Assim como a luta do MST por reforma agrária não é travada para que o agronegócio contrate os sem-terra, a produção da moradia pelas organizações populares não pode se apoiar nas formas capitalistas de produção da cidade. Não podemos abrir mão da tentativa de produzir territórios de novo tipo, que indiquem o sentido de uma possível transformação maior, e rejeitar desde já a exploração do trabalhador, o uso de tecnologias a serviço do capital e da mercantilização de tudo e todos.

O trabalho em mutirão autogerido ainda guarda sua potencialidade transformadora, mesmo hoje reduzida à pálida expressão do que os anos 1980 anunciavam. Repito: o mutirão não é um fim em si, mas um estágio transitório da autogestão, um meio para alcançar formas mais avançadas de produção e organização dos trabalhadores. A execução de obras por cooperativas de trabalho dos próprios movimentos é mais do que factível — e a Usina já colaborou com iniciativas como essas, comuns aos movimentos por habitação no Uruguai e na Argentina. Mas, para tanto, é preciso que as organizações políticas invistam seu tempo e imaginação para que esses coletivos de trabalhadores estejam preparados para a produção autogestionária da arquitetura e a reinvenção social da tecnologia. A tendência a reproduzir as formas convencionais de organização e exploração do trabalho das empresas de construção é muito grande. A todo o momento espreitam para retornar hierarquias, divisões, mandos e opressões entre os trabalhadores, quando alguns deles emulam o papel de capitalistas — e de fato passam a exercê-lo. Se o movimento popular não estiver consciente desse desafio e preparado para lhe fazer frente, a reprodução sistêmica, ou metabólica, do capital retorna para não mais sair — o que desfaz, inclusive, qualquer sentido transformador daquela experiência construtiva.

Do ponto de vista da elaboração dos projetos, seguem pertinentes diversos desafios. O primeiro deles é o da integração crescente entre arquitetos e trabalhadores, de modo a poderem compartilhar cada vez mais decisões e conhecimentos. As iniciativas de projetos coletivos não deveriam se restringir à participação dos sem-teto e futuros moradores, base do movimento social, mas estar cada vez mais abertas para que os produtores também debatessem as diversas alternativas de projeto e produção e colocassem suas exigências e saberes em diálogo com os demais — o que inclui questões referentes a materiais, técnicas, representações, segurança e saúde no trabalho e também, por que não, referentes a forma, espaço e relação com a cidade. Esta, aliás, é outra questão a se avançar. É preciso questionar e superar o fato de a grande maioria dos mutirões ter sido, ao final, murada, reforçando seu ilhamento (mesmo que as proteções fossem apenas uma defesa em relação à violência do entorno, elas não deixavam de representar uma negação/agressão à cidade). Assim, bons projetos, resultados de lutas históricas, se fecharam em si mesmos, atrás de muros e grades, reduzindo seus efeitos políticos multiplicadores ou consequências favoráveis ao conjunto da cidade. A qualidade espacial conquistada era usufruída exclusivamente pelos moradores do novo condomínio fechado, com corretores imobiliários batendo à porta, com faro de boa mercadoria a comercializar. Reconhecendo esse efeito paradoxal, começamos a propor que as novas obras do movimento popular resultem em ganhos de qualidade para todos, e não só para os beneficiários diretos. A começar pela propriedade da terra, que deve ser coletiva ou estatal, como barreira à mercantilização e fragmentação dos resultados da luta social. Do ponto de vista do desenho urbano, os projetos devem ser mais generosos com o entorno, oferecendo espaços e contextos que estimulem uma vivência prazerosa da cidade. Mais do que uma questão urbanística, trata-se de um elo fundamental para que a conquista de um grupo organizado se apresente a todos como forma de alargamento da experiência social e urbana. Desse modo, a organização popular se revela portadora de uma proposta de fortalecimento da vida pública, em que política, festa e território se entrelaçam numa pequena centralidade de civilização em meio à barbárie.

Comentários à 3ª edição

Isso não significa que estejamos num contexto em que questões como essas possam desenvolver-se plenamente. Nos encontramos, sem dúvida, numa época de descenso das lutas sociais — definitivamente a revolução socialista não está na ordem do dia. Mas se projetos e práticas como essas inexistirem, não parece que estaremos em melhor situação, pois é uma ilusão apostar que o Brasil construirá uma sociedade integrada e de bem-estar social pelas mãos do nosso neodesenvolvimentismo, quando o país se tornou uma plataforma de exportação de capitais, mais-valia e *commodities* — e uma máquina de gerar precarização social, caos urbano e catástrofes ambientais.[13] São práticas de resistência, nas cidades e nos assentamentos de reforma agrária, que mantêm vivas as possibilidades dos trabalhadores construírem sua história, o que não se dá apenas no plano da grande política, mas também da produção cotidiana da vida, por meio de coletivos atuando na produção autogerida de seus territórios. E aos militantes que acompanham e fomentam esses trabalhos cabe o desafio do necessário reinventar das formas de luta e de resistência em cada nova situação histórica. Uma coisa é certa: recuar e abandonar esse pequeno mas fértil campo de "utopia experimental" reduzirá ainda mais os espaços para uma prática transformadora e uma aliança entre arquitetos, organizações populares e seus demais parceiros.

O RETORNO DE SÉRGIO FERRO

Sérgio Ferro voltou ao Brasil e a público nesses últimos dez anos. Seu primeiro "reaparecimento" — ao menos para mim — foi inusitado e vale a pena comentar as circunstâncias. Eu estava no Fórum Social Mundial em Porto Alegre, em sua primeira edi-

---

[13] Para uma interpretação do Brasil atual, ver, por exemplo *O ornitorrinco*, de Francisco de Oliveira (São Paulo: Boitempo, 2003); *Extinção*, de Paulo Arantes (São Paulo: Boitempo, 2007) e *Brasil delivery*, de Leda Paulani (São Paulo: Boitempo, 2008).

ção, quando fui visitar a tenda do MST. Lá havia produtos de reforma agrária, livros da editora Expressão Popular, cadernos e agendas. Percebi que eram familiares os desenhos que estavam estampados na agenda e calendário para o ano 2000, mas não reconheci imediatamente seu autor. Notando o meu interesse, o rapaz responsável pela venda logo se aproximou e falou que aqueles desenhos eram mesmo muito bonitos, feitos por um pintor italiano amigo do movimento. De fato, os desenhos de Sérgio Ferro remetem intencionalmente a Michelangelo e outros renascentistas, mas o ato falho do rapaz era revelador. Sérgio não morava no Brasil e, desconhecido para as organizações populares naquele momento, podia se passar por um pintor estrangeiro. Sérgio realizou, para a agenda e o calendário, doze pinturas que ficaram expostas na Escola Nacional Florestan Fernandes nos anos seguintes. Esse foi o marco de sua reaproximação com o Brasil, o que evidencia o sentido político de seu retorno. Ele mesmo estava ali sugerindo um "fio da meada" de sua história, que continuava com o apoio à luta do MST. Em diversos depoimentos posteriores ele repetiu a enorme admiração pelos movimentos sociais brasileiros e em especial pelo MST, e a crença de que suas práticas de luta e resistência eram um exemplo a seguir e a fortalecer — inclusive no campo da produção do espaço e da arquitetura.

Ao longo do contato que tivemos durante a pesquisa que resultou neste livro, Sérgio se aproximou da história e das obras dos mutirões e seus arquitetos, apesar de já acompanhá-las à distância desde o governo Erundina. Paralelamente, os arquitetos que atuavam com os movimentos populares foram provocados a rever a influência e a importância de Sérgio Ferro e Rodrigo Lefèvre para uma prática crítica da profissão, e as bases teóricas e políticas que eles forneciam para uma aliança com os trabalhadores. Vários desses arquitetos relataram que voltaram a ler *O canteiro e o desenho* e a encontrar ali questões relevantes para suas práticas, pesquisas e atividades pedagógicas. Ao mesmo tempo, Sérgio passou a visitar alguns canteiros de mutirões e a conversar com esses novos interlocutores, reconhecendo neles a continuidade

Comentários à 3ª edição

possível da prática que ensaiaram às vésperas do golpe. O "fio da meada" que proponho neste livro — pàra diversas pessoas um elo histórico polêmico ou mesmo equivocado — mostrava-se, a cada novo encontro com Sérgio, não só real, dadas as imensas afinidades entre suas propostas e a experiência das assessorias técnicas, como parecia pedir para ser reatado.

Quem apontou para essa meada foi o professor Jorge Oseki, quando me levou a procurar as ligações entre o pensamento radical da FAU nos anos 1960-70 e os arquitetos que atuavam nos mutirões autogeridos. Em um dos debates que eu organizei com Guilherme Wisnik, em 1998, para os alunos que estavam realizando os trabalhos de fim de curso, Jorge Oseki e João Marcos Lopes, fundador da Usina, estavam numa mesma mesa discutindo os mutirões. Jorge insistiu olhando para mim, seu orientando: "o João é o sucessor do Rodrigo Lefèvre, ele não sabe, mas é; veja, que você descobre". E acho que descobri, não apenas neste livro, mas ao escolher trabalhar com João e a equipe da Usina e, ao mesmo tempo, pesquisar a história de Rodrigo, Flávio e Sérgio.

Percebi que um dos desafios para a esquerda é saber como recompor os vários fios (e vidas) interrompidos, que ficaram pelo caminho. A história das lutas sociais é quase sempre varrida para fora das narrativas dominantes, ou deturpada pela descrição dos vencedores. Por isso, é tarefa da esquerda não apenas contar essa história como indicar suas filiações e desdobramentos possíveis. Restituir certas continuidades não é somente uma obra de genealogia historiográfica, mas, sobretudo, de práxis política. Reconhecer a trajetória dos que nos antecederam, aprender com ela e, ao mesmo tempo, situá-la na história e avaliá-la para o tempo presente é importante para que nossas iniciativas atuais tenham mais consequência e profundidade, aprendam com os acertos e erros do passado. Reduzir a história dos nossos arquitetos radicais a um capítulo que não informa mais qualquer prática transformadora atual, embalsamá-los ou transformar sua causa em estilo, implica esterilizar o significado do que pretenderam realizar como parte da luta socialista. Não estamos falando de biografias, carreiras, autores — mas de arquitetos que participaram de práticas sociais mais amplas, que produziram teorias radicais, que elegeram um lado e se engajaram na luta de classes. A tarefa de atuar ao lado dos trabalhadores, de mudar nossas cidades, de acabar com as desigualdades, enfim, de transformar o Brasil, segue atual, mas as condições objetivas são cada vez mais complexas e as brechas, talvez, mais estreitas (se é que ainda existem). Se inúmeras mediações entre a luta política dos anos 1960 e a atual são necessárias, essas diferenças não devem servir para um novo tipo de conformismo ou de vanguardismo deslocado, que por vezes se abate sobre a esquerda. O compromisso com a história das lutas sociais é o de sempre olhar para o passado e para a frente, sem deixar de imaginar um outro futuro possível, que não esse destino terrível que o capitalismo traçou para as maiorias.

Por ocasião do lançamento da primeira edição deste livro, em 2002, convidei para a mesma mesa Sérgio Ferro, João Marcos Lopes e Reginaldo Ronconi, ex-coordenador do programa Funaps Comunitário, da gestão Erundina, assessor técnico do grupo Ghama e professor do canteiro experimental da FAU-USP. Era a chance de ver aquele fio sendo reatado, o que se iniciou ali e se seguiu de muitas formas, seja nos diálogos constantes, na presença de Sérgio Ferro na banca de doutorado de João Marcos e em uma visita conjunta ao emblemático Seminário de Padres Claretianos de Batatais, ou na colaboração com o livro sobre os dez anos do canteiro experimental, organizado por Reginaldo, canteiro que Sérgio visitou com o maior interesse. Na mesma semana daquele ano de 2002, convidamos Sérgio Ferro para a primeira fala que realizou na FAU-USP, depois de 31 anos de ausência (a conferência foi transcrita e publicada pelo GFAU e também registrada e divulgada em vídeo).[14] A palestra, para o anfiteatro

---

[14] *Conversa com Sérgio Ferro* (São Paulo: GFAU, 2004). Edição impressa apresentada por Ariane Stolfi, Daniela Gomes Rezende e Tatiana Morita Nobre. O vídeo é de Sílvio Cordeiro.

lotado, e sua repercussão posterior, com a publicação, o vídeo e os comentários de quem esteve presente, promoveu um imediato interesse da novíssima geração por Sérgio Ferro. No mesmo ano publiquei na revista *AU* um texto sobre esse acontecimento, intitulado "O retorno de Sérgio Ferro".

Em 2003 foi lançado o livro da pesquisadora Ana Paula Koury, fruto de seu mestrado pioneiro, colaborando para o reencontro da nova geração com a Arquitetura Nova. Mais uma vez Sérgio esteve presente para o lançamento, dessa vez na USP de São Carlos. Em 2004, Sérgio Ferro retorna à FAU e dá uma sequência de três aulas no edifício da pós-graduação, na rua Maranhão, também com presença disputada. As aulas foram gravadas e transcritas e, apesar das dificuldades para a publicação, o GFAU decidiu realizá-la, mantendo a tradição histórica de publicar os textos de Ferro desde 1963 (o lançamento foi em 2010, com uma plateia lotada para receber o autor). Ainda em 2004, o arquiteto foi entrevistado para um filme sobre Lúcio Costa, dirigido por Geraldo Motta Filho. No dia seguinte, lá estavam ele e Ediane Ferro em uma van com a equipe da Usina indo para um mutirão. Após a visita ele escreveu, já em Salvador, uma carta à Usina, nos animando a continuar com nossos trabalhos.[15]

Sérgio Ferro estava de volta, não havia dúvida, e o seu apagamento da história era agora cada vez mais difícil. O historiador Hugo Segawa, por exemplo, em livro que faz um balanço da arquitetura brasileira no século XX, dedica parte de um capítulo a Sérgio Ferro e Rodrigo Lefèvre.[16] Em diversas faculdades, não apenas na FAU-USP, formam-se grupos de estudo para ler *O canteiro e o desenho*. Alguns alunos mais empenhados decidiram relacioná-lo com seus temas de projeto, de iniciação científica, trabalho de conclusão de curso ou mestrado. Em 2005, *O can-*

---

[15] Disponível no site www.usinactah.org.br

[16] Hugo Segawa, *Arquiteturas no Brasil 1900-1990*. São Paulo: Edusp, 1998, pp. 152-7.

teiro e o desenho ganha nova edição no Brasil e na França. Em São Paulo, por iniciativa do então vereador Nabil Bonduki, Sérgio recebe uma homenagem e o diploma de gratidão da cidade. Naquele momento, Cristina Fino, editora da seção de arquitetura da Cosac Naify, convidou-me a organizar e apresentar um livro com a produção crítica de Sérgio Ferro, incluindo textos inéditos no Brasil ou de difícil acesso. O trabalho dura todo aquele ano, com uma ida à França para finalizar a revisão com supervisão de Sérgio. O livro, intitulado *Arquitetura e trabalho livre*, é lançado em 2006 e reúne, em uma edição cuidadosa e atualizada, quase toda a produção de Sérgio Ferro em teoria, história e crítica de arquitetura. Debates para o lançamento desse livro são realizados em Curitiba, Porto Alegre, São Paulo, Brasília e Salvador. O objetivo era expandir para outros estados o reencontro dos estudantes e arquitetos de esquerda com Sérgio Ferro.

Assim, a sua volta ao Brasil e ao debate público nos anos 2000 não foi casual. Uma série de acontecimentos, entre os quais a publicação deste livro, motivaram seu retorno e a escolha de interlocutores nas novas gerações. Sérgio saiu de Grignan, sua pequena cidade medieval no sul da França, para vir a público indicar como ele gostaria de ser lido e interpretado hoje: como um autor vivo, em todos os sentidos, e cuja contribuição ainda se coloca no campo da luta socialista.

AO NOSSO MESTRE SAMURAI, *IN MEMORIAM*

Gostaria de finalizar estes comentários com uma pequena homenagem ao professor Jorge Oseki, falecido em dezembro de 2008, com 61 anos. Uma perda inestimável.

Jorge foi muito amigo de Rodrigo Lefèvre, com quem manteve um grupo de estudos sobre o *Capital*, nos anos 1970. Sua enorme admiração por Rodrigo era evidente e parecia que Jorge sempre buscava que seus alunos pudessem se tornar um pouco como Rodrigo — ao mesmo tempo um indivíduo afável e enérgi-

Comentários à 3ª edição

co, paciente e obstinado, intelectual e homem da prática. Jorge lutava para que fôssemos disso tudo um pouco, inclusive nos provocando com suas tiradas sarcásticas, para que nunca ficássemos acomodados ou perdêssemos a capacidade de autocrítica e autoironia. Seu objetivo principal era que soubéssemos combinar teoria e prática de forma refletida e não ortodoxa. Jorge criticava tanto o intelectualismo de mãos limpas quanto o ativismo a qualquer preço, e procurou formar intelectuais da práxis ou práticos pensantes.

Para falar de si mesmo e de seu lugar no mundo, Jorge frequentemente se definia como um professor profissional.[17] Não um profissionalismo que se justifica apenas pelo compromisso com o rendimento do seu trabalho, mas entendido como uma forma de *engajamento*, tal como a descreveu Paulo Freire: "Sou professor a favor da decência contra o despudor, a favor da liberdade contra o autoritarismo, sou professor contra a ordem capitalista vigente, sou professor a favor da esperança que me anima apesar de tudo, sou professor contra o desengano, sou professor a favor da boniteza de minha própria prática".[18]

A política permeava tudo o que fazia: de seus métodos pedagógicos e conteúdos radicais à militância em favor da universidade pública e pela organização sindical dos professores da Universidade de São Paulo. Jorge era, ao mesmo tempo, um defensor convicto da universidade e seu crítico atento. Com a percepção aguçada pelo olhar desconfiado de tudo o que parecesse "estar no lugar", via nela tanto a potência emancipadora do conhecimento coletivo quanto um espaço privilegiado para a reprodução ideológica das classes dominantes. Para Jorge, a superação

---

[17] Passo a reproduzir, em grande medida, a nota que escrevi com João Marcos Lopes e Wagner Germano em homenagem a Jorge Oseki, "Jorge, professor de todos nós" em *Pós — Revista do Programa de Pós-Graduação em Arquitetura e Urbanismo da FAU-USP*, n° 25, 2009.

[18] *Pedagogia da autonomia*. Rio de Janeiro: Paz e Terra, 1996.

dessa contradição só se realizaria, justamente, com a efetiva restituição da política na universidade, ou seja, na prevalência de seu sentido público e social, em oposição aos negócios privados do saber e suas especialidades. Isso significava formar não "para o mercado", mas para subjugar o mercado aos interesses da coletividade, não para espoliar e acumular, mas para saber enfrentar as enormes desigualdades e deficiências estruturais do país. No caso do arquiteto e urbanista, um profissional, como defendeu certa vez, que entenda "de mosquito, de rato, de contenção de encostas, de reagenciamento de espaços, de enchentes e também de identidade visual para uma população favelada".[19] Assim, a universidade deveria ensinar um saber-atuar que integraria os vários saberes fragmentados — saberes parcelares, como preferia precisar —, único meio para transformar o cotidiano vivido pelas maiorias. E não se tratava de formar unicamente um arquiteto da prática ou um voluntarista, mas de formar um profissional segundo a melhor tradição crítica, para que fosse capaz de atuar não apenas como agente reparador, mas como sujeito mobilizador e transformador. Para isso, só uma teoria radical permitiria conceber a ação prática no sentido forte de práxis. Nestes termos, Jorge dedicou-se a ensinar às novas gerações de forma crítica, bem-humorada e propositiva, a nos fazer *ver* e *fazer*.

Olhando para o Brasil e para o mundo contemporâneo, o marxismo de Jorge sempre admitiu temperos de antiestatismo e antieconomicismo, sobretudo por influência de Henri Lefebvre e graças ao sentimento de autonomia e liberdade que soube preservar dos anos 1960 e 70. Isso lhe permitiu procurar de forma não dogmática respostas a algumas lacunas da teoria marxista tradicional, em temas como o espaço, o Estado, a ecologia, a autogestão e o corpo, sempre numa perspectiva socialista, seja no estudo da construção civil, das grandes infraestruturas, dos rios urbanos, dos canteiros de obra dos movimentos populares, como, mais recen-

---

[19] Revista *Caramelo*, nº 10, 1999, p. 182.

Comentários à 3ª edição

temente, na pesquisa que iniciava sobre os ritmos do corpo, no que teriam de irredutíveis à lógica do capital. Embora sensível a outras áreas de conhecimento e a uma gama variada de objetos, Jorge insistia que a arquitetura e a cidade têm questões específicas que devem ser tratadas a partir de uma teoria crítica própria — inclusive para questionar o caráter ideológico das abordagens convencionais, em geral descritivas, normativas e apologéticas.

Jorge viu nas assessorias técnicas aos movimentos populares um exemplo do que poderia ser este saber-atuar militante e transdisciplinar. Provavelmente viu nelas mais do que de fato eram (e são) e, sabendo disso, se transformou num importante incentivador e interlocutor desses grupos e suas práticas. Para nós, da Usina, ele foi o professor com quem mantivemos um diálogo permanente, em pesquisas, debates, orientações, visitas a canteiros, aulas, festas. Interpretou, questionou e defendeu nossa prática, sem nunca recuar o risco de giz do rigor crítico. Como aliado de primeira hora e que sabia o que estava em jogo, Jorge foi sempre um grande mentor e guia. Vislumbrou nos canteiros dos movimentos populares dos quais participávamos um tipo de felicidade que, como chegou a dizer, nunca vira noutra unidade de produção. "Pois o canteiro é o contrário, é tipicamente o lugar de exploração na forma mais vil, é força bruta", por isso, nos mutirões, "esses momentos virtuosos são pequenos, mas são fundantes. E eles se opõem diretamente às empreiteiras [...]. De repente surge o que Henri Lefebvre chama, afinal de contas, de nichos de *contrapoder*, que são interessantes de serem vistos".[20]

O estímulo que recebíamos de Jorge para esse tipo de experiência não ia, obviamente, no sentido de nos tornar cegos para os paradoxos e as dificuldades que enfrentávamos e enfrentamos. Ao contrário, impulsionava-nos ainda mais para testarmos até que ponto estávamos de fato próximos — ou distantes — dessa

---

[20] Em "O vício da virtude", *Novos Estudos Cebrap*, nº 74, 2006, pp. 80-1.

(ante)visão. Ele sabia que exagerava no que estava dizendo, mas porque queria sempre mais de nós — mais teoria, mais prática, mais ousadia — enquanto indicava o horizonte político que não deveríamos perder de vista. Instigava-nos para que não sucumbíssemos ao conformismo e à acomodação. Não sossegou enquanto não demos conta de um mínimo de reflexão para o redemoinho em que estávamos — e ainda estamos — metidos até o pescoço: nos seus termos, só assim exerceríamos uma verdadeira práxis transformadora.

Bem-humorado, bom anfitrião, cozinheiro de mão cheia, pianista, nadador, sempre elegante, carinhoso e provocativo, Jorge ensinou a viver, ensinou a estudar, ensinou a lutar. Esperamos ser fiéis aos seus ensinamentos e ter a coragem que teve para não desistir.

Janeiro de 2011

CRONOLOGIAS

FLÁVIO IMPÉRIO*

1935 Nasce no dia 19 de dezembro, em São Paulo, numa família de imigrantes italianos, comerciantes e artesãos.
Faz o ginásio no colégio público Presidente Roosevelt, onde começa a escrever sobre teatro e participa da montagem de uma peça de Martins Penna.

1956 Ingressa na Faculdade de Arquitetura e Urbanismo da USP e no Curso de Desenho da Escola de Artesanato do MAM (Museu de Arte Moderna de São Paulo).
Inicia suas atividades de teatro infantil junto à Comunidade de Trabalho Cristo Operário, dos freis dominicanos, onde irá trabalhar até 1959.

1958 Integra-se ao Teatro de Arena, onde irá realizar cenários e figurinos para nove peças, com as quais revoluciona a cenografia do grupo e do teatro paulista.

1959 Trabalha como estagiário de arquitetura por um ano no escritório Joaquim Guedes e é seu colaborador no projeto da Igreja da Vila Madalena, vencedor do prêmio Governador do Estado de 1961.

---

* Cronologia elaborada a partir das "Notas biográficas" em *Flávio Império* (São Paulo: Edusp, 1999); e depoimento de Amélia Império Hamburger ao autor.

1960 Faz cenografia e figurinos para o espetáculo *Morte e Vida Severina* no Teatro Experimental Cacilda Becker. O espetáculo é assistido por Sérgio Ferro e Rodrigo Lefèvre, que ficam impressionados com a capacidade de Flávio em extrair de objetos simples e baratos o máximo útil e estético.

1961 Realiza o primeiro trabalho em grupo com Sérgio Ferro e Rodrigo Lefèvre, na equipe que representou a FAU-USP no Concurso Internacional de Escolas de Arquitetura na VI Bienal de Artes Plásticas de São Paulo com projeto de centro educacional.
Participa do escritório na rua Haddock Lobo com Sérgio e Rodrigo, com os quais trabalhará até 1969.
Realiza projeto da Casa Simon Fausto, em Ubatuba (SP), utilizando a técnica da abóbada de tijolo e apontando caminhos para a Arquitetura Nova.
Gradua-se na FAU-USP.

1962 Torna-se professor de Comunicação Visual na FAU-USP, na qual permanece até 1977, e professor responsável pelo curso de Cenografia da Escola de Artes Dramáticas de São Paulo, até 1966.
Recebe o prêmio Saci de melhor cenografia, concedido pelo jornal *O Estado de S. Paulo*, com o qual inicia sua extensa coleção de prêmios.
Começa a trabalhar com o Teatro Oficina, de Zé Celso Martinez Corrêa.

1965 Com um expressivo trabalho em pintura, participa das exposições *Opinião 65* e *Propostas 65*, das quais Sérgio Ferro é um dos organizadores. Na ocasião, sua principal tela é "Pena que ela seja uma puta".
A revista *Acrópole* dedica seu nº 319 a Flávio, Rodrigo e Sérgio.
Em *Arena Conta Zumbi*, de Guarnieri e Boal, Flávio consolida sua transformação radical na cenografia paulista.
Realiza com Rodrigo Lefèvre o projeto da casa de sua irmã Amélia Império Hamburger, mas que não seria construída. Para Sérgio Ferro, esta é a casa que concentrou "tudo o que queríamos em Arquitetura".

1966-67 Realiza diversas exposições como pintor.
Com Sérgio e Rodrigo, inicia série de quatro grupos escolares e dois ginásios estaduais em Piracicaba e São José do Rio Preto.

260 Arquitetura Nova

Flávio Império,
"Autorretrato", 1976.

1968 Realiza junto com Rodrigo Lefèvre a Casa Juarez Brandão Lopes, última realização do grupo.
No Rio, faz a cenografia e figurinos para a peça *Roda Viva*, de Chico Buarque.
Dirige sua primeira peça, os *Fuzis de Dona Tereza*, de Bertolt Brecht, no TUSP, na qual aprofunda corajosamente a encenação épica que havia sido dramatizada pelo autor alemão.

1970 Com o endurecimento da ditadura e o aumento da repressão, interrompe a atividade de cenógrafo. Rodrigo e Sérgio são presos.
Participa das atividades do grupo Living Theatre, em visita ao Brasil. Dá uma volta de "180 graus", tem experiências com alucinógenos e mergulha fundo numa "metafísica individual".

1971 Faz curso de Yoga com o mestre Maha Krishna Swmai.
Refugia-se no seu estúdio e dedica-se intensamente à pintura.
Mantém estreito contato com os tropicalistas e faz a cenografia e figurinos para o show *Rosa dos Ventos*, de Maria Bethânia, no Rio de Janeiro. Flávio fará a cenografia para mais seis shows de Bethânia.

1975-76 Dirige seus primeiros filmes em super-8, os documentários *A Pequena Ilha da Sicília*, sobre a renovação-destruição produzida pelo capital imobiliário no bairro do Bexiga, e *Colhe, Carda, Fia, Urde e Tece*, sobre as tecedeiras da região de Uberlândia.

Faz cenografia para o show *Doces Bárbaros* e realiza o conhecido desenho de Caetano, Gil, Bethânia e Gal.

1977 Demite-se da Faculdade de Arquitetura da USP após esta lhe ter negado um espaço experimental para seu curso.

Parte para uma longa viagem pelo Brasil, indo para o Norte e Nordeste. Lá parece reencontrar-se ao reconhecer a semelhança entre seu método de trabalho e o saber popular. É no povo que ele descobre a verdadeira resistência criativa à ditadura.

1980 De volta a São Paulo, faz a cenografia de *A Patética*, de Celso Nunes, onde se nega a reproduzir nos palcos o terror da vida real. Cria um circo e pinta tudo colorido, exige de cada um a capacidade de ainda sonhar e ter utopias.

1981 Ingressa como professor da Faculdade de Arquitetura da Belas-Artes, em São Paulo.

Faz cenografia para o Corpo de Baile de São Paulo e, três anos depois, para o Balé da Cidade de São Paulo.

1984 Participa como coordenador, juntamente com Vilanova Artigas e Flávio Motta, da equipe responsável pelo projeto de intervenção da avenida Sumaré-avenida Paulo VI.

Faz cenografia para carnaval, pórtico na avenida Tiradentes e decoração de salão no Hotel Palace.

1985 Faz cenografia para desfiles de moda.

É readmitido como professor da FAU-USP.

Morre em São Paulo, no dia 7 de setembro.

RODRIGO LEFÈVRE*

1938   Nasce no dia 9 de fevereiro, em São Paulo.

1950-56   Estuda no tradicional Colégio São Luís, um dos principais colégios da elite paulistana, junto com Sérgio Ferro, do qual já era colega próximo.

1957   Ingressa na Faculdade de Arquitetura e Urbanismo da USP, junto com Sérgio Ferro.

1958-59   Realiza projetos de decoração para os jardins do restaurante Fasano e lojas em São Paulo e Brasília, com Sérgio Ferro.

1960   Realiza com Sérgio Ferro os primeiros projetos de arquitetura, entre eles dois edifícios na recém-inaugurada capital Brasília. Entra no Partido Comunista logo após Sérgio Ferro.

1961   Participa da equipe que representa a FAU-USP no Concurso Internacional de Escolas de Arquitetura, junto com Sérgio Ferro e, pela primeira vez, com Flávio Império.
Gradua-se na FAU-USP.

1962   Torna-se professor do Departamento de História da Arquitetura da FAU-USP, até sua prisão em 1970.
Realiza diversos projetos de residências com Sérgio Ferro: a Casa Heládio Capistrano, inspirada em Artigas, mas sem a graça do mestre, e a Casa Marieta Vampré, a primeira a ensaiar as possibilidades de racionalização e industrialização da construção e o uso de soluções inventivas com poucos recursos, indicando os caminhos do grupo.
Realiza cenário e figurinos junto com Flávio Império para o Teatro Oficina, na peça *Todo Anjo é Terrível*. Ganham o prêmio Saci pelo trabalho.

---

* Cronologia elaborada a partir de Ana Paula Koury, *Grupo Arquitetura Nova*, *op. cit.*; e depoimentos de Ângela Rocha e Félix Araújo ao autor.

Cronologias: Flávio, Rodrigo e Sérgio

1963 Escreve com Sérgio Ferro o texto "Proposta inicial para um debate: possibilidades de atuação", publicado pelo GFAU (Grêmio da FAU-USP). O texto lança as bases da Arquitetura Nova, da "poética da economia" e insere a reflexão sobre arquitetura dentro da problemática da "divisão entre trabalho e capital", uma *"situação no conflito"*.

1964 Continua realizando projetos com Sérgio Ferro. Faz o projeto da Casa Cleomenes Dias Batista, na qual utiliza sistema tensionado semelhante ao da Casa Mendes André, de Artigas, e realiza os primeiros ensaios da caixilharia de madeira com caibros de 5 cm x 6 cm, que adotará nas casas em abóbada.

1966 Inicia curso de pós-graduação na FAU-USP, mas sua dissertação de mestrado será apresentada apenas em 1981.
Responde ao mestre Artigas no texto "Uma crise em desenvolvimento", no qual afirma que o golpe está "excluindo progressivamente os arquitetos da vida pública". Artigas, no ano anterior, afirmara que o golpe era uma "falsa crise" e que cabia aos arquitetos continuar projetando.

1967 Segue Marighella e Sérgio Ferro na ruptura com Artigas e na saída do PCB. Entra na ALN (Ação Libertadora Nacional) e participa da luta armada.
Realiza com Flávio e Sérgio projetos de oito escolas no interior de São Paulo.

1968 Projeta com Flávio Império a Casa Juarez Brandão Lopes, última e mais contraditória obra da Arquitetura Nova.
Realiza estudos de casas populares com abóbadas procurando reencontrar a destinação original do projeto do grupo.
Participa ativamente com Sérgio do Fórum de Reforma do Ensino da FAU. O Fórum consolida o racha com Artigas e a defesa de que apenas a atividade profissional não era suficiente naquele momento.

1970 Publica texto na revista *Ou...*, revista do grupo de estudantes da FAU que se opunha à revista *O Desenho*, onde critica a transformação da sua arquitetura em modismo, pois nasceu para ser agressão e denúncia. Propõe a substituição do lápis pelas armas.
É preso em dezembro pelo regime militar. Fica um ano na prisão.

Capa do número especial da revista *Novos Estudos Cebrap*, dedicado a Rodrigo Lefèvre, janeiro de 1985.

1971   Dentro da prisão realiza, com a colaboração de Ronaldo Duschenes e Félix Araújo, que desenvolviam os desenhos no escritório, o projeto da Casa Dino Zamataro, que se torna modelo das suas casas em abóbada dos anos 70.

1972   Retoma a atividade profissional contratado pela Hidroservice, uma grande empresa de projetos que procurou reintegrar profissionalmente presos políticos. Dirige a equipe do Edifício do DNER em Brasília.

1973   Dirige a equipe da Hidroservice no projeto do Edifício dos Ambulatórios do Hospital das Clínicas. Torna-se membro do Sindicato dos Arquitetos.
Participa do Instituto de Artes, Arquitetura e Comunicação de São José dos Campos (SP).

1975-76   Vai para Grenoble e dá aulas durante um ano na Escola de Arquitetura, junto com Sérgio Ferro.

1977   Retorna ao Brasil, retoma o cargo de professor na FAU-USP e o curso de pós-graduação na mesma faculdade.
Torna-se professor de Projeto no Curso de Arquitetura da PUC de Campinas.

Publica o texto "Notas sobre o ensino de Arquitetura", com o objetivo de constituir uma didática própria para o ensino e aprendizado de projeto.

Na FAU-USP, passa a coordenar o grupo de disciplinas do curso integrado do primeiro ano, levando os alunos para projetar na periferia.

1978 Publica textos e participa de seminários sobre "Renda da terra e economia urbana" até 1981.

Coordena um grupo de estudos que realiza leituras de Marx e procura transpor a crítica de Sérgio Ferro da construção civil para a produção do espaço.

1979 Continua com trabalhos importantes na Hidroservice, participando da equipe que elaborou o projeto do Terminal Rodoviário Tietê, em São Paulo.

1981 Defende a dissertação de mestrado *Projeto de um acampamento de obra: uma Utopia*, na qual propõe uma canteiro-escola pedagógico e libertador inspirado em Paulo Freire.

Escreve o texto sobre o "Arquiteto assalariado", procurando refletir sobre seu trabalho na Hidroservice.

1982 Torna-se professor da Faculdade de Belas-Artes, em São Paulo.

1983 Ainda na Hidroservice, apresenta proposta para Projeto de Formação de Pessoal de Apoio Logístico dos Serviços de Saúde em Guiné-Bissau, a qual é vencedora de um concurso internacional. Embarca para a África.

1984 Morre em acidente de carro em Guiné-Bissau, no dia 9 de junho.

SÉRGIO FERRO*

1938 Nasce em Curitiba, Paraná, no dia 25 de julho.

1957 Ingressa na Faculdade de Arquitetura e Urbanismo da USP, junto com Rodrigo Lefèvre, com quem cursara o ginásio no Colégio São Luís, em São Paulo.

1958 Realiza sua primeira exposição coletiva de pintura no Grêmio da FAU, que se repete nos anos seguintes, quando ganha o Primeiro Prêmio da exposição.

1959-60 Entra no Partido Comunista e mantém uma relação próxima com Artigas.
Começa a trabalhar com projetos de arquitetura junto com Rodrigo Lefèvre. Realiza projeto de residência para o seu tio Milton Pereira.

1961 Fim da graduação. Flávio Império passa a participar do escritório, na rua Haddock Lobo.

1962 Torna-se professor de História da Arte e Estética da FAU-USP, onde permanece até 1970. Torna-se professor de Composição e Plástica da Escola Superior de Desenho da FAAP, em São Paulo, até 1968.

1963 Publica, com Rodrigo, o texto "Proposta inicial para um debate: possibilidades de atuação".
Primeiras exposições individuais, na Galeria São Luiz e na Galeria do Teatro de Arena.
Realiza o projeto das duas principais "casas-ensaio" do grupo. Na primeira, a Casa Boris Fausto, Sérgio faz uma grande estrutura de concreto em balanço e aposta nos componentes industrializados, que acabam não funcionando corretamente. Na segunda, a Casa Bernardo Issler, constrói pela primeira vez uma

---

* Cronologia elaborada a partir de depoimento ao autor e currículo de Sérgio Ferro.

Cronologias: Flávio, Rodrigo e Sérgio

abóbada única que cobre toda a casa utilizando materiais convencionais: tijolos e vigotas. Esta obra torna-se o protótipo experimental do grupo em torno do tema da abóbada e da invenção com materiais simples. Ela indica o que pode ser a solução da habitação popular independente da aguardada industrialização da construção.

1964 Com o golpe, torna-se um dos indiciados no processo da FAU.

1965 Dá curso de pós-graduação na FAU sobre Evolução Urbana, onde discute o tema do texto "A casa popular", que será publicado posteriormente pelo GFAU.

Participa da elaboração e expõe na mostra coletiva *Propostas 65*, na FAAP, e *Opinião 65*, no MAM do Rio de Janeiro. Discute em texto e nas telas como é possível fazer uma pintura contestadora da situação política presente.

Continua com novas exposições até 1968, quando o regime militar endurece.

1967 Começa a participar do grupo da revista *Teoria e Prática*, que faz as leituras d'*O Capital* de Marx. Insatisfeito com a FAU, aproxima-se dos estudantes e professores da Maria Antonia.

Publica dois textos polêmicos, um contra os pintores em "Os limites da denúncia", e outro contra os arquitetos em "Arquitetura Nova", em que reflete sobre as consequências do golpe militar para a ação profissional, a profusão formal beirando o maneirismo e o cinismo dos arquitetos paulistas: a promessa da construção nacional que portavam em suas obras tornava-se agora "monstruosa".

Sai do PCB com Marighella e vai para a luta armada, na ALN.

Realiza seus últimos projetos de arquitetura, a série de escolas no interior de São Paulo com Flávio e Rodrigo.

1968 Participa do Fórum de Ensino da FAU de 1968-69 defendendo, contra Artigas, uma ação política mais veemente do que a simples atividade profissional.

Realiza atentados a bomba e assaltos a banco em São Paulo, junto com Rodrigo.

Publica o texto "Enquanto os homens corajosos morrem", na revista *aParte*, nº 1.

Torna-se membro da VPR.

Após 31 anos, Sérgio Ferro (à direita) retorna à FAU-USP para um debate a convite dos estudantes, em fevereiro de 2002.

1969   Participa da renovação do ensino na FAU-Santos junto com Mayumi Watanabe e Sérgio de Souza Lima.

1970   É preso pelo regime militar e permanece um ano no presídio Tiradentes. Nesse período, recebe da família material de desenho e pintura e monta um ateliê com mais dez presos.
Enquanto está detido e impossibilitado de dar aulas, Sérgio é demitido da FAU-USP por "abandono de cargo".

1971   Saindo da prisão, decide deixar o país e ir para a França com a família.

1972   Torna-se professor da Escola de Arquitetura de Grenoble, na qual realiza um mural em homenagem a Carlos Marighella e aos presos políticos.
Dedica-se intensamente à pintura, realizando diversas exposições no Brasil e França. Estuda os pintores do Renascimento, Maneirismo e Neoclassicismo, destacando Michelangelo, que se torna sua principal referência artística. Procura em suas telas desconstruir o mestre e exibir as etapas de sua fatura, levando para a pintura alguns procedimentos do "canteiro".

1973-74   Na Escola de Arquitetura de Grenoble, realiza um canteiro experimental com os alunos.
Participa da criação de um "Centro de Experimentação em Arquitetura", reunindo diversas escolas de Arquitetura, Belas-Artes e Engenharia. O governo francês, entretanto, altera a proposição original de Sérgio, que abandona o projeto.

1975   Termina a redação de *O canteiro e o desenho*, a partir de notas para um curso que deu na FAU entre 1968 e 69. O texto é publicado no Brasil no ano seguinte, em duas partes, na revista *Almanaque*, números 2 e 3, com os títulos "A forma da arquitetura e o desenho da mercadoria" e "O desenho". A versão em livro sai apenas em 1979.
Recebe em 1975-76 a visita de Rodrigo Lefèvre, que dá aulas durante um ano em Grenoble.

1986   Torna-se diretor científico do laboratório de pesquisa *Dessin-Chantier* na Escola de Arquitetura de Grenoble, que pretende rever a história da arquitetura francesa pelo lado do canteiro e das relações de trabalho.
Com a necessidade de interpretar obras arquitetônicas antigas que não possuíam mais registros da construção, procura formar critérios de leitura que revelassem o trabalho ali cristalizado. Para isso começa a interessar-se por semiologia e Charles Pierce, o que lhe fornece um instrumental teórico para a descrição precisa de obras de arquitetura.

1989   Publica o livro *Futuro-anterior*, que inclui o texto "Por que variações em torno de Michelangelo?".

1993   Muda-se de Grenoble para Grignan.

1998   Constrói seu novo ateliê em Grignan com a colaboração ativa dos pedreiros, procurando experimentar como seria um canteiro desalienado.

2000   Inicia a revisão de *O canteiro e o desenho*, com o objetivo de republicá-lo em versão comentada, encerrando suas atividades acadêmicas.
Realiza pinturas para o MST (Movimento dos Trabalhadores Rurais Sem-Terra), que compõem o Calendário e a Agenda do

movimento para o ano 2001. É convidado por Oscar Niemeyer para realizar um mural em homenagem ao MST.

2002   Após trinta anos de carreira docente, aposenta-se da Escola de Arquitetura de Grenoble. Realiza suas primeiras palestras na FAU-USP, 31 anos após ser demitido da faculdade — uma das palestras será publicada em 2004 pelo GFAU em *Conversa com Sérgio Ferro*. Retoma sua participação no debate brasileiro, com diversas palestras e aulas desde então.

2005   Recebe da Câmara Municipal de São Paulo, por iniciativa do vereador Nabil Bonduki, a Medalha Anchieta e o Diploma de Gratidão da Cidade de São Paulo.

2006   Publica o livro *Arquitetura e trabalho livre* pela editora Cosac Naify, uma coletânea que reúne a quase totalidade de sua produção crítica sobre arquitetura.

2010   Inaugura mural no auditório da Faculdade Positivo, em Curitiba. São publicadas pelo GFAU uma série de três aulas que ministrou em São Paulo, com o título *A história da arquitetura vista do canteiro: três aulas de Sérgio Ferro*.

BIBLIOGRAFIA

ACAYABA, Marlene Milan. *Residências paulistas 1947-1975.* São Paulo: Projeto, s.d.

ALBERT, Michael e outros. *Autogestão hoje: teorias e práticas contemporâneas.* São Paulo: Faísca, 2004.

AMARAL, Aracy. *Arte para quê? A preocupação social na arte brasileira 1930-1970.* São Paulo: Nobel, 1984.

ARANTES, Otília. "Arquitetura Nova antigamente: o que fazer?", em *Urbanismo em fim de linha.* São Paulo: Edusp, 1999.

_____. "Brasília, síntese das artes", em *Mário Pedrosa, itinerário crítico.* São Paulo: Scritta, 1991.

_____. "Depois das vanguardas", *Arte em Revista,* n° 7. São Paulo: CEAC/Kairós, 1983.

ARANTES, Paulo. "Esquerda e direita no espelho das ONGs", em *ONGs: identidade e desafios atuais,* revista *Cadernos Abong,* n° 27, 2000.

_____. *Extinção.* São Paulo: Boitempo, 2007.

ARANTES, Pedro Fiori. *O ajuste urbano: as políticas do Banco Mundial e do BID para as cidades latino-americanas.* Dissertação de mestrado, FAU-USP, 2004.

_____. "O ajuste urbano: as políticas do Banco Mundial e do BID para as cidades", *Pós — Revista do Programa de Pós-Graduação em Arquitetura e Urbanismo da FAU-USP,* vol. 20, 2006.

_____. "As políticas urbanas do Banco Mundial e do BID: coerção, consentimento e internalização da dominação", em *Cidade: impasses e perspectivas.* São Paulo: FAU/Annablume/Fupam, 2007.

_____. "Em busca do urbano: marxistas e a cidade de São Paulo nos anos 1970", *Novos Estudos Cebrap,* n° 83, 2009.

Bibliografia

_____. "Depoimento a Graziela Kunsch", *Urbania*, n° 4, disponível em http://www.usinactah.org.br.

ARANTES, Pedro Fiori; BARROS, Joana; RIZEK, Cibele. "Cidade e território: o relato de uma experiência em um assentamento do MST", em *Ética, planejamento e construção democrática do espaço*. Rio de Janeiro: IPPUR/UFRJ, 2001.

ARANTES, Pedro Fiori; FIX, Mariana. "Como o governo Lula pretende resolver o problema da habitação: alguns comentários sobre o pacote habitacional Minha Casa, Minha Vida", disponível em www.correiocidadania.com.br/content/blogcategory/66/171/.

ARENDT, Hannah. *A condição humana*. São Paulo: Forense/Salamandra/ Edusp, 1981.

ARGAN, Giulio Carlo. *Projeto e destino*. São Paulo: Ática, 2001.

_____. "Introdução", em Maldonado, *El diseño industrial reconsiderado*. Barcelona: GG, 1977.

_____. *História da arte como história da cidade*. São Paulo: Martins Fontes, 1992.

ASCHER, François, "Contribution à l'analyse de la production du cadre bâti", *Espaces et Sociétés*, n° 6-7, 1972.

ARTIGAS, Vilanova. *Caminhos da arquitetura*. São Paulo: Livraria Editora Ciências Humanas, 1981.

_____. "O desenho", em *Vilanova Artigas*. São Paulo: Instituto Lina Bo e P. M. Bardi, 1997.

_____. "Uma falsa crise", revista *Acrópole*, n° 319, julho de 1965.

_____. *A função social do arquiteto*. São Paulo: Fundação Artigas/Nobel, 1989.

_____. *Caderno de riscos originais da FAU-USP*.

_____. "Cumbica", revista *Desenho*, n° 4, FAU-USP, 1972.

ATELIER NO 1° ANO. FAU-USP, Projeto de Edificações e Desenho Industrial, 2° semestre de 1977.

BANHAM, Reyner. *Teoria do projeto na primeira era da máquina*. São Paulo: Perspectiva, 1975.

_____. *El brutalismo en arquitectura: ética o estética?* Barcelona: GG, 1966.

BENEVOLO, Leonardo. *História da arquitetura moderna*. São Paulo: Perspectiva, 1989.

BENJAMIN, Walter, "O autor como produtor", em *Obras escolhidas — Magia e técnica, arte e política*. São Paulo: Brasiliense, 1985.

BERNARDO, João. *A economia dos conflitos sociais*. São Paulo: Cortez, 1991.

BICCA, Paulo. *O arquiteto, a máscara e a face*. São Paulo: Projeto, 1984.

BISILLIAT-GARDET, Jeanne. *Mutirão, utopia e necessidade*. São Paulo: SMC/ORTOM, 1990.

BOAL, Augusto. *Hämlet e o filho do padeiro*. Rio de Janeiro: Record, 2000.

BO BARDI, Lina. "Casas de Vilanova Artigas", revista *Habitat*, n° 1, 1950, p. 2.

_____. *Lina por escrito: textos escolhidos de Lina Bo Bardi*. Organização de Silvana Rubino e Marina Grinover. São Paulo: Cosac Naify, 2009.

BOLAFFI, Gabriel. "Os mitos sobre o problema da habitação", revista *Espaço & Debates*, n° 17, 1986.

BOLTANSKY, Luc; CHIAPELLO, Eve. *Le nouvel esprit du capitalism*. Paris: Gallimard, 1999. Edição brasileira: *O novo espírito do capitalismo*, tradução de Ivone Castilho Benedetti. São Paulo: WMF Martins Fontes, 2009.

BONDUKI, Nabil. *Construindo territórios da utopia: a luta pela gestão popular em projetos habitacionais*. Dissertação de Mestrado, FAU-USP, 1986.

_____. *Origens da habitação social no Brasil*. São Paulo: Estação Liberdade, 1998.

_____. *Arquitetura e habitação social em São Paulo 1989-1992*. São Carlos: EESC-USP, 1993.

BRANDÃO, Gildo Marçal. *A esquerda positiva: as duas almas do PCB*. São Paulo: Hucitec, 1997.

BRUAND, Yves. *Arquitetura contemporânea no Brasil*. São Paulo: Perspectiva, 1981.

BRUNA, Paulo. *Arquitetura, industrialização e desenvolvimento*. São Paulo: Perspectiva, 1976.

Bibliografia

BUZZAR, Miguel. *João Vilanova Artigas: elementos para compreensão de um caminho da arquitetura brasileira (1938-1967)*. Dissertação de Mestrado, FAU-USP, 1996.

CANDIDO, Antonio. *Os parceiros do Rio Bonito* (1964). São Paulo: Duas Cidades/Editora 34, 2001, 9ª ed.

CARVALHO, Caio Santamore. "O mutirão por dentro", em *Cidade: impasses e perspectivas*. São Paulo: Annablume/FAU-USP, 2007.

CATTANI, Antônio Davi. *Trabalho e tecnologia*. Petrópolis/Porto Alegre: Vozes/UFRGS, 1997.

CORIAT, Benjamin. "Le procès du travail de type 'Chantier' et sa rationalisation", em *Le travail en chantier*. Paris: PCH, 1985.

CORRÊA, Maria Luiza. *Artigas: da ideia ao projeto*. Dissertação de Mestrado, FAU-USP, 1998.

COSTA, Iná Camargo. *A hora do teatro épico no Brasil*. São Paulo: Graal, 1996.

_____. "Enredo para Flávio Império", em *Flávio Império em cena*. São Paulo: SESC, 1998.

COSTA, Lúcio. *Registro de uma vivência*. São Paulo/Brasília: Empresa das Artes/UnB, 1995.

DURAND, José Carlos. "Luxo *versus* 'despojamento': dialética da distinção social em arquitetura e decoração", em *Arte, privilégio e distinção*. São Paulo: Perspectiva, 1989.

EDITORIA CARAMELO. "Fórum: percurso de ensino na FAU" e "Publicações: as revistas *Desenho* e *Ou...*", revista *Caramelo*, FAU-USP, n° 6.

ENGELS, F. *A questão da habitação* (1872) (várias edições).

FATHY, Hassan. *Construindo com o povo*. São Paulo: Salamandra/Edusp, 1973.

FASE. *Mutirões habitacionais: da casa à cidade*. Cadernos "Proposta: Experiências em Educação Popular", n° 35, setembro de 1987.

FAU-HISTÓRICO, revista *O Desenho*, n° 1, 1970.

FELIPE, Joel Pereira. *Mutirão e auto-gestão no Jardim São Francisco (1989-1992): movimento de moradia, lugar do arquiteto*. Dissertação de Mestrado, EESC-USP, São Carlos, 1997.

FERNANDES, Florestan. *A revolução burguesa no Brasil*. Rio de Janeiro: Zahar, 1975.

FERRO, Sérgio. "A casa popular". São Paulo: GFAU, 1972.

_____. "Arquitetura Nova", revista *Teoria e Prática*, nº 1, São Paulo, 1967.

_____. "Reflexões para uma política na arquitetura", *Arte em Revista*, nº 4. São Paulo: CEAC/Kairós, 1980.

_____. "Depoimento", em SANTOS, Maria Cecília Loschiavo, *Maria Antonia: uma rua na contramão*. São Paulo: Nobel, 1988.

_____. *Futuro-anterior*. Catálogo da exposição realizada no MASP. São Paulo: Nobel, 1989.

_____. *O canteiro e o desenho*. São Paulo: Projeto, 1979.

_____. "O concreto como arma", revista *Projeto*, nº 111, junho de 1988.

_____. "Os limites da denúncia", revista *Rex Time*, nº 4, São Paulo, 1967. Reproduzido em *Arte em Revista*, nº 1. São Paulo: CEAC/Kairós, 1979.

_____. "Por que variações em torno de Michelangelo?", em *Michelangelo: notas por Sérgio Ferro*. São Paulo: Palavra e Imagem, 1981.

_____. "Reflexões sobre o brutalismo caboclo" (entrevista), revista *Projeto*, nº 86, abril de 1986.

_____. "Vale tudo (*Propostas 65*)", *Arte em Revista*, nº 2. São Paulo: CEAC/Kairós, 1989.

_____. "A geração ruptura" (entrevista), revista *Arquitetura e Urbanismo*, nº 3, novembro de 1995.

_____. "Flávio arquiteto", em *Flávio Império em cena*. São Paulo: SESC, 1997.

_____. *Arquitetura e trabalho livre*. Organização e apresentação de Pedro Fiori Arantes. São Paulo: Cosac Naify, 2006.

_____. *A história da arquitetura vista do canteiro: três aulas de Sérgio Ferro*. São Paulo: GFAU, 2010.

FERRO, Sérgio; LEFÈVRE, Rodrigo. "Proposta inicial para um debate: possibilidades de atuação". São Paulo: GFAU, 1963.

Bibliografia

FISHER, Sylvia. *Ensino e profissão: o curso de engenheiro-arquiteto da Escola Politécnica de São Paulo*. Tese de Doutorado, FFLCH-USP, 1989.

_____. "Subsídios para um estudo do Conjunto Zezinho Magalhães". São Paulo: FAU-USP, 1972, mimeo.

FLÁVIO IMPÉRIO EM CENA. São Paulo: SESC, 1998.

FRAMPTON, Kenneth. *História crítica da arquitetura moderna*. São Paulo: Martins Fontes, 1997.

FREIRE, Paulo. *A pedagogia do oprimido*. Rio de Janeiro: Paz e Terra, 1970.

_____. *Educação como prática da liberdade*. Rio de Janeiro: Paz e Terra, 1976.

_____. *Pedagogia da autonomia*. Rio de Janeiro: Paz e Terra, 1996.

FURTADO, Celso. *O mito do desenvolvimento*. Rio de Janeiro: Paz e Terra, 1981, 5ª ed.

GITAHY, Maria Lúcia. "Desmemória das metrópoles: apagando os rastros do trabalho de construir", revista *Ponto*, FAU-USP, 1998.

GOHN, Maria da Glória. *Lutas pela moradia popular em São Paulo*. Tese de Livre-Docência, FAU-USP, 1987.

GORENDER, Jacob. *Combate nas trevas — A esquerda brasileira: das ilusões perdidas à luta armada*. São Paulo: Ática, 1987.

GORZ, André. "Técnica, técnicos e luta de classe", em *A divisão social do trabalho*. São Paulo: Martins Fontes, 1989.

GROPIUS, Walter. *Bauhaus: novarquitetura*. São Paulo: Perspectiva, 1972.

GUNDER FRANK, André. *Subdesenvolvimento e estagnação na América Latina*. Rio de Janeiro: Civilização Brasileira, 1966.

HADDAD, Fernando. *Em defesa do socialismo*. Petrópolis: Vozes, 1998. Coleção Zero à Esquerda.

HARVEY, David. *O novo imperialismo*. São Paulo: Loyola, 2004.

HISTÓRICO BRASILEIRO E A FACULDADE DE ARQUITETURA E URBANISMO DA UNIVERSIDADE DE SÃO PAULO. São Paulo: FAU-USP, Departamento de Projeto, 1964.

HOBSBAWM, Eric. *A Era do Capital*. Rio de Janeiro: Paz e Terra, 1977.

_____. *História social do Jazz*. São Paulo: Paz e Terra, 1990.

IMPÉRIO, Flávio. "A Pintura Nova tem a cara do cotidiano". Sociedade Cultural Flávio Império, São Paulo, s.d., mimeo.

_____. "Anotações quanto ao modo de produção do teatro contemporâneo em São Paulo". Sociedade Cultural Flávio Império, São Paulo, s.d., mimeo.

_____. Carta a Amélia, 25/1/1978. Sociedade Cultural Flávio Império, São Paulo.

_____. "Depoimentos", em *Flávio Império*. São Paulo: Edusp, 1999.

INQUÉRITO NACIONAL DE ARQUITETURA, JORNAL DO BRASIL, 1961. Publicado em livro da Escola de Arquitetura da UFMG, 1963.

JACOBI, Pedro. "Autoconstrução: mitos e contradições", revista *Espaço & Debates*, n° 3.

KATZ, Renina; HAMBURGER, Amélia (orgs.). *Flávio Imperio*. São Paulo: Edusp, 1999.

KAUPATEZ, Ros Mari Zenha. *Ajuda-mútua: a participação da população no processo de produção de moradias*. Dissertação de Mestrado, FFLCH-USP, 1985.

KOURY, Ana Paula. *Grupo Arquitetura Nova*. Dissertação de Mestrado, EESC-USP, São Carlos, 1999. Publicação em livro, São Paulo: Romano Guerra Editora/Edusp/Fapesp, 2003.

KOPP, Anatole. *Quando o moderno era uma causa e não um estilo*. São Paulo: Nobel/Edusp, 1990.

KURZ, Robert. "O eterno sexo frágil", *Folha de S. Paulo*, Caderno Mais!, 9/1/2000.

LE CORBUSIER. *Por uma arquitetura*. São Paulo: Perspectiva, 1976.

LEFEBVRE, Henri. *O direito à cidade*. São Paulo: Documentos, 1969.

_____. *Production social de l'espace*. Paris: Anthropos, 1986.

LEFÈVRE, Rodrigo. *Projeto de um acampamento de obra: uma Utopia*. Dissertação de Mestrado, FAU-USP, 1981.

_____. "Casa do Juarez", revista *Ou...*, n° 4, GFAU, 1971.

_____. "Notas sobre o papel dos preços de terrenos em negócios imobiliários de apartamentos e escritórios na cidade de São Paulo", em MARICATO, Ermínia (org.), *A produção capitalista da casa (e da cidade) no Brasil industrial*. São Paulo: Ômega, 1979.

_____. "O arquiteto assalariado", revista *Módulo*, n° 66, Rio de Janeiro, setembro de 1981.

_____. "Objetivos do ensino da Arquitetura e meios para atingi-los em Trabalho de Projeto". São Paulo: FAU-USP, 1977.

_____. "Uma crise em desenvolvimento", revista *Acrópole*, n° 333, outubro de 1966.

LE GOFF, Jean Pierre. "Le grand malentendu", em *Le tournant de décembre*. Paris: La Découverte, 1996.

LIMA, Aluízia. *O arquiteto pau-de-arara*. Dissertação de Mestrado, FAU-USP, 1989.

LIMA, Mariângela Alves de. "Flávio Império e a cenografia do teatro brasileiro", em *Flávio Império*. São Paulo: Edusp, 1999.

_____. "Flávio Império", em *Flávio Império em cena*. São Paulo: SESC, 1998.

LOOS, Adolf. "Ornamento e crime" (1908). Tradução de Anja Pratschke disponível em http://www.eesc.usp.br/babel/loos.pdf.

LOPES, João Marcos. "Organização para a produção habitacional: do planejamento do lugar ao lugar da história", s.d., mimeo.

_____. "Tecnologia apropriável", s.d., mimeo.

_____. "O dorso da cidade: os sem-terra e a concepção de uma outra cidade", em SANTOS, Boaventura de Sousa (org.), *Produzir para viver: os caminhos da produção não capitalista*. Rio de Janeiro: Civilização Brasileira, 2002.

LOPES, João Marcos; GERMANO, Wagner; ARANTES, Pedro Fiori. "Jorge, professor de todos nós", *Pós — Revista do Programa de Pós-Graduação em Arquitetura e Urbanismo da FAU/USP*, v. 25, 2009.

MANTEGA, Guido. "O modelo democrático-burguês", em *Economia política brasileira*. Petrópolis: Polis/Vozes, 1984.

MARCUSE, Herbert. "Algumas implicações da tecnologia moderna", revista *Praga*, n° 1, São Paulo, 1996.

MARICATO, Ermínia. "Auto-construção, a arquitetura possível", em *A produção capitalista da casa (e da cidade) no Brasil industrial*. São Paulo: Ômega, 1979.

_____. "Loteamentos clandestinos", revista *Módulo*, n° 60, São Paulo, setembro de 1980.

_____. "Alguns compromissos do projeto de arquitetura", revista *Módulo*, n° 64, maio de 1981.

_____. *Habitação e cidade*. São Paulo: Atual, 1997.

_____. *Política habitacional no regime militar*. Petrópolis: Vozes, 1987.

_____. *Enfrentando desafios: a política desenvolvida pela Secretaria de Habitação e Desenvolvimento Urbano da Prefeitura de São Paulo*. Tese de Livre-Docência, FAU-USP, 1997.

MARTINS, José de Souza. *Caminhada no chão da noite*. São Paulo: Hucitec, 1989.

MARX, Karl. *O Capital*, vol. 1, capítulos 1, 12, 24; vol. III, capítulos 13, 14, 15 (várias edições).

_____. "Trabalho alienado e superação positiva da auto-alienação humana", em *Manuscritos econômico-filosóficos* (várias edições).

MOTTA, Fernando. *Burocracia e autogestão: a proposta de Proudhon*. São Paulo: Brasiliense, 1981.

MOTTA, Flávio. *Desenho e emancipação*. São Paulo: GFAU, 1975.

NIEMEYER, Lucy. *Design no Brasil*. Rio de Janeiro: 2AB, 1998.

NIEMEYER, Oscar. "O problema social na arquitetura" e "Forma e função na arquitetura", *Arte em Revista*, n° 4. São Paulo: CEAC/Kairós, 1980.

OLIVEIRA, Francisco de. "A economia brasileira: crítica à razão dualista", *Seleções Cebrap*, n° 1, 1975.

_____. *O ornitorrinco*. São Paulo: Boitempo, 2004.

_____. "O vício da virtude", *Novos Estudos Cebrap*, n° 74, 2006.

OSEKI, Jorge. "Arquitetura (pós-)moderna em São Paulo ou por onde começar", revista *Sinopses*, n° 2, FAU-USP, 1982.

_____. "O único e o homogêneo na produção do espaço", em *Henri Lefebvre e o retorno da dialética*. São Paulo: Hucitec, 1996.

PAULANI, Leda. *Brasil delivery*. São Paulo: Boitempo, 2008.

PAVIANI, Aldo (org.). *Brasília em questão: ideologia e realidade*. São Paulo: CNPq/Projeto, 1985.

Bibliografia   281

PEVSNER, Nicolau. *Pioneiros do desenho moderno: de William Morris a Walter Gropius*. Rio de Janeiro: Ulisseia, s.d.

PRADO JR., Caio. *A revolução brasileira*. São Paulo: Brasiliense, 1966.

PORTELLI, Hugues. *Gramsci e o bloco histórico*. Rio de Janeiro: Paz e Terra, 1977.

QUEIROZ, Maurício Vinhas de. "Arquitetura e desenvolvimento", em XAVIER, Alberto, *Depoimento de uma geração*. São Paulo: ABEA/FVA/Pini, 1987.

REIS FILHO, Nestor Goulart. *Quadro da arquitetura no Brasil*. São Paulo: Perspectiva, 1995.

REVISTA *ACRÓPOLE*, n° 319, 1965, pp. 23-44. Dedicada ao trabalho de Sérgio Ferro, Rodrigo Lefèvre e Flávio Império.

RIZEK, Cibele; BERGAMIN, Marta; BARROS, Joana. "A política do produção habitacional por mutirões autogeridos: construindo algumas questões", *Estudos Urbanos e Regionais*, Anpur, vol. 5, 2003.

ROCHA, Ângela Maria. "No horizonte do possível", revista *Arquitetura e Urbanismo*, n° 18, 1988.

ROCHA, Glauber. *Revolução do Cinema Novo*. Rio de Janeiro: Alhambra/Embrafilme, 1981.

RONCONI, Reginaldo. *Habitações construídas com gerenciamento dos usuários, com organização da força de trabalho em regime de mutirão*. Dissertação de Mestrado, EESC-USP, São Carlos, 1995.

ROSENFELD, Anatol. *O teatro épico*. São Paulo: Perspectiva, 1985.

ROYER, Luciana. *Financeirização da política habitacional: limites e perspectivas*. Tese de Doutorado, FAU-USP, 2009.

SACCHETTA, Vladimir e outros. *Fotobiografia de Carlos Marighella*. São Paulo: Perseu Abramo, 1999.

SACHS, Céline. *São Paulo: políticas públicas e habitação popular*. São Paulo: Edusp, 1999.

SADER, Eder. *Quando novos personagens entram em cena: experiências e lutas dos trabalhadores da grande São Paulo 1970-1980*. São Paulo: Paz e Terra, 1988.

SADER, Emir. "Nós que amávamos tanto *O Capital*", revista *Praga*, n° 1, São Paulo, 1996.

SALVADOR, Zulmara. *Mulheres: vida e obra. A participação feminina num mutirão de São Paulo.* Dissertação de Mestrado, FFLCH-USP, 1993.

_____. "Auto-gestão e representações sobre as mulheres" em SILVA, Ana Amélia (org.), *Moradia, cidadania: um debate em movimento,* revista *Polis,* n° 20, 1994.

SAMPAIO JR., Plínio de Arruda. *Entre a nação e a barbárie.* Petrópolis: Vozes, 1999.

SANT'ANNA, Antonio Carlos. "Desenho... ou sobre Rodrigo Lefèvre", revista *Arquitetura e Urbanismo,* n° 18, 1988.

SANTOS, Maria Cecília Loschiavo. *Móvel moderno no Brasil.* São Paulo: Nobel/Edusp/Fapesp, 1995.

SÃO PAULO, Prefeitura do Município de. *A política que a prefeitura de São Paulo está praticando.* Suplemento especial da revista *Projeto,* 1990.

SCHENBERG, Mário. "Ponto alto", *Arte em Revista,* n° 4. São Paulo: CEAC/ Kairós, 1980.

SCHWARZ, Roberto. "Cultura e política 1964-1969", em *O pai de família.* Rio de Janeiro: Paz e Terra, 1978.

_____. "Altos e baixos da atualidade de Brecht", "Um seminário Marx" e "Pelo prisma da Arquitetura", em *Sequências brasileiras.* São Paulo: Companhia das Letras, 1999.

_____. "O fio da meada", "Nacional por subtração" e "O progresso antigamente", em *Que horas são?.* São Paulo: Companhia das Letras, 1987.

SEGAWA, Hugo. *Arquiteturas no Brasil 1900-1990.* São Paulo: Edusp, 1999.

SEGRE, Roberto. *Arquitetura e urbanismo da Revolução Cubana.* São Paulo: Studio Nobel, 1991.

SHIMBO, Lúcia. *Habitação social, habitação de mercado: a confluência entre Estado, empresas construtoras e capital financeiro.* Dissertação de Mestrado, EESC-USP, 2010.

SILVA, Ana Amélia da (org.). *Moradia e cidadania: um debate em movimento.* Revista *Polis,* n° 20, 1994.

SINGER, Paul; BRANT, Vinicius Caldeira. *São Paulo: o povo em movimento.* Petrópolis: Vozes, 1980.

SINGER, Paul. *Uma utopia militante: repensando o socialismo.* Petrópolis: Vozes, 1998. Coleção Zero à Esquerda.

Bibliografia

SOUZA, Nair Bicalho de. *Construtores de Brasília*. Petrópolis: Vozes, 1983.

THOMAZ, Dalva. *Um olhar sobre Vilanova Artigas e sua contribuição à arquitetura brasileira*. Dissertação de Mestrado, FAU-USP, 1997.

_____. *Vilanova Artigas: Documento*. Revista *AU*, n° 50, 1993.

TONE, Beatriz. *Notas sobre a valorização imobiliária em São Paulo na era do capital fictício*. Dissertação de Mestrado, FAU-USP, 2010.

TURNER, John. *Vivienda: todo el poder para los usuarios*. Madri: H. Blume, 1977.

VARGAS, Nilton. "Construção habitacional: um 'artesanato de luxo'", *Revista Brasileira de Tecnologia*, Brasília, v. 12(1), 1981, pp. 26-32.

VILANOVA ARTIGAS. São Paulo: Instituto Lina Bo e P. M. Bardi, 1997.

WARCHAVCHIK, Gregori. "Acerca da arquitetura moderna", reproduzido em *Arte em Revista*, n° 4. São Paulo: CEAC/Kairós, 1980.

WEBER, Max. *A ética protestante e o espírito do capitalismo* (várias edições).

XAVIER, Alberto (org.). *Depoimento de uma geração*. São Paulo: ABEA/FVA/Pini, 1987.

XAVIER, Ismail. *Alegoria, modernidade, nacionalismo*. Rio de Janeiro: Funarte, 1985.

_____. *Sertão mar: Glauber Rocha e a estética da fome*. São Paulo: Brasiliense, 1983.

CRÉDITOS DAS IMAGENS

AD — Ação Direta (arquivo), p. 201c

Beatriz Lefèvre (arquivo da família), p. 153a

Cristiano Mascaro (em *Memorial*, Memorial da América Latina), p. 115

Denise Ivamoto, p. 243

FAU-USP (arquivo), pp. 82b, 87a, 87c, 87d, 89 (com redesenho de Roberto Moura)

Fernando Cabral, pp. 28b

Fundação Vilanova Artigas, pp. 19, 24, 25, 28, 29, 41, 99a, 102a, 102c

João Marcos Lopes, *Tecnologia, arquitetura e urbanismo: escola e ofício*, p. 126

Jorge Hirata (em Marlene Acayaba, *op. cit.*), pp. 96c, 97a

José Moscardi, pp. 24c, 29a, 74a, 74b

Marlene Acayaba, *Residências paulistas 1947-1975*, pp. 97b, 97c, 97d

MST Leste 1 (arquivo), p. 212c

Nabil Bonduki, *Arquitetura e habitação social em São Paulo 1989-1992*, pp. 204b, 204c, 211a

Nelson Kon, pp. 19a, 29b

Pedro Arantes, pp. 80b, 80c

Reginaldo Ronconi, *Habitações construídas com o gerenciamento dos usuários*, pp. 184c, 201b, 211b, 215

Revista *Acrópole*, nº 319, 1965, pp. 69, 74, 75, 80a, 81

Revista *Módulo*, nº 60, 1980, desenhos de Walter Ono, p. 178

Revista *Módulo*, nº 66, 1981, Rodrigo Lefèvre, "O arquiteto-assalariado", pp. 153b, 153c

Revista *Novos Estudos Cebrap*, nº 11, 1985, p. 239

Revista *Veja*, nº 11, 1968, p. 99c

Rodrigo Lefèvre (arquivo em transferência para a FAU-USP), pp. 121, 122, 123

Rodrigo Lefèvre, *Projeto de um acampamento de obra: uma Utopia*, pp. 87b, 136, 137

Ros Mari Zenha Kaupatez, *Ajuda-mútua...*, p. 201a

Sérgio Ferro (em diversas publicações), pp. 99d, 148, 149

Sociedade Cultural Flávio Império, pp. 57, 65, 82a, 96a, 96b, 99b, 161, 235

Sylvia Fisher, "Subsídios para um estudo do Conjunto Zezinho Magalhães", p. 102b

Usina — Centro de Trabalhos para o Ambiente Habitado (arquivo), pp. 169, 184a, 184b, 204a, 208, 212a, 212b, 216, 217

SOBRE O AUTOR

Pedro Fiori Arantes nasceu em São Paulo, em 1974. Graduou-se pela Faculdade de Arquitetura e Urbanismo da Universidade de São Paulo em 1999, e concluiu seu mestrado (2004) e doutorado (2010) pela mesma instituição. Atualmente é professor do Departamento de História da Arte da Escola de Filosofia, Letras e Ciências Humanas da Universidade Federal de São Paulo (Unifesp). É integrante do coletivo Usina, que atua na área de habitação popular e autogestão, autor do livro *Arquitetura Nova* (Editora 34, 2002) e organizador da coletânea de ensaios de Sérgio Ferro, *Arquitetura e trabalho livre* (Cosac Naify, 2006).

ESTE LIVRO FOI COMPOSTO EM SABON
PELA BRACHER & MALTA, COM CTP
E IMPRESSÃO DA EDIÇÕES LOYOLA EM
PAPEL PÓLEN SOFT 80 G/M^2 DA CIA.
SUZANO DE PAPEL E CELULOSE PARA A
EDITORA 34, EM MAIO DE 2011.